政府管理与改革研究系列丛书

中国行政管理学会 编

The Construction
and Innovation of
Chinese Local
Government

中国地方政府 建设与创新

中国行政管理学会科研部 编

社会科学文献出版社
SOCIAL SCIENCES ACADEMIC PRESS (CHINA)

新问题背后的体制机制进行随机调整，把集中改革和经常性调整相结合，推动经济社会不断取得新的成就。既抓总体改革，又抓某一行业或某一系统的改革，并且把这些改革有机地衔接在一起，使之成为一个集中改革与专项改革、整体改革与局部改革、综合改革与行业改革有机衔接的链条，这就是我国政府改革和创新的历史轨迹。而在这些改革中，始终配套进行政府体制改革与管理创新，每一项改革都有政府体制改革相伴随，并贯穿于整个改革和各方面改革的全过程，既将其作为各项改革的重要内容，又使它为各项改革提供有力的组织保障。通过不断深化政府体制改革和管理创新，有效地改善了政府管理，推动了政治建设、经济建设、文化建设、社会建设和生态文明建设的科学协调发展。政府职能不断转变，机构设置日趋合理，工作责任更加明确，工作作风日益改进，工作效率不断提高，政府的各项工作更加适应经济社会发展需要和人民群众的要求。

政府体制改革与管理创新的根本原则是坚持以人为本、执政为民，把实现好、维护好、发展好最广大人民群众的根本利益作为出发点和落脚点，以实现政府职能向创造良好发展环境、提供优质公共服务、维护社会公平正义的方向转变，使政府的各项行为体现人民意志，符合人民要求，维护人民利益，让广大人民群众都能在改革中享受发展成果。在价值取向上，政府体制改革与管理创新紧紧围绕实现人民群众的根本利益去考虑改革方向、改革目标、改革内容、改革方式和改革具体步骤以及与其配套的各项措施。在方案设计上，把实现人民群众的根本利益作为基本内容和工作重点，改革创新思路向群众问计，改革创新内容听群众意见，改革创新措施向群众请教，改革创新难题由群众破解，改革创新任务靠群众落实，最大限度地集中群众智慧，群策群力，上下一致，共同推动从而实现改革的目标。在节奏把握上，把发展速度、改革力度和人民群众的承受程度统一起来，群众能够承受的积极推动，部分能够承受的部分推动，一时承受不了的等待时机。在成果评判上，把人民群众满意不满意、高兴不高兴作为衡量的唯一标准，群众评判的结果对于已经完成的改革是一个结论，对于准备延伸和深化的改革是一个要求。因为每一项改革创

政府管理与改革研究
系列丛书总序

王澜明

2011 年初，温家宝总理为中国行政管理学会题词："加强行政管理研究，推动政府体制改革。"在温总理题词精神的指引下，政府管理与改革研究系列丛书出版了。这套系列丛书，收集了近些年来中国行政管理学会研究行政管理和政府体制改革的部分成果，为进一步落实温总理题词的精神，研究政府体制改革与管理创新提供了参考和借鉴。

政府体制改革与管理创新是政府适应经济社会发展需要进行的自我调整和完善，它贯穿于我国改革开放和社会主义现代化建设的全过程。主要包括职能转变、机构调整、法制建设、政务公开、绩效评估、行政问责、危机应对等内容。改革开放以来，伴随着我国政治体制、经济体制、文化体制、社会体制及其他各方面体制改革的不断深化，政府体制改革与管理创新协调一致地同步推进，从而使政府体制及时适应了经济社会发展的客观需要，逐步形成了符合当代中国国情、充满生机活力的政府体制。改革开放以来我国政府进行的六次集中的政府体制改革，就是政府适应新形势新任务的与时俱进。改革把转变政府职能作为核心，在职能配置、机构设置和人员编制方面按照"精简、统一、效能"的原则进行了符合实际、卓有成效的创新；每一次集中改革既是上一次改革的延续和发展，又都紧紧抓住影响当时经济社会发展的主要矛盾和问题，在体制机制方面进行重点突破。与六次集中的政府体制改革相衔接，还适时对影响经济社会发展的新矛盾、新总是在以前改革的基础上进行的，每一项改革创新所解决的问题和重点虽然不同，但都是对前一次改革创新的深化、补充和在此基础上的发展。经过群众评判，政府才能知道下一步的改革创新有哪些问题要解决，重点往哪里放。另外，群众对改革创新的满意和高兴，还使我们对深化改革创新增添了信心、受到了鼓舞。

政府体制改革与机制优化相结合，通过创新政府管理方式、优化行政运行机制巩固改革成果，促进新体制优势的最大限度发挥。机制包括政府的运行机制、协调机制、动力机制、考评机制、约束机制、监督机制等。不断优化政府的运行机制，是政府正确履行职能、提高工作效率的内在要求。在改革开放和社会主义现代化建设的进程中，老的机制需要不断赋予新的内涵和形式，新的机制需要伴随着政府体制改革的深化不断建立和完善，并且在发展中继续探索创新适应新形势、新任务要求的最佳机制。实现行政运行机制和政府管理方式规范有序、公开透明、便民高效，不断对政府运行机制进行优化和完善，其中包括明确和细化部门所承担的责任，加快建立以行政首长为重点的行政问责制；坚持决策权、执行权、监督权既相互制约又相互协调，明确政府之间及政府部门之间的职责权限，权责统一，责随权走，从根本上克服多头管理、政出多门的弊端，促进政府机构高效、协调、规范运转。合理界定政府及其部门的决策权限，完善科学民主决策机制，健全重大事项调查研究与集体决策、专家咨询、社会公示与听证、决策评估等制度，不断提高政府决策水平。按照权责统一、依法有序、民主公开、客观公正的原则，规定行政问责的主体、客体、方式和内容，规范行政问责程序；完善行政监督和政务公开制度，确保权力在阳光下运行，切实增强政府执行力和公信力；健全社会信息反馈机制，切实保障公民的参与权和知情权，实现政府管理的公开、公正和透明；规范政府工作程序，科学的程序设置加上层次少、环节少、手续少和衔接紧密、快速高效的流程，使政府始终保持快节奏、高效率；降低政府行政成本，用较少的人力成本、较低的财政成本和高效的工作方法，实现政府确定的工作目标；科学合理地确定绩效管理的内容和评估的指标体系，完善绩效管理的机制和方法，重视绩效评估结果的运用，建立健全政府绩效管理的配套制度；推进直接面向企业、基层和社会公众的"窗口机构"的管理创新，规范"窗口"机构的办事制度，公开有关政策、办事内容、依据、程序及办事人员的责任，规定办事时限，优化工作和业务流程，创新管理方式。进一步规范政府立法行为，坚持科学立法、民主立法，提高立法质量。规范行政执法，严格按照法定权限和程序履行职责，建立健全权责明确、行为规范、监督有效、保障有力的执法体制，规范行政自由裁量权，全面落实行政执法责任制。进一步完善健全行政复议制度，加强行政应诉，完善行政补偿和行政赔偿机制。以强化责任为核心，建立健全政府运行和管理的各项制度，坚持用制度管权、管事、管人。加强公务员队伍建设，强化对公务员的教育、管理和监督，努力建设一支善于治国理政的高素质公务员队伍。

（作者系中国行政管理学会会长）

2012 年 9 月 16 日

目　　录

一 服务型政府建设

江苏服务型政府建设实践及展望

江苏省行政管理学会课题组[*]

建设服务型政府是党的十七大作出的重大决策，是一个带有全局性和战略性的重大任务，是一项重要的、迫切的并且复杂的政治工程；党的十八大又明确提出服务型政府的建设目标，为服务型政府建设指明了方向。从理论上看，我国政府改革需要科学的理论指导，服务型政府建设也需要理论依托。从实践上看，建设服务型政府的根本目的是进一步提高政府为经济社会发展服务以及为人民服务的能力和水平。建设服务型政府是一项系统工程。

进入 21 世纪以来，江苏服务型政府建设速度加快，无论是在体制机制，还是在制度建设层面都有所创新，从而有力地推动了江苏政治、经济、文化和社会的全面发展。江苏服务型政府建设取得的成功经验对全国服务型政府的建设具有重要的借鉴作用。

---

[*] 本研究报告是江苏省政府办公厅、江苏省行政学会重点课题部分研究成果。执笔人：凌宁，江苏省行政学院政府研究所副所长、教授，省行政管理学会副秘书长；张雯，江苏省镇江市行政学院行管教研室副主任、讲师；黄绪，江苏省行政学院研究生。

一 服务型政府研究的源起及意义

（一）服务型政府研究的源起

自从国家诞生以来，政府在人们的政治生活中始终扮演着十分重要的角色，是人类社会得以发展的必要组织。建立一个优良的政府，始终是人类的美好愿望和期待；而探求政府管理模式则成为历代政治学、行政学和公共管理学者关注的基本话题。正如世界银行在 1997 年世界发展报告《变革世界中的政府》开篇所指出的："在世界各地，政府正成为人们注目的中心。全球经济具有深远意义的发展使我们再次思考关于政府的一些基本问题。"① 20 世纪 80 年代以来，随着经济全球化、信息化与知识经济的发展，建立面向公众的政府成为全球政府改革的主潮流。主要发达国家掀起了政府管理改革的浪潮，以"政府改革"为依托，以提高政府回应力为手段，以提高公民满意度为核心，积极探索适合本国国情的政府制度建设。美国的"重塑政府"、英国的"公民宪章"运动、葡萄牙的"公共选择计划"、加拿大宪法中的公共服务均衡目标、澳大利亚的公共服务法案等，尽管在改革的内容与方式、公共服务运行机制、议程、战略、策略、范围、规模以及力度上不尽相同，但在增强政府服务意识、降低行政成本、革新公共服务机制、创新公共服务方式、提升公共服务效能等方面的目标是一致的。

在建设中国特色社会主义现代化国家的今天，如何把我国政府改造成为服务型政府，真正实现为人民服务的宗旨，成为我国政府官员和学界学者关注的焦点，也是当今政府着力追求的公共行政价值取向。"为人民服务"，是中国共产党人治国理政的一贯理念。毛泽东同志提出的"全心全意为人民服务"，早已成为共产党人的信条。改革开放的总设计师邓小平同志指出，我们的政府是人民的政府，应以人民高兴不高兴，人民答应不答应，人民满意不满意作为施政的目标。20 世纪 90 年代，"服务型政府"逐

① 引自世界银行 1997 年世界发展报告《变革世界中的政府》（中译本），中国财政经济出版社，1997，第 1 页。

步成为我国各级政府领导和学者们频繁提及的一个术语。进入 21 世纪以来，中国共产党的决策层逐渐明晰了以建设服务型政府为目标的政府改革思路。2002 年 11 月 8 日，党的十六大报告指出政府的主要职能是"经济调节、市场监管、社会管理、公共服务"。2003 年，党中央提出了"坚持以人为本，树立全面、协调、可持续的发展观，促进经济社会和人的全面发展"的科学发展观。2006 年 10 月，党的十六届六中全会通过的《关于构建社会主义和谐社会若干重大问题的决定》，进一步明确要求"建设服务型政府，强化公共服务和社会管理职能"。从此之后，服务型政府被写入执政党的指导性文件中。2007 年 10 月，党的十七大报告对进一步推进改革发展作了总体部署，并明确提出，把"加快行政管理体制改革，建设服务型政府"作为发展社会主义民主政治的重要内容。2012 年 11 月，党的十八大报告又明确提出服务型政府的建设目标："建设职能科学、结构优化、廉洁高效、人民满意的服务型政府"。这四句话中的十六个字阐明了服务型政府建设的标准和要求，为服务型政府建设指明了方向。时至今日，我国已经具备了建设服务型政府的时代条件。从经济上看，我国已经完成计划经济体制向市场经济体制的转变，社会主义市场经济体制基本确立。从政治上看，随着我国基层民主的不断发展，人民群众的法律意识和公民意识日益增强，服务型政府更应建设成为民意机构。从社会来看，经济多元，社会开放，全球交流，利益诉求多样，各种社会团体、非政府组织、公益性机构成为经济社会管理的重要参与者。服务型政府建设就是要与其形成合作伙伴关系，从而实现基层社会、整个国家的善治。建设中国特色服务型政府势在必行。

（二）服务型政府研究的意义

建设服务型政府是党的重大决策，是一个带有全局性和战略性的重大任务，是一项重要的、迫切的并且复杂的政治工程。建设服务型政府是中国特色社会主义民主政治建设的重要组成部分。建设服务型政府是由党的执政地位和宗旨所决定的，是在总结改革开放以来我国行政管理体制改革经验的基础上提出来的。它既是建设中国特色社会主义现代化事业的客观需要，也是落实科学发展观的迫切要求和完善社会主义市场经济体制、构建和谐社会的迫切要求。服务型政府的建设需要无数的公共服务实践，也依赖于人们在理论上的研究和解析。研究服务型政府，无论在理论还是实践上都对中国特色服务型政府的建设具有深远的意义。

从理论上看，我国政府改革需要科学的理论指导，服务型政府建设也需要理论依托。目前我国相当一部分学者已对服务型政府理论作出了比较全面和深入的研究，也提出了一系列卓有成效的建议，但是这些理论成果根基不够深厚、框架不够系统，难以有效地指导行政服务实践。同时，我国的服务型政府理论研究既不能在公共管理等学科的经典著作中找到现成答案，也不能照搬西方的新公共服务理论，只能在马克思主义指导下，结合中国社会经济发展实际情况，对我国政府管理模式进行理论创新，进而指导中国特色服务型政府的建设。

从实践上看，第一，建设服务型政府是人民群众的迫切愿望。随着改革开放的深入、社会主义市场经济的发展和民主政治建设进程的加快，人民群众的民主、法治、竞争和参与意识不断增强，对政府的要求也越来越高，传统的行政体制已无法满足人民群众的要求。第二，建设服务型政府有助于新形势下政府自身的转型。科技进步，知识、信息社会的来临，传统的政府管理模式已经无法适应新的形势，公民主体意识日益明确，参与公共事务的积极性增强，管制型政府面临危机。第三，建设服务型政府有助于推动中国特色社会主义民主政治建设。服务型政府不仅能提供优良的制度、公共政策与公共服务，使公民享受社会发展成果，而且能够培育公众的主体意识。公民本位的思想势必推动民主政治建设。第四，建设服务型政府有助于完善社会主义市场经济体制。随着我国社会主义市场经济体制的不断完善和企业市场主体地位的确立，过去那种政府直接管理企业、事无巨细、大包大揽的管理方式已不再适用。政府职能真正向经济调节、市场监管、社会管理、公共服务转变，势必有利于社会主义市场经济的健康发展。第五，建设服务型政府有助于构建社会主义和谐社会。改革现有的政府管理体制，注重发展社会事业和解决民生问题，使全体人民共享改革发展成果，才能促进社会公平正义，增强社会创造活力，保持社会安定有序，有效推动社会主义和谐社会建设。第六，建设服务型政府有助于提升我国的国家竞争力。当前，经济全球化进程加快，国际经济联系更加密切，竞争更加激烈。政府提高服务质量吸引资金、技术和人才的能力已经成为衡量一个国家竞争力的重要参数。服务型政府能够应对新时期全球竞争的新态势，提升政府自身的管理水平。

（三）课题研究拟突破之处

21 世纪以来，江苏各级政府在建设中国特色服务型政府方面作出了积极的探索和实践，无论是在体制机制，还是在制度建设层面都有所创新，从而有力地推动了江苏政治、经济、文化和社会的全面发展。课题组认为，有必要对服务型政府建设在江苏的实践做一总结，全面了解和把握江苏省服务型政府建设的现状、取得的成功经验及需要完善的方面；有必要从服务型政府发展趋势展望方面探讨江苏实现"两个率先"前提下的服务型政府建设的新发展、新思路和新举措。

课题组认为，本课题的主要研究对象是处于社会经济转型条件下的社会主义国家政府模式转变问题，也涉及社会主义中国东部地区发达省份——江苏省服务型政府进一步发展的问题。因此，有必要应用辩证唯物主义与历史唯物主义方法对服务型政府建设进行实事求是的、历史的分析、评价与总结；有必要运用理论联系实际的方法，从江苏的实践出发研究中国特色服务型政府建设的相关问题；有必要采取规范分析与实证分析相结合的方法，对基于实践的政府改革研究的一些规范性命题和大量的江苏服务型政府建设所取得的成就进行认真分析和研究，以达到对其系统考察和认识的目的。

二　江苏服务型政府建设实践

（一）全面正确履行职能，推进经济社会全面发展

进入 21 世纪以来，江苏省政府努力实现政府职能向创造良好发展环境、提供优质公共服务、维护社会公平正义的根本转变；努力实现行政运行机制和政府管理方式向规范有序、公开透

明、便民高效的根本转变，建设人民满意的政府，从而有效保障了江苏社会经济发展。全省综合实力在全国名列前茅。江苏省以占全国 1.1% 的土地、5.8% 的人口，创造了全国 10% 以上的地区生产总值。生态建设取得新成效，人居环境大大改善，有 21 个市获得国家环保模范城市称号，林木覆盖率和城市绿化覆盖率分别提高到 21.6% 和 41.9%，建成了一批国家级园林城市、国家级森林城市和国家级生态市（县、区），全国绿化模范市（县）达 26 个。扬州、南京、张家港荣获联合国人居奖。江苏的城市化和城市现代化步伐加快，城市化率达到 63%，中心城市的辐射带动能力明显增强。县域经济实力大幅提升，2012 年全国百强县评比中，江苏省占 25 席，其中 6 个县（市）跻身前 10 强。苏南提升、苏中崛起、苏北振兴步伐加快。全省整体纳入长三角区域范围，江苏沿海开发上升为国家战略，沿海地区发展步入快车道。

江苏省充分发挥政府职能作用，实施积极的财政政策，促进了经济平稳较快发展，进一步保障和改善了民生。过去的五年，全省地区生产总值连跨三个万亿元台阶，2012 年达 5.4 万亿元，同比增长 10.1%，年均增长 11.8%，人均地区生产总值突破 1 万美元。公共财政收入连跨三个千亿元台阶，2012 年达 5861 亿元，同比增长 13.8%，年均增长 21.2%。外贸进出口总额连跨两个千亿美元台阶，2012 年达 5481 亿美元，年均增长 9.4%。2012 年全社会研发投入超过 1200 亿元，占地区生产总值的 2.3%，发明专利授权量突破 1.5 万件，高新技术产业产值达 4.5 万亿元。城乡居民人均收入分别达到 2.96 万元和 1.22 万元，年均增长 12.6% 和 13.2%。全省总体上达到省定小康指标，在科学发展道路上迈出了坚实步伐。

（二）坚持民生优先，全面加强社会建设

社会管理是政府的重要职能之一，对于满足社会公众的各种需求，实现建立在公平正义价值基础上的社会有序和社会进步具有重要作用。江苏省在坚持经济发展的同时，坚持民生优先，坚持保障和改善民生，全面加强社会建设。在过去的五年中，公共财政用于民生和社会事业支出 18310 亿元，占公共财政支出的 72.1%；实施居民收入七年倍增计划，城乡居民收入较快增长，企业退休人员养老金每年提高 10% 以上，农民收入增幅连续三年超过城镇居民。就业规模不断扩大，五年新增城镇就业 628 万人，城镇登记失业率控制在 3.3% 以内。农村劳动力转移总量达 1823 万人，转移率达 68.5%。城乡居民低保、医疗和养老保险实现全覆盖。城乡低保标准分别增长 54% 和 107%。完善社会救助和保障标准与物价上涨动态补贴联动机制，保障了困难群众的基本生活。农村年人均纯收入在 2500 元以下的贫困人口实现脱贫，按照 4000 元标准实施新一轮扶贫开发行动。公共服务"六大体系"建设全面展开，各项民生实事全面完成。

社会事业不断进步。江苏省优先保障教育投入，全面实现城乡免费义务教育，各级各类教育发展水平明显提高。加快医疗卫生事业改革发展，政府办基层医疗卫生机构、村卫生室，实现基本药物制度全覆盖，城市社区卫生服务机构实现全覆盖，医改工作走在全国前列。社会养老服务体系初步建立。完善公共文化服务体系，重大文化设施、基层文化惠民工程建设加快。加强市场监管，实施食品药品放心工程，开展安全隐患排查治理，安全生产形势总体稳定。法治江苏、平安江苏建设取得明显成效，社会治安综合治理绩效考核连续五年居全国首位。18 个城市获双拥模范城称号。

江苏省在强化社会管理中，创造了一系列在全国有影响、老百姓满意的社会管理新做法、新方式、新经验。主要有：南京建邺"一委一居一站"新模式、无锡市"扁平化"管理新模式、徐州"睢宁经验"、南通社会管理创新模式、淮安"和谐城管"新理念、常州社区居家养老新模式、泰兴宣堡中心户长制、苏州市社区司法矫正系统管理模式、社区信息化管理与服务模式等。尤其是"一委一居一站一办"模式实现了强化基层社区基础、理顺社区各类组织关系、深化社区共驻共建共享机制、落实社区服务管理责任、推进社区服务社会化的综合效果。2011 年江苏省委、省政府提出，到 2015 年城乡社区"一委一居一站一办"覆盖率达 90% 以上，有条件的地方力争实现全覆盖。

（三）规范决策行为，完善政府科学民主决策机制

江苏省政府在决策科学化民主化方面迈出了重要步伐，取得了显著成绩。主要表现在以下几个方面。

（1）科学民主决策得到各级政府高度重视。首先，省委、省政府领导坚持科学民主决策，"切实做到未经集体讨论不决策、未经充分评估论证不决策、未经公开征求社会意见不决策、未经合法性审查不决策"①，为各级政府的决策起到楷模和示范作用。其次，就重大行政决策事项范围、重大行政决策规则和程序、重大行政决策后评价和责任追究等作出明确规定。先后两次修订《江苏省人民政府工作规则》，把科学民主决策作为政府工作的基本准则。进一步完善重大问题集体决策制度、专家咨询制度、社会公示和听证制度，实行重大决策公众参与、专家论证和政府决策相结合。

（2）政府决策民主化程度明显增强。江苏省各级政府积极探索和不断完善公众参与、专家论证与政府决定相结合的民主决策机制。一是各级政府在政策出台之前通过媒体公示，召开座谈会、论证会和听证会等多种方式，征求群众意见，保证群众对政府决策的有效参与。二是建立专家咨询和论证评估制度。凡是关系国计民生的重大决策，凡是涉及群众切身利益的重要事项，都认真听取社会各界和专家学者的意见。三是保证政府决策的透明度。江苏各级政府建立和完善了政务公开制度、以政府门户网站为窗口的电子政务制度、省政府常务会议新闻媒体旁听制度、政府新闻发言人制度等，提高了政府决策的透明度，有效保障了人民群众的知情权、参与权和监督权。

（3）政府决策纳入法治化轨道。目前，江苏省政府决策的法治化框架初步形成。一是决策权力配置的规范化，实现决策权依法有据。二是政府决策的程序化和规范化。政府出台政策的各个环节越来越公开和规范。三是强化对决策权的监督。按照"谁决策、谁负责"的原则，建立健全决策责任追究制度，对超越权限、违反程序的决策或错误决策造成社会经济重大损失的，严肃追究决策者责任，实现决策权和决策责任相统一。

---

① 罗志军书记2010年在全省依法行政工作电视电话会议上的讲话。

（四）严格依法行政，着眼于推进法治江苏建设

近年来，江苏省各级政府着眼于推进"两个率先"和法治江苏建设要求，把依法行政作为一项事关全局的重点工作来抓。经过全省上下的不懈努力，依法行政水平大幅提升，政府立法质量不断提高，行政执法行为更加规范，行政监督功能充分发挥，化解社会矛盾的能力明显增强，加快了法治政府建设步伐。在依法行政方面取得了突破性进展。

1. 明确发展目标，出台配套制度

江苏省明确提出在全国率先基本实现法治政府建设的目标要求，把依法行政作为一项基础性、全局性的工作摆在重要位置，贯穿于政府决策、执行和监督的全过程。江苏省还通过出台配套制度，完善工作载体。一是江苏省在全国第一个以政府令的形式发布《江苏省依法行政考核办法》，组织开展市县乡三级政府和省市县行政执法部门依法行政考核。二是出台《江苏省社会稳定风险评估办法》，在全国较早地推行重大行政决策"稳评"机制，强化对重大决策的制约和监督。

2. 健全组织机构，建立联动机制

目前，全省依法行政组织领导机制健全，省政府成立了全面推进依法行政工作领导小组，13个省辖市及大多数县级政府都建立健全了依法行政领导机构，从而有效地推动了江苏省依法行政工作的开展。其次，坚持把市县政府作为依法行政工作的重点，以完善和落实依法行政配套制度为抓手，以规范决策程序和执法行为为突破口，形成省市县联动机制。

3. 拓宽公众参与渠道，打造法治环境

在全省推行法制庭、听证室建设，开展行政执法案件、行政复议案件公开审理。目前，民主决策、开门立法、公开办案以及实绩公示公评已形成制度。在打造最优法治环境方面，致力推进制度创新和管理体制、执法体制、审批体制创新，着力推进行政（便民）服务中心标准化建设，实现市县乡村行政（便民）服务中心全覆盖。

（五）优化体制结构，推进政府机构改革不断深入

努力实现政府组织机构及人员编制向科学化、规范化、法制

化的根本转变，主要有：大部门改革、省直管县改革、扩权强镇改革等。

1. "大部制"改革提升政府效能

2010 年江苏省省级和 13 个省辖市大部门制机构改革全部完成。优化、责任和效率成为江苏"大部门制"改革的三大亮点。通过对职能相同或相近机构的归并，实现政府运行高效和组织结构优化，办事效率大幅提高。江苏省政府各部门共取消、下放、转移行政管理事项 50 项之多，加强宏观调控、住房保障、促进就业、食品安全监管等关系国计民生的职责 80 余项，调整部门职责 90 余项。

2. 省直管县财政体制改革初见成效

2007 年，江苏省下发《省政府关于实行省直管县财政管理体制改革的通知》，标志着江苏省直管县财政管理体制改革全面推行。2008 年又下发《关于调整分税制财政管理体制的通知》，重新划分了省与市县之间地方共享税的分享范围与比例，使县级政府有了更多的税收支配权。2011 年 11 月，江苏省委、省政府确定昆山市、泰兴市和沭阳县为省直管县体制改革试点县（市）。通过改革，减少了管理层次和环节，试点县部分事项工作效率明显提升，同时也极大调动了县（县）政府推进发展的积极性和主动性。

3. 推进"扩权强镇"试点

推进经济发达镇行政体制改革，是深化行政体制改革的重要内容。2010 年 4 月，中央编办、国家发改委等部门联合下发了有关通知，明确在 13 个省的 25 个经济发达镇进行行政管理体制改革试点，江苏省有 4 个镇被列入试点范围。同年 8 月，江苏省政府决定，在部分经济发达镇开展行政管理体制改革试点工作。省有关部门选择了张家港市凤凰镇等 16 个镇开展省级试点。江苏省强镇扩权改革的目标是，推动一批有条件的经济发达镇逐步发展成为人口集聚、产业集群、结构合理、体制创新、环境友好、社会和谐的现代新型小城市，与现有大中小城市形成分工有序、优势互补的空间格局。

（六） 改革干部人事制度，竞争性选拔从试点走向常态

深化干部人事制度改革，是实现全面建设小康社会的需要，是增强我国政治制度竞争力的需要，也是解决干部工作中突出问题、提高选人用人公信度的需要。中共江苏省委《关于贯彻〈2010—2020 年深化干部人事制度改革规划纲要〉实施意见》于2010 年 6 月 19 日出台，标志着江苏干部人事工作向科学化民主化制度化方向迈进了有力的一步。

1. 明确目标和运行机制

江苏省委对未来 10 年竞争性选拔干部提出了总量目标和时间节点：到 2015 年，每年新提拔的厅局级以下委任制党政领导干部中，必须有不少于 1/3 的通过竞争性选拔方式产生。规定了不同模式竞争性选拔方法的适用范围和运行机制，如党政领导干部采取公开选拔、公推公选等方式，机关中层干部实行竞争上岗，基层党组织领导班子成员通过公推直选产生，差额选拔正职领导干部，提高了选人用人的公信度。

2. 加强选用监督管理

一是推行干部选任流程管理、全程纪实。新出台的《关于实施干部选拔任用工作四项监督制度的操作规程》，对领导干部选拔任用工作的责任追究、有关事项报告、"一报告两评议"、市县党委书记离任检查等制度在程序、方法、主要责任部门等方面进行了详尽规定。二是强化关键岗位管理。省委明确要求对关键岗位领导干部实行重点管理，全面推行党政"一把手"用人责任审查、编制责任审核和经济责任审计"三责联审"制度。

3. 完善考核评价机制

江苏省制定领导干部岗位职责规范，根据"责任表"，对不同部门、不同行业、不同职位的领导干部有针对性地考核。江苏省继 2009 年对县（市）党政正职科学发展实绩进行量化考核、制定国企领导班子和领导人员综合考核评价办法以后，2010 年又连续出台了《江苏省省级党政工作部门领导班子和领导干部综合考核评价实施办法》《体现科学发展观要求的江苏省高等学校领导班子和领导干部任期目标考核评价办法》，实现了领导干部分类考核全覆盖。

4. 破解干部"下、出"难题

干部的"能上能下""能进能出",是干部人事制度改革的重点难点。为破解这一难题,苏州市 2010 年出台《关于进一步深化干部人事制度改革的若干意见》,明确提出凡新提拔担任副处职领导干部,除法律法规另有规定外,全面实行聘任制,党内职务实行任期制。

(七) 创新公共服务工具,全面落实工作责任制

创新公共服务工具,是政府提高公共服务效能的基础。16 年前,首问负责制发端于南京。近年来,全省各地、各有关部门制定并实施了首问负责制、服务承诺制、限时办结制等制度,不仅起步早、标准高、措施实,而且结合实际不断创新,形成了比较完整的制度体系。省政府办公厅制定了《关于建立完善办公厅首问负责制、限时办结制、AB 角岗位责任制的意见》,为提高行政机关工作效能构建了良好的基础。据统计,目前全省 13 个省辖市、106 个县(市、区)全部出台了"三项制度"的政策措施,强化了工作职责,提高了服务水平,不断深化服务型政府建设。

公共服务载体形式不断创新,手段逐渐丰富,提高了"三项制度"的科学性与可操作性。目前有以下几种形式:一是行政服务中心和便民服务网络。各地在原有行政审批服务中心的基础上,增加服务内容建设市民服务中心,扩大服务范围形成便民服务网络。二是网上政务大厅。有关部门及时发布与企业和群众生产生活密切相关的信息,市民可随时随地上网查询养老、失业、医疗保险费用缴纳等情况,及时了解岗位需求、房产价格、交通违章处罚等各类信息。三是公开热线。各地开通了政府服务热线。服务热线话务员通过当场回答、三方通话、电子派单处理等形式,明显提高了当场处理率、群众满意率。四是配套制度完善。江苏省各地各级政府在原有"三项制度"的基础上推出了一次性告知制、同岗替代制、挂牌上岗、精细化管理、百分制考核、协同办公系统、大督查机制、否定报备制、联合办公制、效能考评制和失职追究制等相关制度,制度体系更完善,可操作性更强,极大地改进了工作作风,提升了服务效能。

（八）打造阳光政府，行政权力网上公开透明运行

确保权力正确行使，让权力在阳光下运行是行政体制改革的重要方面。近年来，江苏省政府积极打造阳光政府，大力推进行政权力网上公开运行、政务公开、政府信息公开、社区信息化、重大决策听证、重要事项公示等方面的工作。阳光政府的推进，提高了政务活动透明度，有效地保障了公民的合法权益。

至 2010 年底，江苏 52 个省级机关部门、13 个省辖市及所辖106 个县（市、区）全部实现了行政权力网上公开透明运行。这是江苏行政管理模式的一次重大变革，也是反腐倡廉制度建设的一次创新。2010 年江苏省实现了"所有县级以上行政机关全覆盖、所有行政权力事项全覆盖、网上行政监察全覆盖"的三个全覆盖目标，走在了全国前列。

通过行政权力网上公开透明运行系统，江苏省实现了行政权力运行数据化、流程标准化、办公网络化、信息公开化。公众可以在网上及时查看其申请事项的办理状态及结果，对于办理过程及结果有疑义的，还可通过电子监察系统在互联网上设置的投诉举报模块进行投诉举报。各界人士还可以通过行政权力网上公开透明运行系统的意见征集、网上调查、社会听证等栏目充分发表意见，推动了政府决策民主化。

（九）加强绩效管理，构建政府绩效管理多元化模式

加强绩效管理是服务型政府建设的重要方面。坚持绩效管理，重视监督跟踪，是深化行政体制改革、建设服务型政府的重要抓手。江苏省在全国率先颁布省政府规章《江苏省依法行政考核办法》，有效推进政府绩效管理。资料显示，政府效率与当地的经济发展有很大关系。北京师范大学管理学院与政府管理研究院首次发布《2011 年中国省级地方政府效率研究报告》。报告指出，在全国 31 个省级地方政府中行政效率最高的是江苏省，上海、北京紧跟其后。

1. 完善绩效管理制度，形成绩效管理机制

江苏省人民政府制定出台了《江苏省人民政府部门绩效管理办法（试行）》，对开展省政府部门绩效管理的指导思想、基本原则、绩效评估、组织实施等进行了明确，并制定了详细的省政府

部门绩效评估指标体系，成立了省绩效管理领导小组，推进省政府部门绩效管理工作。

江苏省在推进绩效管理过程中，建立了与绩效评估结果衔接的表彰和年度考核机制、与绩效评估结果挂钩的公务员选用机制、政府绩效评估奖励机制、与绩效评估结果挂钩的财政预算机制、与绩效评估结果衔接的行政问责机制，形成一系列配套的奖惩制度，形成以评估结果促进行政管理创新的长效机制。

2. 围绕中心工作开展绩效管理，评估模式趋于多元化

江苏省政府部门绩效管理充分体现科学发展观的要求，紧紧围绕全省经济社会发展战略目标的贯彻落实，有效开展政府绩效管理，实现绩效管理模式多元化发展。江苏省有南京市连续开展的万人规模"群众评议机关作风"模式，江苏省财政预算编制、执行、监督和绩效评价"四位一体"的创新型管理模式，南通市的地方政府绩效管理模式，灌南县勤政、优政、廉政的"三政"绩效管理模式，南京江宁区财政局"标准化"绩效管理三种运行模式，在全国产生了较大影响。

三 江苏服务型政府建设的基本经验

江苏省在推进服务型政府建设中全面贯彻中央精神，工作抓得细、抓得实，并开展了大量的探索活动，取得了比较好的效果，不少举措走在全国前列，建设经验值得总结。

第一，服务型政府建设要坚持正确的指导思想和方向。要以中国特色社会主义理论体系为指导，坚持科学发展观，把转变政府职能作为改革的核心与关键，加强和完善政府的经济调节、市场监管、社会管理和公共服务职能，特别是强化社会管理和公共服务的职能，努力形成权责一致、分工合理、决策科学、执行顺畅、监督有力的政府管理体制。

第二，服务型政府建设要把维护人民群众的根本利益作为出发点和落脚点。政府的一切权力都是人民赋予的，执政为民是各级政府的崇高使命。在服务型政府建设中，江苏省坚持把重点放在人民群众最关心、最直接、最现实的基本公共服务上，从人的全面发展、科学发展、保障人权、公共利益等角度进行制度设

计，让改革发展成果更多地普惠于民，巩固与发展和谐稳定的社会局面。

第三，服务型政府建设要坚持解放思想、与时俱进、开拓创新。江苏省在服务型政府建设的理论和实践上取得的重大成就，都是坚持解放思想，与时俱进，开拓创新的结果。服务型政府建设，是对传统行政管理模式的一次革命，必须坚持以科学发展观为指导，进一步解放思想，冲破传统行政管理观念的束缚，大胆实践；进一步与时俱进，革除传统行政管理体制和机制的弊端，积极进取；进一步开拓创新，充分认识到制度建设的长期性和艰巨性，勇于探索。

第四，服务型政府建设要坚持集中统一领导，健全组织机制。服务型政府制度建设是一项事关全局的重大改革，涉及各个部门和各个层次，必须纳入党委、政府的总体部署，一把手亲自抓；必须建立健全上下协调的工作机制，具体组织实施。党委、政府的高度重视和坚强领导，各部门的齐心协力，是服务型政府建设顺利实施并取得实效的重要保证。江苏省的实践表明，服务型政府建设中坚持集中统一领导，健全组织机制至关重要。

第五，服务型政府建设要坚持扩大民主、引导社会参与。扩大民主、引导社会参与是推进服务型政府建设的重要手段。江苏省服务型政府建设抓住两个核心环节：一是通过建立健全重大决策公示预告制度、专家咨询论证制度、社会听证制度等，让人民群众广泛参与政府公共事务的决策监督。二是规范行政行为过程公开制度，让行政权力的行使在公众监督之下。实现政府公开方式由单向主动逐步向多元互动的转变、政务公开领域从注重结果逐步向过程拓展，从而提高了政府公信度。

第六，服务型政府建设要与政治体制、行政体制、社会体制、经济体制改革相适应。江苏省服务型政府建设努力实现整体配套、协调推进。服务型政府建设不是孤立的、封闭的，而是与经济体制改革、政治体制改革、行政体制及其他各项改革配套进行的，是一个有机的整体。服务型政府建设是全面深化改革和提高对外开放水平的关键，处于改革的中心环节，继续深化经济体制改革和其他各项改革，都与服务型政府建设、深化行政管理体制改革有着紧密的联系。

第七，服务型政府建设必须夯实基础、细化制度措施。江苏省各级、各地政府从工作实际出发制定和出台的一系列制度措施，确保服务型政府的运行和行政体制改革的落实。各地政府以科学民主决策制度、依法行政制度、服务承诺三项制度、政务公开制度、行政责任追究制度和绩效管理制度为基础，积极完善具体制度措施，增强了制度运行的科学性、规范性、有效性、针对性和可操作性，从而大大提高了政府运行效能。

四　江苏服务型政府建设趋势展望

我国今后10年行政体制改革的总体目标是：落实科学发展观，按照建设服务政府、责任政府、法治政府和廉洁政府的要求，着力转变职能、理顺关系、优化结构、提高效能，到2020年建立起比较完善的中国特色社会主义行政管理体制。为了实现这个目标，江苏省已明确提出推进以下改革。

（一）深化六个方面行政改革

（1）进一步转变政府职能，加快建设服务型政府，加强和创新社会管理、公共服务。大力推进政事分开、政企分开，大幅度减少行政审批事项，提高行政效率，降低行政成本。

（2）健全科学决策、民主决策、依法决策机制，增强公共决策透明度和公众参与度，强化行政问责制，改进行政复议和行政诉讼，提高政府公信力。

（3）深入推进政务公开，加快电子政务建设，实现行政权力网上公开透明运行。

（4）继续优化政府结构、行政层级和职能责任，探索实行省直管县体制，开展经济发达镇行政管理体制改革试点，赋予县级经济社会管理权限。

（5）深入推进事业单位分类改革，培育扶持和依法管理社会组织，支持其参与社会管理和服务。

（6）改革基本公共服务提供方式，引入竞争机制，扩大购买服务，实现提供主体和提供方式多元化。

（二）实施八大工程

1. 转型升级工程

按照经济社会发展以创新驱动为主、拉动经济增长以扩大内需为主、未来产业结构以服务经济为主的方向，加快转型升级步伐，坚决打好转变发展方式这场硬仗，在"加快"上下功夫、见实效，以转变破解制约，以调整寻求出路，以转型培植优势。加快构建现代产业体系，促进三次产业协调带动。着力扩大内需特别是消费需求，促进三大需求协调拉动。进一步优化区域发展格局，促进三大区域协调互动。以更大的决心和勇气推进重点领域和关键环节改革，形成有利于加快经济发展方式转变的制度安排。

2. 科技创新工程

今后五年，要以发展创新型经济为主攻方向，以培育自主知识产权、自主品牌、创新型企业为重点，继续加大对科技创新的政策支持和工作推进力度，努力实现全社会研发投入、研发人员数量、高新技术产业增加值三个"翻一番"，发明专利授权总量、创业投资规模、民营科技企业总数三个"翻两番"，到2015年率先建成创新型省份。要着力抓好"人才"和"投入"这两个关键环节，突出高端人才引领，全面落实人才发展规划纲要；突出科技投入支撑，加快构建科技投入多元化机制。

3. 农业现代化工程

坚持新型工业化、新型城市化、农业现代化"三化同步"，以发展农村经济、增加农民收入为中心任务，加大农业产业结构调整力度，着力提升农业规模化、产业化、标准化、集约化、信息化的"五化"水平，加快构建以现代装备为基础、现代科技为支撑、现代经营为特征，劳动生产率高、土地产出率高、综合效益高的现代农业体系，力争到2015年苏南等有条件的地方率先基本实现农业现代化，2020年全省基本实现农业现代化。要加大农业投入力度，加强农业科技创新和推广，深化农村综合改革，加快培育现代农民，努力缩小城乡发展差距。

4. 文化建设工程

深刻认识文化的独特功能和地位作用，始终坚持社会主义先进文化的前进方向，充分发挥文化教育人民、引导社会、推动发展的作用，牢固确立宣传思想文化"主战线、主阵地、主力军"地位，更加有力地推动江苏文化大发展大繁荣，到"十二五"末基本建成"文化凝聚和引领力强、文化事业和产业强、文化人才队伍强"的文化强省。要增强思想文化凝聚和引领力，更加重视新时期江苏人的精神建设，共建美好的精神家园。增强文化发展活力，进一步解放和发展文化生产力，更好地满足人民群众的基本文化需求。增强文化产业竞争力，尽快使文化产业成为江苏的支柱产业。

5. 民生幸福工程

坚持以人为本、民生优先，切实解决好群众最关心、最直接、最现实的利益问题，全面提高人民群众的生活水平和质量，提高人民群众的幸福感和满意度。把实施"居民收入倍增计划"作为最大的民生实事，作为保障和改善民生的"硬任务"。以构建终生教育体系、就业服务体系、社会保障体系、基本医药卫生体系、住房保障体系、养老服务体系的"六大体系"为保障，强化基本公共服务功能。

6. 社会管理创新工程

完善"党委领导、政府负责、社会协同、公众参与"的社会管理工作格局，积极开展社会管理创新综合试点，努力率先建成与社会主义市场经济体制相适应的社会管理体制。要强化源头治理，做决策、定政策、搞建设、上项目，都要充分考虑对社会稳定可能带来的影响。要健全管理机制，重点完善诉求表达、矛盾排查和预警、矛盾调处、应急管理、社会公共安全管理五项机制。要夯实基层基础，扎实推进基层社会管理和服务体系建设，突出抓好新建社区、流动人口、特殊人群和互联网等管理。

7. 生态文明建设工程

坚定不移地走生产发展、生活富裕、生态良好的文明发展之路，更大力度地落实环保优先、节约优先的方针，铁腕治污、刚性降耗，大规模开展生态建设，促进经济持续增长、污染持续下降、生态持续改善，使"生态文明"成为江苏的重要品牌。一方面，要充分利用资源环境约束形成的倒逼机制，促进绿色增长。另一方面，要主动顺应人民群众的强烈愿望，积极打造宜居环境，持续提高人民群众对生态环境的满意度。

8. 党建工作创新工程

把党建工作创新纳入"两个率先"的总体布局，坚持以执政能力建设和先进性建设为主线，以改革创新精神全面推进党的思想、组织、作风、制度建设和反腐倡廉建设，为"两个率先"提供坚强保证。以干部人事制度改革创新为重点，全面加强领导班子和干部队伍建设。以开展"创先争优"活动为载体，创新基层党建工作。以反腐倡廉制度建设与创新为抓手，率先建成并不断完善惩治和预防腐败体系。

（三）完善服务型政府九项制度建设

1. 完善加快推进法治政府建设方面的制度

健全行政决策机制，完善科学民主依法决策程序，建立健全重大行政决策规则，建立重大决策跟踪反馈和评估制度。加强和改进制度建设，建立规章和规范性文件评估与清理制度。完善行政执法体制机制，促进行政执法部门之间的信息交流和资源共享。规范行政执法行为，落实和完善行政执法责任制，加强行政执法活动的监督检查。建立行政调解制度，建立健全群体性事件预防和处理机制。

2. 完善深化政务公开方面的制度

以规范公开内容、推进行政权力网上公开透明运行、增强公众参与度、强化保障机制为重点，把政务公开工作不断引向深入。推行政务信息公开目录编制制度，完善群众关心的重要事项公开制度，拓展群众的知情范围。优化行政决策专家咨询制度，完善决策听证和旁听制度，建立群众意见征集反馈制度，创新新闻发布制度，完善政务信息查询制度，增强公众参与度。

3. 完善政府绩效管理方面的制度

以目标规划、过程监管、绩效评估、持续改进四个主要环节为依托，建立健全政府部门绩效管理制度。运用科学的方法、标准和程序，重点加强行政绩效目标规划、行政绩效定期考核、行政审计、行政绩效申诉、行政绩效激励、绩效考核结果应用等方面的制度建设。

4. 完善服务承诺等方面的制度

在省级层面出台完善服务承诺、首问负责、限时办结等"三项制度"的政策，明确实施标准、范围、重点、方法、步骤、组织领导、检查考核等具体内容。创新工作机制，形成三位一体（服务中心、窗口、部门三方）联动机制，努力打造部门支持窗口、窗口全力服务、中心统一协调的良好工作格局。

5. 完善提升公务员公共服务能力方面的制度

要规范行政行为，创新工作机制，加强公务员队伍建设，提高政府和公务员履行公共服务职责的能力和水平。完善公务员考试录用办法，探索建立具有江苏特色的公务员考核评价体系，规范公务员培训管理，努力打造一支廉洁奉公、勤政为民、业务精通、作风优良的公务员队伍。

6. 完善政府信息化服务方面的制度

一是有效利用现代信息技术，整合行政资源，实施政府信息资源共享。二是加快信息基础设施建设，完善信息化管理运行机制。三是推进政府信息资源在民生领域的广泛应用。加快社区信息化制度建设，下发一批规范性文件。加强统一领导，建设各级协调机构。加强资金保障，引导社会资源介入。加强标准建设，推广统一技术规范。

7. 完善政府投资管理方面的制度

实施对政府投资项目决策、建设、运行、资金拨付、监督的全过程管理，形成以《江苏省政府投资管理办法》为龙头、相关办法为配套的管理制度体系，进一步完善政府投资法律制度标准规范，健全政府投资决策机制、管理和监督机制，提高政府投资的使用效率。

8. 完善控制行政成本方面的制度

采取科学合理的规范性措施，压缩公用经费和一般性开支，将财政资金更多地用于公共服务。重点加强机构编制和财政供养人员管理，形成控制人员编制和行政成本的长效机制；完善会议费开支控制管理制度，建立健全会议审批制度；加强部门预算管理、政府购买服务等方面的制度建设。

9. 完善公共服务责任追究方面的制度

依据有关法律、法规和规章，明确各级政府的公共服务责任，加强对公共服务部门的职责监管，强化公共服务监管部门的责任，通过加快制度创新，逐步建立全省统一规范的公共服务责任追究体系。

论天津市大部门体制改革与服务型政府建设

张霁星[*]

自改革开放以来，我国共进行了5次大的行政管理体制改革（分别是1982年、1988年、1993年、1998年和2003年），每次改革都带来经济体制改革的进一步深化。天津作为紧邻北京的直辖市，按照党中央国务院的总体要求，也进行了同样步骤的五次机构改革。但是，社会各界都已经看到，我国的行政管理体制无论是对应市场经济的要求，还是党和政府的改革总体目标以及社会与公众的心理预期，都还有一定差距。本次改革前的行政管理体制，仍未由计划经济时代的管制型、全能型真正转变成市场经济时代的规制型、服务型，因此，政府职能转变的一些深层次问题很难得到根本解决。而且，在30年来以经济体制改革带动其他改革的过程之中，行政实践部门和学术界都看到，经济与社会发展中的许多问题越来越多地聚焦到了政府部门身上。因此，党的十七大以后，国务院启动了以大部门体制为特色的第六次机构改革。2009年3月5日，中央批准了天津市政府机构改革方案，5月7～8日，天津市政府新组建的10个部门正式挂牌并启用新的印鉴，以新的机构名义开始运作。这标志着，天津市政府以大部门综合运行为特色的第六次机构改革步入了深入的实施阶段。这次机构改革，对于正处在滨海新区被纳入国家"十一五"规划，全市经济社会全面快速发展关键阶段的天津来说，是非常必要的，非常及时的，也是有相当重要的社会现实意义的。

---

* 作者简介：张霁星，天津市行政管理学会副会长兼秘书长、研究员。

一 天津大部门体制改革的基本情况

根据党中央、国务院 2009 年 3 月 5 日批准的天津市政府机构改革方案，2009 年 5 月 3 日，天津市召开机构改革工作会议，对全市的机构改革工作进行部署。市委书记张高丽同志，市委副书记、市长黄兴国同志，市人大常委会主任刘胜玉同志均出席会议。按照市委、市政府统一部署，天津市政府在本次机构改革中新组建的 10 个机构，于 2009 年 5 月 7～8 日正式挂牌，至此，天津市大部制改革后新的政府机构轮廓已经基本清晰，并向社会公布。2009 年 5 月 9 日，《天津日报》等多家媒体也向社会公开报道，天津市政府新组建的 10 个部门是：天津市经济和信息化委员会、天津市人力资源和社会保障局、天津市文化广播影视局、天津市水务局、天津市城乡建设和交通委员会、天津市交通运输和港口管理局、天津市市容和园林管理委员会、天津市人民政府合作交流办公室、天津市政府口岸服务办公室和天津市中小企业发展促进局。同时，从 5 月 8 日起，上述部门启用新的印章，同其他部门一起正式履行职能。①

本次天津市政府的机构设置原则上与国务院机构相衔接，新组建了 10 个机构，调整了 18 个机构，共设置 45 个部门，有 33 个与国务院对应（比如，经济和信息化委员会、人力资源和社会保障局）。6 个部门管理机构有 4 个与国务院对应。各部门的"三定"（定主要职责、定内设机构、定人员编制）工作要求在三个月内完成。②

这次政府机构改革，是根据党的十七大、十七届二中全会精神，在中央和市委统一部署下进行的。改革的重点是，解决当前行政管理体制、机构设置中不适应经济社会发展和科学发展观要求的突出矛盾和问题。通过改革，努力实现政府职能向创造良好发展环境、提供优质公共服务、维护社会公平正义的根本转变，实现政府组织结构及人员编制向科学化、规范化、法制化的根本

① 人民网，2009 年 5 月 8 日。
② 《天津日报》2009 年 5 月 9 日。

转变，实现行政运行机制和政府管理方式向规范有序、公开透明、便民高效的根本转变。

二 天津市大部门体制改革的思路分析

按照市场经济运行对政府机构设置的一般要求，结合全市政府部门机构设置的具体情况，本着精简、高效、建设服务型政府的基本原则，本次天津市的机构改革的基本思路应有以下几个特点。

一是机构与效能的科学整合，进一步提高行政效率。当今，市场经济发达国家的政府机构设置越来越趋向于大部门的体制特征，据资料显示，目前世界各国部委设置的基本情况是，美国：15个；英国：18个；加拿大：19个；澳大利亚：16个；法国：14个；西班牙：15个；日本：12个；韩国：18个；新加坡：15个。我国国务院大部制改革后的部委设置是27个，特设机构1个，减少正部级机构4个。由此可以看出，大部制是国际趋势。当然，我国不能简单地套用国外的机构设置数量来对应我国的改革，但参照对比下我们还是可以看出，相对而言我的部委设置还是比上述经济发达国家多将近一倍。由此来看，行政管理体制改革的步伐要与全面的改革步伐相适应，部委的设置要与国情相符合。天津市的这次机构改革，充分考虑到效能与效率的因素，使决策、指挥、执行尽量直接呼应。减少决策部门，扩充执行机构，有效地减少有决策没执行，有布置没检查，有安排没落实的行政缺失。一个领域，一个系统，由一个部门负责，从决策到布置落实，一以贯之，"一竿子插到底"。比如，为完善服务"三农"的管理体制，[①] 将农业局并入农委，同时将畜牧兽医局、水产局、农机局的职责，整合划入农委。食品药品监督管理局由市政府直属机构改为部门管理机构，由卫生局管理，明确卫生局承担食品安全综合协调、组织查处食品安全重大事故的责任。

二是行业属性与部门职能进行科学整合，进一步优化行政职

---

① 人民网，2009年5月8日。

能。对部门特征相同、相似、相近，职能转变的跨度和难度相对较小的部门进行整合，组成新的综合部门。天津市的这次大部制改革，既结合天津市的经济社会发展实际，又大致与国务院的部委设置衔接。通过机构的重新整合，尽量地减少环节，简化程序，避免政出多门，避免职能交叉，优化行政资源，提高行政效率。并且为政企、政资、政事分开打下基础。在这次改革中新组建的水务局，就是力图解决大城市长期的"多龙管水""政出多门"的难题，将水利局以及建委的供水、市政公路局的排水和河道堤岸管理职责整合划入该局，横跨水利、供水、排水三大行业，构成统一的水务管理体制。新组建的城乡建设和交通委员会、交通运输和港口管理局，后者将建委承担的指导城市客运的职责整合划入，避免了职责交叉和机构重叠，达到客运管理职责的城乡统一。这样，有利于加快形成综合交通运输体系，增强城市集聚和辐射能力，加强出租车、公交客运的统一管理。

三是重点发展战略与长远发展兼顾，保证科学发展长远发展。本次天津市的大部制改革，既突出重点，保证优先发展的领域得到重点促进，又要整体谋划、统筹兼顾，保证天津的科学发展、长远发展。据编办负责人介绍，政府机构改革体现了天津特色，从实际出发，从长远考虑。比如，为适应加快推进滨海新区开发开放的需要，加强口岸协调服务，组建了市政府直属机构口岸服务办公室；考虑到全市民营经济发展的实际需要，特别是农村工业化的水平还比较低，将设在原经委的中小企业发展促进局，改设为市政府派出机构，增加了中小企业发展统筹规划、综合协调、组织推动等职责，整合划入了农委的乡镇企业和工商局的个私经济管理职责，撤销乡镇企业办公室。天津滨海新区的开发开放，是天津目前各项工作中的重中之重，口岸服务办公室的组建，就是要为保证滨海新区发展这个重点服务。目前，全市民营经济发展总量和整体水平都远未达到天津发展应有的水平，没有民营经济的整体发展，市场经济的活跃与繁荣难以实现，将设在原经委的中小企业发展促进局，改设为市政府派出机构，就是为了促进民营经济的活跃与发展，使天津经济结构布局更合理，结构更优化，使天津的科学发展、长远发展得到保证。

三 天津大部门体制改革的意义分析

按照部门职能大小和机构数量多少不同，政府机构设置一般有"小部制"与"大部制"两种类型。小部制的特征是"机构多职能小"，专业分工细、职能交叉多。我国目前实行的即是这种小部门体制。大部门体制正好相反，其特征是"大职能、宽领域、少机构"，政府部门的管理范围广，职能综合性强，部门扯皮少，从而最大限度地避免政府职能交叉、政出多门、多头管理，从而提高行政效率，降低行政成本。

大部制改革的核心是转变政府职能，对现有政府机构进行有效整合，通过减少机构数量，降低各部门协调困难，使政府运作更有效率，更符合市场经济的宏观管理要求和强化公共服务的要求。分析这次天津市大部门体制改革的意义，笔者认为有以下几点。

一是为进一步转变政府职能打下了基础。转变政府职能是行政管理体制改革的内容，也是自从开展行政管理体制改革以来的"老话题"，可见，这是个难题。过去一直说行政管理改革不是简单的减机构和减人员，而是真正转变政府职能，这是非常正确的。但现在看来，职能的载体是政府机构，机构和职能也是相辅相成的。这次机构改革，意义在于不是单纯地减少机构，而是真正地优化了行政机构。过去的改革之所以难以摆脱"精简、膨胀、再精简、再膨胀的怪圈"，确实是因为没有真正的转变职能。那么为什么职能总是难以转变？必须承认我们的行政机构是小部门体制，确实不优化。责、权、利的交叉重叠，使职能总是在似转非转之间徘徊。如今我们看到，没有职能的真正转变，机构和人员都不可能减下来，因为过三月五月，"事"又管起来了；我们同时又应该看到，没有结构的优化，把"事"放下去或放出去也很难。过去的改革，努力推进"政企分开、政资分开、政事分开、政府与中介组织分开"，但是还是没能真正地分开，就是没有在机构上为有可能的分开打下基础。先把机构与机构间的职责厘清了，该你管的必须管好，管不好就问责你；不该你管的你真不能去管，因为这已经不是你的职责所系了，你没有权力再管了，这就为真正的"减事""放事"打下了基础，也为下一步真正深度的转变政府职能打下了基础。

二是为政府的进一步精简高效打下了基础。无需讳言，这次机构改革对同级政府的二级决策指挥机构的精简力度是比较大的，这一点，未来几年会表现得更加明显。国务院的部级机构，各省市的厅局级机构的大幅度整合，现在就直接地看到了机构的减少，而领导指数也会逐步减少。现在看到的只是减少了正职领导，而副职领导的减少并不明显。但这是个开始和过渡阶段，随着定岗定编的逐步落实，现在的副职领导经自然减员还会进一步减少。机构减少了，领导指数减少了，随着职能的确定，也就达到政府精简高效的目标了。

三是为建设服务型政府打下了基础。推行大部门体制同时就意味着政府必须以提供公共产品和公共服务为己任，从而使得政府权力得以规范、回归公共服务。如果大部门体制改革达不到转变政府职能的效果，那么，它就会像之前的历次政府机构改革一样，陷入"精简—膨胀—再精简—再膨胀"的怪圈。要解决这一难题，惟有真正转变政府职能。

中共中央政治局委员、天津市委书记张高丽同志在天津市的机构改革会议讲话中说，① 当前，应对国际金融危机，保持经济社会又好又快发展，一方面要扩大内需，增加投资，促进消费，一方面要靠体制改革和制度创新，促进发展方式实现根本性转变。建设服务型政府，根本目的是进一步提高政府为经济社会发展服务、为人民服务的能力和水平，关键是推进政府职能转变，完善社会管理和公共服务，重点是保障和改善民计民生，更好地推动科学发展、促进社会和谐。这实际上就是对本次天津市的机构改革，即大部门体制改革的目标、思路、意义的总的概括。

总之，大部门体制是社会大转型中政府保障服务性功能突出、行政色彩淡化的必然选择。而一个整合了不同部门利益的强势大部门，其职能也应该适应和体现市场经济发展和公共行政的

---

① 《天津日报》2009 年 5 月 12 日。

管理需求，即有利于减少职能交叉，完善行政运行机制；有利于落实"问责制"，建设责任政府；有利于行政体制改革的深化，加快服务型政府建设。本次天津市的机构改革，应当说基本上较好地遵循了这样的原则，相信通过这次改革，天津市政府的行政效率、行政作风、服务质量一定有更大的提高。

安徽加快构建江淮城市群正当其时

袁维海　吴　波　陶方林*

一　安徽构建江淮城市群正当其时

安徽省城镇化发展的基础满足江淮城市群加速构建的条件。城市群是城市化发展的必然趋势。安徽省城镇化率已由 2000 年的 19.59% 提高到 2012 年的 46.5%，江淮城市群的城镇化率更高，不断提高的城镇化率是推动城市群发展的内在动力。同时，江淮城市群内大、中、小城市分布有序，资源丰富，有较强的政策、区划、经济、产业、交通基础的积累和悠久文化的积淀，处于城市群的快速发展阶段。

安徽省的战略布局促使江淮城市群加速构建。江淮城市群处于国家重点开发区，位于全国"两横三纵"城市化战略格局中沿长江通道横轴和京哈－京广纵轴的交汇域，是东西部和南北向技术与资源优势结合的战略支点，不仅有利于承接产业转移，还有利于加速中部崛起。

安徽省区域发展格局要求江淮城市群加速构建。安徽内含多体格局（主要表现有省会经济圈、"马芜铜宜"沿江城市群、"两淮一蚌"沿淮城市群、合芜蚌自主创新综合试验区、皖江城市带、皖北城镇群、芜马城市群等），外联多个城市群（主要有长三角城市群、中原城市群、武汉城市群、鄱阳湖城市群、长株潭城市群等）。多体格局下呈现规模分散、交叉重复、深度不足、

---

* 作者简介：袁维海，安徽省行政管理学会副会长，安徽经济管理（干部）学院副院长、教授，全国行政学教学研究会副会长；吴波，安徽经济管理（干部）学院图书馆馆长、研究馆馆员；陶方林，安徽经济管理（干部）学院副教授。

辐射不强的缺陷；周边城市群的崛起扩围，因其体量大、体能强，对安徽人力、财力、物力、智力的积聚形成了分流和挤占效应，倒逼安徽必须进一步整合现有空间布局，发挥区位优势，加快构建和发展江淮城市群。

二 合理确定江淮城市群的地域范围

依据国家主体功能区规划，结合安徽地域和资源禀赋的相近性及城市布局的紧凑性，建议将江淮城市群的地域范围设定由 11 座城市构建，形成一个"1 + 10"的城市群："1"是指省会城市合肥，"10"是指 10 个省辖市，即淮南市、蚌埠市、六安市、滁州市、马鞍山市、芜湖市、铜陵市、池州市、安庆市、宣城市。从区域范围来说，淮南市、蚌埠市、池州市、宣城市仅指市区范围；六安市不包括金寨县、霍山县及舒城县的大别山地区；安庆市不包括岳西县、宿松县及太湖县的大别山地区。整个地域范围拥有人口 3850 万左右，约占全省总人口的 56%；面积约 6.5 万平方公里，含 32 个城市行政区、30 个县级城市和若干城镇，形成金字塔式的城镇体系，如下图示。

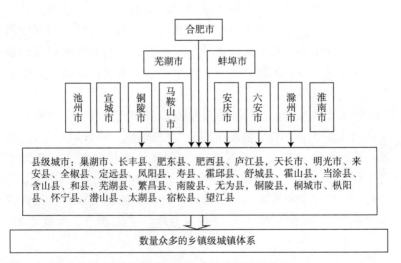

图　江淮城市群的金字塔式城镇体系

三　科学界定江淮城市群的发展定位

城市群发展定位是城市群发展蓝图的核心，其实质就是要确立城市发展的总体目标和主要发展路径，引导城市群稳定、快速和可持续发展。江淮城市群是安徽的黄金板块，也是全国的战略支点，其发展定位可依据科学统筹、优化布局，资源共享、集群效应，区域协调、耦合共生，服务均等、以人为本的原则，江淮城市群的发展定位包括以下几点。

第一，江淮城市群首先是新型城镇化和农业转移人口市民化综合改革的试验区。

基于我国正在进行新型城镇化综合改革的试点，而且全省也正在积极努力申报综合改革试点省，同时城镇化不仅仅指"地"的城镇化，更主要的是要实现"人"的城镇化，因此，将江淮城市群定位为"新型城镇化和农业转移人口市民化综合改革的试验区"。

第二，江淮城市群应该是承东启西的先进制造业和商贸服务业的腹域城市群和连南贯北的科教研一体化以及自主创新发展的开发合作门户群。

因为江淮城市群是沿海地区与内陆地区交汇的重要平台，江淮城市群是长江中游城市群（横轴）的一部分，还是长三角城市群向西的延伸群，基于江淮城市群对我国东中西部的合作与对接起着至关重要的作用，而且已有基础，因此，将江淮城市群定位为"承东启西的先进制造业和商贸服务业的腹域城市群"（说明：这里用腹域而不用腹地，因腹域仅指辐射区域，腹地更接近于中心区域，有一种属于、包含其内的意味）。今后，江淮城市群要在全国建成具有较强影响力的先进制造业和商贸服务业基地，制造业将突出电子信息、生物技术、新能源、新材料、工程机械、船舶制造、输变电设备、节能环保设备、矿山设备、汽车产业等，服务业将要大力发展技术交易、信息咨询、金融、会展等生产服务业和商贸、旅游、文化、中介等现代服务业等。同时，江淮城市群与北向的武汉城市群和中原城市群构成姊妹群，同属中部经济区，具有互补合作的需要，因此，强调了"开发合作创新"的主旨。基于江淮城市群在中部经济崛起中担负的重要职责和作用及已有的创新发展基础（合芜蚌自主创新综合试验区和国家技术创新工程试点省），因此，将江淮城市群定位为"连南贯北的科教研一体化和自主创新发展的开发合作门户群"。

第三，江淮城市群应该是工业化、信息化、城镇化和农业现代化"四化同步"耦合协调发展的引领区。

从主体功能重要性来看，江淮城市群属于优先开发区，是东部地区技术优势和西部地区资源优势的结合点，是安徽的重心区域，承担着带动全省经济繁荣与发展的艰巨任务，也直接影响着中部崛起的进程。同时，党的十八大确立的经济发展战略中，明确提出了加强新的"四化"建设和城乡发展一体化的建设。基于工业化为城市提供更多的非农业就业机会，农业现代化提高农村劳动生产率，进而释放更多的农村人口，更可在部分农村实现大型产业结合的经营模式，推动农村直接升级为城镇，信息化则是促进工业化和农业现代化更好更快实现的重要推手；经济的发展既需要工业，也离不开农业，发展现代化的工业和农业缺一不可。因此，将江淮城市群定位成"工业化、信息化、城镇化和农业现代化'四化同步'耦合协调发展的引领区"。

第四，江淮城市群应该是宜居、宜业、宜游的美好乡村和美丽城市，进而形成活力、高效、可持续、生态型的全国重要的大城市群。

基于江淮城市群发展的目标是无论城市还是农村都要能尽情地享受到改革的红利，享受到安居乐业，感受到生活幸福、身心健康、休闲愉悦、生态环境怡人，因此，将江淮城市群发展定位成"宜居、宜业、宜游的美好乡村和美丽城市"，并尽快促使形成活力、高效、可持续、生态型的全国重要的大城市群。

四 系统构建江淮城市群的发展路径

城市群发展实际上是群域内空间结构由点→线→面系统逐步完善的过程，江淮城市群发展需要依托其空间结构特征、城市规模层次、空间演化趋势及群内比较优势，采用强化"极点"、轴向布局、蛛网联动、梯度推进的方式，循序渐进地推进。

（一）强化"极点"辐射

不同规模等级的城市构成的"结点"就是"核点"，也是经济发展极的"极点"和辐射源。"极点"城市是资源要素空间配置的重要载体，是城市群地域结构形成、演化的动力源，也是城市群形态构成、集聚和扩散经济要素的主体。依据各城市现有经济基础、辐射能力和区域地位，可将江淮城市群的"极点"进行分级，以利于强化优势与特色。具体说来，就是以省会城市合肥为中心核，芜湖、蚌埠为次中心核，其他省辖市（马鞍山、淮南、滁州、铜陵、六安、宣城、安庆、池州）为支撑核。在"极点"强化中，注重发挥首位城市的引领作用、中心城市的辐射作用和次级城市的特色作用，避免产业结构和城市功能（制造功能、服务职能、市场职能、设施功能）的趋同化，使大、中、小城市相协调发展。

（二）形成轴向布局

连接城市群内部、城市群与外部环境的各"结点"，借助综合交通（干线铁路、干线航道、公路）走廊，构建成不同级别的经济发展轴向产业分布带。发展轴既是城市群地域结构的骨架，又是城市群内城市"流"（人员流、物资流、信息流、资金流）的传输线，也是产业集聚与辐射链。根据已有（或潜在）的交通分布和发展基础，江淮城市群轴向布局可表象为"丰"字形，即三横轴一纵轴。

南横轴：依托长江水道和沿江公路及铁路，由马鞍山、芜湖、铜陵、安庆、池州等皖江五市构成产业承接转移发展轴，着力提升装备制造和高技术发展水平，重点加强产业承接转移力度，并加快综合交通运输枢纽建设，推进皖江城市带承接产业转移示范区建设。

中横轴：依托 312 国道合六段及合肥—滁州公路，构建六安—合肥—滁州农业生态产业化和农业现代化发展轴，重点加强粮食生产基地和生态农业建设，构建具有比较优势的装备制造基地、原材料基地、农产品深加工基地、现代物流基地。

北横轴：依托淮河水道和寿县—淮南—定远—明光市一线构成能源化工发展轴，淮南作为江淮城市群的北翼城市，正在建设以煤电化产业为主导的国家亿吨级煤炭基地、华东火电基地、全省重化工和新型建材基地，定远县的特色工业产业主要是盐及盐化工产业、石膏产业；明光市地处著名的郯庐大断裂带，矿产资源丰富，素有"山峦藏宝、阡陌流金"之誉。因此，北横轴着重稳步推进能源原材料建设，重点布局以煤化工和盐化工等为代表的精细化工产业、以重大节能环保装备和技术服务为重点的节能环保产业、以专业化船舶为重点的内河造船业、农副产品深加工和食品产业、现代物流、高技术产业等，加快推进资源型城市的经济转型。

纵轴：依托合芜蚌创新改革试验区和铁路、高速公路等综合交通运输体系，构建蚌埠—合肥—芜湖—宣城纵向科教创新发展轴，形成以合肥为中心，蚌埠、芜湖为次中心的科教集中区，重点提高自主创新能力和外向型经济水平，促进科教研一体化，以科技创新促进经济创新发展，促进加工贸易升级及现代物流、商贸业和文化旅游业、高技术产业等发展，促进市场创新体系的进一步完善。

（三）实现梯度推进

在经济一体化、城乡统筹发展的大背景下，城市群的网络化、梯度化将成为未来区域各种要素流通的最高表现形式，也是城市群发展的高级阶段。蛛网联动、梯度推进江淮城市群主要从空间梯度、产业梯度、城镇梯度三方面开展。利用中心城市职能指数、经济联系强度、潜力强度和空间分形理论等，对江淮城市群的空间梯度结构进行定量分析，加快江淮城市群空间区域协调发展。针对江淮城市群内各市主导产业和综合优势，以基础设施建设为突破口，通过产业对接、合作、转移，借助客运高速化、货运物流化、综合枢纽便捷化的一体化现代综合交通运输体系，形成群内多圈层网络化空间结构，如以合肥为中心，联合六安、淮南、桐城、巢湖等打造"一小时通勤圈""一小时生活圈""旅游经济圈"；以合肥为中心，联合皖江城市、蚌埠、滁州等打造"二小时交通圈""产业集群圈"。由于自然资源和社会资源的差异，必然存在着城市（镇）间经济水平的差异，不同城市（镇）间的差异就是城市（镇）梯度发展以蛛网状向外循环递进的演化过程：单极城市建成区→核心城市圈（带）→城市群外缘区域（城镇集中分布区域和城镇密切联系的地区）。每次演化产生的城市群规模更大、功能更完善、空间结构更合理。

五 加快推进江淮城市群建设的实践建议

实施江淮城市群发展战略，需要依托法力机制、权力机制、财力机制和智力机制的合力运行和协力放大，着重在区域规划系统、基础设施系统、产业协同系统、公共服务系统和资源环境系统等方面统筹兼顾，才能推动其长远健康发展，实现江淮城市群发展目标。

（一）统筹规划——规划是江淮城市群发展的前提

江淮城市群要发展，规划须先行。江淮城市群规划是区域性规划与城市总体规划的结合，必须以江淮城市群为整体对象，打破群内行政壁垒，实行多规合一，并将其纳入法制化轨道。为此，建议由省政府牵头，设立江淮城市群协调管理委员会（简称"协管委"，下设若干分支机构，如公共财政专业委员会等），科学编制"安徽省江淮城市群区域规划条例"和"江淮城市群规划实施细则"，并由省人大常委会讨论审议通过，切实赋予江淮城市群规划应有的法律地位，为江淮城市群实现可持续发展消除政策障碍和行政壁垒。通过规划引领江淮城市群发展的战略目标，并着力提高其系统性与可操作性、权威性与公众性，以促进各城市子系统间的联动发展，以确保规划—建设—运营一体化安排的实现。

（二）统领组织——组织协调应贯穿江淮城市群发展的始终

实践经验表明，城市群要发展得好，必须要建立行之有效的区域协调机构，以便制定和执行统一有效的竞争规则。立足江淮城市群规划要求，从区域整体利益出发，创新管理体制，组建协调管理机构，采取协商和行政干预方式，解决跨界的公共服务和社会管理问题。通过建立城市群领导机构、城市政府间协调组织或政府高层论坛等形式，搭建起基于权力运行的协调保障机制下政府组织、非政府组织、企业、市民等共谋城市群发展的桥梁。

（三）统分财政——公共财政是发展江淮城市群财力的保障

城市群的规划及建设需要有力的经济支持，且其公共财政的统分配置必须与城市群建设的空间布局和时间安排相协同。江淮城市群规划的实施和目标的实现离不开政府公共财政的切实保障。建议江淮城市群建设跨区域的公共财政优化机制，由"协管委"下设的公共财政专业委员会来统一协调和平衡城市公共资金的投入方向、时间和力度，以保证建设过程与规划实施的协同。并且，在江淮城市群建设中，完善财政转移支付制度，建立政府、企业、个人之间公共服务均等化的成本分担机制，提高公共财政经费的使用效益和强化监督其规范运行。

（四）统管人才——智力（科技）支撑是江淮城市群发展的动力

建设并发展江淮城市群，人才是关键。江淮城市群要在认识到位的基础上，摸清需求，并构建多元化智力保障体系，完善动态化人才管理机制，为人才合理集聚营造良好的氛围和环境，为人才智能发挥提供良好的机会和平台。建议立足于江淮城市群发展定位和区域经济社会发展水平，合理确定人才结构，合力培育、引进和储备各类优秀实用人才，进行人才智力资源的错位开发，切实为江淮城市群发展提供智力保障。在培育和引进方面，既在于引得来、使得上，更在于用得好、留得住，统筹兼顾好区域性人才资源的战略开发和科学配置，重点抓好核心区人才智力资源高地的打造，以助推江淮城市群的全面发展。

（五）统建平台——公共设施一体化是江淮城市群发展的基础

城市群的一个重要表现就是超时空的城市联盟，城市间公共设施一体化是城市空间重组的先行条件和实施基础，这就要求对城市群内的基础设施应统一规划和协调管理，通过一体化建设来促进其有效供给和合理使用，形成互惠互利、共建共享的合作平台。建议由"协管委"组织不同行政主体的各专业部门，统一编制江淮城市群各类基础设施的专项建设规划，设立江淮城市群基础设施管理基金，加快合肥、芜湖、蚌埠、安庆等综合交通枢纽建设，有序推进"三网融合"，着力完善城际交通、信息畅通、水电气供应、防灾减灾等现代化基础设施体系，做到交通同网、能源同体、信息同享、环境同治。

（六）统一市场——要素市场支撑是保障江淮城市群发展的核心

产业发展水平是城市特色和空间定位的核心，良好的市场环境和优化的产业结构是提升城市群产业竞争力和综合竞争力的关键。江淮城市群的发展在一定程度上可以打破区域行政分割，吸引资本、劳动力、技术、信息等要素向城市群聚集，降低群内城市生产、交易成本。建议着重在人才、资本、技术、信息、产权交易、中介服务等市场要素方面，努力形成统一的市场准入政策、执法标准和法制环境，加速构建统一的区域金融市场和服务网络。努力构建内外联动、互利共赢的开放型市场协同机制。

（七）统"治"环境——生态保护是江淮城市群永恒发展的主题

城市群发展的资源环境保障能力主要包括生态承载能力、生产承载能力和生活承载能力三部分。江淮城市群的生态—生产—生活系统承载能力是支撑江淮城市群可持续发展的重要条件。要依托主体功能区规划，立足区域现有开发强度和发展潜力，依靠科技进步和科学管理，着力优化资源综合利用，强化生态环境保护，全面提升资源环境承载能力。

（八）统联文化——强化江淮城市群发展文化的正能量

文化是一种软实力，是在一个地区的地理环境和经济社会发展影响下长期的历史沉淀中形成的。先进文化传递着正能量，不仅能为区域现代化提供广泛的智力支持，而且能使一个区域形成独特的文化气质、浓郁的文化氛围等，使一个区域的人们形成较高的文明素质、健康的生活方式、良好的精神状态等，成为推动区域发展的强大动力。江淮城市群中的大禹文化（淮河文化）和皖江文化均呈现多元文化厚重的特色。统联江淮城市群文化，强化文化的正能量，就是要整合区域历史文化遗产资源和区域文化生态资源，深入挖掘其内涵，注重对文化的传承、创新，突出江淮城市群文化特色和整体品质，倡导生态文明，推动文化与科技、资本的融合，培育有创新性的文化和理念，积极构筑、营造、催生创新行为的社会文化。借力文化正能量，使同心同德、务求实效成为江淮城市群发展文化的主旋律，全面提升区域软实力，实现江淮城市群发展的美好梦想。

海南海洋经济发展中的政府职能定位研究

王和平　李一鸣 *

　　党的十八大报告首次提出建设海洋强国，全面吹响了向蔚蓝海洋奋进的号角。对此，2013 年，海南省委、省政府正式出台《关于加快建设海洋强省的决定》，明确提出了海洋强省建设新目标：海洋经济综合实力进一步提升，海洋经济结构和调控体系进一步优化，核心竞争力和可持续发展能力进一步增强。加快推进海洋强省建设，是海南实现科学发展、绿色崛起和顺利实现国际旅游岛建设发展目标的必由之路。鉴于此，本文基于对海南的机遇与挑战、现状和存在的问题等的分析，指出海南海洋经济发展的基本方向和现实途径；并从公共管理学的理论视野，探析如何深化行政管理体制机制改革，进一步明确政府在海洋经济发展中的职能定位和责任担当，有力地推进海南海洋强省战略实施。

一　海南海洋经济发展研究述评

　　随着海洋经济不断发展，学界越来越多的将目光投向"蓝色经济"这一领域，关于海南海洋经济发展的研究也取得了明显进展。齐美东的《基于 SWOT 的海南海洋经济发展探讨》基于SWOT 分析研究的方法，对海南海洋经济发展的内部优势、内部劣势、机会和威胁进行了分析探讨，认为："海南海洋经济发展的优势与劣势同在，机遇与挑战并存，但总体而言优势强于劣势，机遇强于挑战。因此，海南应充分发挥内外环境提供的发展

---

　　*　作者简介：王和平，海南省行政学院副院长、教授，海南省行政管理学会会长；李一鸣，海南省行政学院助理研究员。

机遇。"该文同时还提出了建立政府引导、市场主导的海洋经济发展模式，创新海洋教育科技支撑体系，创新海洋经济管理体制机制，实践生态文明，加强海洋生态环境建设等八个方面的对策建议。[①] 许道顺、吴渤伟的《关于加快海南省海洋经济发展的若干探讨》在分析国内外海洋经济发展现状的基础上，对海南海洋经济发展概况进行总结分析，指出其存在的问题，并提出"提高海洋的科教水平，培养专业人才""优化海洋产业结构，提升海洋经济发展动力""借鉴国外海洋管理经验，理顺海洋管理体制""健全多元化海洋经济发展投融资机制""利用区位优势，与周边地区积极合作"等若干条建议。[②] 李洁琼等撰写的《海口市海洋经济可持续发展研究》则更为具体地论述了海口海洋经济发展的区位条件和海洋资源优势，如海洋旅游资源、海洋渔业资源、海洋港航资源、海洋生物资源等，分析了海口海洋经济现状和存在的问题，提出了建立有效科技推广机制、强化海洋综合管理等合理化对策建议。[③]

总体而言，在海洋经济发展日益成为推动经济转型升级、实现经济社会协调可持续发展的重要一极和国家不断对海洋经济发展作出重大部署的背景下，如何加快海洋经济发展成为重要的研究课题。海南国际旅游岛建设上升为国家战略以及三沙市正式成立，这些都成为海南海洋经济发展的新的历史契机。因此，当前海南海洋经济发展的研究也由此呈现这样几个特点。

一是在建设海南国际旅游岛的背景下，海南海洋旅游开发成为关注的焦点。《国务院关于推进海南国际旅游岛建设发展的若干意见》即提出"积极稳妥推进开放开发西沙旅游，有序发展无居民岛屿旅游""积极发展邮轮产业，建设邮轮母港，允许境外邮轮公司在海南注册设立经营性机构，开展经批准的国际航线邮

---

① 齐美东：《基于 SWOT 的海南海洋经济发展探讨》，《生产力研究》2011 年第 1 期。

② 许道顺、吴渤伟：《关于加快海南省海洋经济发展的若干探讨》，《海南金融》 2009 年第 7 期。

③ 李洁琼等：《海口市海洋经济可持续发展研究》，《商场现代化》2009 年第 10 期。

轮服务业务"等。由此可知，海洋旅游成为海南旅游的一个重要发展方向。安应民等撰写的《三沙市建市背景下的西沙群岛旅游开发市场调查分析》，就是主要对游客调查结果进行统计和分析，总结出海岛游客的基本特点以及他们对西沙群岛旅游开发的建议和评价，为三沙市的海岛旅游开发提供参考建议。① 海洋旅游开发成为三沙市乃至海南省海洋经济发展不可忽视的重要组成部分。

二是关于海南海洋经济方面的研究，虽然时有研究成果发表，但是相对而言数量还是比较有限，与加快海南海洋经济发展所需要的基础研究和应用研究支持不相符合，研究的广度和深度均有待于进一步推进。其中，值得关注的是中国（海南）改革发展研究院于 2009 年 12 月完成的《建设南海综合开发战略基地——海南省海洋经济发展战略》研究报告，该报告充分论证了在海南建立南海综合开发战略基地的战略意义，明确了南海综合开发战略基地的发展目标和主要任务，指出明确和落实海南"西南中沙海域管辖权"是加快南海开发的关键，重点建立南海油气资源勘探开发服务和加工基地，面向东南亚、背靠华南腹地的航运枢纽、物流中心和出口加工基地，世界一流的热带海岛滨海度假休闲旅游胜地，现代渔业生产基地，南海新能源与可再生能源开发基地，南海生物产业研发、生产和出口基地，南海国家海洋科技开发支撑基地，南海问题研究基地等"八大基地"，提出了建立南海综合开发战略基地的政策措施和体制保障。② 这一报告无疑对海南海洋经济发展进行了较为深入的研究探索，对于海洋产业发展具有重要的启示作用。

三是从已经发表的成果来看，之前关于海南海洋经济发展的研究，很少专门从行政管理学角度来分析政府的行政管理职能如何推进和保障海洋经济发展。正是基于这一原因，我们希望能够

---

① 安应民等：《三沙市建市背景下的西沙群岛旅游开发市场调查分析》，《新东方》2012 年第 4 期。

② 中改院课题组：《建设南海综合开发战略基地——海南省海洋经济发展战略》，中国改革论坛网站，2010 年 10 月 14 日。

结合行政管理体制机制改革创新的要求，深入探讨海南海洋经济发展的行政管理和公共服务需求，为加快推进海南海洋强省建设提供可资借鉴的对策建议。

二 海南建设海洋强省的机遇与挑战

海南国际旅游岛建设上升为国家战略成为海南在新时期实现经济社会全面发展的又一契机。国务院明确的海南国际旅游岛六大战略定位，几乎无一不与海南四面环绕的这一片蓝色海洋有着千丝万缕的联系。而国际国内的资源紧缺迫在眉睫、陆地生态环境日益脆弱、经济结构转型升级刻不容缓等现实问题，使得发展的目光越来越聚集到更为广阔的海洋。而在美国、日本、印度等区域外国家的煽风点火、推波助澜之下，南海问题也逐渐升温。海南省是我国对南海具有领海权，正当行使地方行政管理权限的省份，合理开发利用南海资源、加快海洋经济发展和捍卫领海领土完整是海南当地政府和800多万人民义不容辞的责任。

（一）国际旅游岛建设为海南海洋经济发展提供全新平台

2010年1月初，国务院发布《国务院关于推进海南国际旅游岛建设发展的若干意见》，该意见明确提出了海南国际旅游岛建设发展的六大定位，即我国旅游业改革创新的试验区、世界一流的海岛休闲度假旅游目的地、全国生态文明建设示范区、国际经济合作和文化交流的重要平台、南海资源开发和服务基地、国家热带现代农业基地。这六个定位包括了旅游业、农业、海洋产业等诸多产业以及生态文明建设和体制机制改革创新等重要内容，可以说都是与海南独特的区位优势和海洋资源密切相关。简言之，发展海岛休闲度假自然离不开用海洋来做文章，南海资源开发和服务基地也是以中国南海蕴藏着丰富的油气资源为前提；生态文明建设在很大程度上就包括了海洋生态文明建设的内容，而海南优越的港口条件也为国际经济合作特别是对外贸易提供了便利。海南国际旅游岛建设发展在很大程度上依赖于海洋资源的开发利用，同时海南海洋经济的快速发展又可以充分借国际旅游岛建设这一"东风"乘风而起。在国家发展和改革委员会批复的《海南国际旅游岛建设发展规划纲要》中，海洋组团作为六大组团之一被正式提出，要求"充分发挥海洋资源优势，巩固提升海洋渔业和海洋运输业，做大做强海洋油气资源勘探、开采和加工业，大力发展海洋旅游业，鼓励发展海洋新兴产业"。

（二）设立三沙市为完善海南海洋综合管理、加快海洋经济发展筑牢了奠基石

2012 年 6 月，国务院正式批准设立三沙市，海南省创新和落实对西南中沙海域进行行政管理翻开了新的一页。由于其特殊的区位条件和资源优势，三沙市自成立之初即担负着维护国家核心利益、加强和完善海洋综合管理、加快发展海洋经济等重要职责，这也意味着为完善海南海洋综合管理、加快海洋经济发展筑牢了奠基石。截至目前，国家已明确对三沙基础设施、海洋执法、海洋渔业、综合财力补助等方面的投资超过 100 亿元，主要包括机场、码头、补给、交通、办公等建设，以此为三沙经济社会发展奠定坚实基础。而当前一个紧迫的任务就是科学编制三沙市海洋经济发展规划，加快推进海洋经济发展。这就必须坚持以海南省《海洋功能区划》《海洋环境保护规划》《海洋经济发展规划》《渔业发展规划》等为依据，结合三沙市资源特色和经济社会发展需要，科学编制三沙市海洋功能区划、海洋经济规划、海洋环境保护规划，合理布局海洋经济产业，确保海洋经济可持续发展。[①] 而随着三沙市政府职能部门的先后挂牌成立，通过不断创新行政管理体制机制，其海洋开发管理、公益服务等基本职能日益落到实处。2012 年 12 月中旬，三沙市综合执法局（市海洋与渔业局）组织海监、渔政等队伍组成综合执法力量，加强对西沙海域巡航执法。在海上巡航期间，市海监支队在琛航岛海域查处了违法渔船盗挖珊瑚礁行为，并对其进行了取证和处罚；对在华光礁、北礁等地遇难遇险的渔民和渔船进行了救助。其间，还为海上施工船只提供警戒护航，对羚羊礁、鸭公岛和晋卿岛等岛上村委会和驻岛渔民进行了生活物资补给及病号救治。此次巡航行动充分发挥了综合执法的作用，进一步提高了三沙市海监支

---

① 邓韶勇、郭园园：《三沙市拉开发展海洋经济序幕》，《中国海洋报》2012 年 7 月 16 日。

队对辖区的管控能力。[①]

（三）加快经济结构转型升级可以凸显海洋经济战略优势

进入 21 世纪以来，在能源、资源、环境等因素的综合影响下，全球各国纷纷将发展的目光投向蓝色的海洋，以至于联合国都将 21 世纪定义为海洋的世纪。事实表明，海洋经济在国家经济发展中的地位也日益凸显。2011 年，全国海洋生产总值达45570 亿元，比上年增长 10.4%，占国内生产总值的比重近1/10。

在 2010 年的时候，海南的经济结构调整取得重要进展，三次产业比重由 2009 年的 27.9∶26.8∶45.3 转变为 2010 年的26.3∶27.6∶46.1，成功实现突破性的转型升级，经济结构进一步优化。与此同时，海洋经济也取得了快速发展，规模进一步扩大。到 2011 年，全省海洋生产总值为 612 亿元，较上年增长17%；其中，渔业经济总产值、增加值分别达 295 亿元和 180 亿元；水产品产量 174 万吨，水产品出口达到 4.9 亿美元，较上年增长 21.5%；海洋生产总值占全省生产总值的27%，海洋与渔业经济已成为海南省国民经济的重要支柱。

而根据海洋资源优势和经济发展态势，海南的海洋经济可以继续壮大发展现代海洋产业、海洋渔业和海洋旅游业等重要支柱产业，打造一批特色海洋产业，逐步实现由海洋资源大省向海洋经济强省的深刻转变。海南海洋经济发展战略在政策层面也得到了国家的大力支持。2008 年 11 月，国家海洋局就与海南省政府共同签署了《关于共同促进海南海洋事业发展推进南海开发建设的框架协议》，并表示将大力帮助、全面支持海南海洋事业的发展。2011 年 4 月，国家海洋局再次强调，将在加快修编海南省海洋功能区划、推进海岸带管理立法、在海南布局国家海洋重大基础设施项目、海水利用和海洋能源开发等 10 个方面支持海南海洋事业发展。2012 年 7 月，国家海洋局再次向海南提出 8 项支持的具体措施，包括支持海南大力发展新兴海洋产业，重点支持发

---

① 《三沙市海监支队开展海上综合执法》，国家海洋局网站，2012 年 12 月 21日。

展海洋先进制造业和海洋现代服务业；支持海南重点项目用岛和边远海岛发展，优化用岛审批程序；支持海南海洋特别保护区建设；支持海南深远海网箱养殖基地建设；支持海南建立完善海洋预报减灾体系，增强防灾减灾能力；支持海南海洋执法能力建设等等。

加快海洋经济发展既是海南整个经济转型升级的关键节点，也成为海南从海洋资源大省向海洋经济强省迈进的最重要步伐。

（四）南海问题升温对于海南海洋经济发展形成新的挑战

在海南省成立之初，全国人民代表大会的决议中就已经明确规定海南省管辖"西沙群岛、南沙群岛、中沙群岛的岛礁及其海域"，这就使得海南成为我国海域面积最大的省份。近年来，南海问题逐渐升温，特别是 2010 年 7 月，美国国务卿希拉里在东盟外长论坛上表示，南海问题关系到美国的利益，为解决南海问题美国有意主持召开国际会议等等。同年 9 月，美国总统奥巴马与东盟各国领袖在纽约就加强美国和东盟关系举行会谈后，发表了联合声明呼吁以和平方式解决南海的主权争议。此外，日本、印度等国针对南海问题亦是蠢蠢欲动。区域外大国的积极介入，使得南海问题进一步复杂化。① 一方面，这给海南行使正常的海洋行政管理带来不小挑战。南海周边的个别国家已经或者正试图在我国领海开采和勘探油气资源，公然侵犯我国领海主权。另一方面，这也会使得海南海洋经济发展规划势必受到一定的牵制。如南海周边国家对于海南国际旅游岛的规划建设不乏戒备心理，猜测这可能是"中国南海战略"的一部分。2012 年以来，黄岩岛中菲双方对峙事件、越南国会擅自立法将我国西沙南沙纳入其管辖范围等事件，均表明南海问题日益呈现复杂化趋势。

三 海南海洋经济的发展现状与存在问题

海南省管辖的海域面积辽阔，面积约 200 万平方公里，约占全国海域面积的 2/3，并拥有大小岛礁 600 多个，是我国海洋面

---

① 李金明：《南海问题：区域外大国介入及其发展态势》，《新东方》2011 年第 5 期。

积最大的省份。在这片辽阔的海域中，蕴藏着丰富的海洋渔业资源、海盐资源、海洋能源（包括海洋汽油、可燃冰、海流能、温差能、波浪能等）等可供开发。近年来，海南紧紧围绕"以海带陆、依海兴琼、建设海洋经济强省"的战略目标，加快发展海洋经济，逐步形成了海洋渔业、滨海旅游业、海洋交通运输业、海洋油气业等四大支柱产业。2011 年，全省海洋生产总值为 612 亿元，较上年增长 17%；其中，渔业经济总产值、增加值分别达295 亿元和 180 亿元；水产品产量 174 万吨，水产品出口达到 4.9 亿美元，较上年增长 21.5%；海洋生产总值占全省生产总值的 27%，海洋与渔业经济已成为海南省国民经济的重要支柱。

海南海洋经济虽然在近年来取得了较快发展，但是由于建省较晚、经济基础薄弱、科技落后等，亦存在不少亟须解决的问题，制约了海洋经济的进一步壮大发展。

（一）海洋经济总量仍然偏低，生产发展相对滞后

海南的海域面积广阔，但是真正得到有效开发利用的海域面积和海洋资源较为有限，同时生产力水平不高，影响海洋经济总量的提升，其总量与我国东部沿海发达省份相比存在不少差距。据统计，2010 年，海南海洋经济生产总值为 523 亿元，仅占全国海洋经济生产总值的 1.36%；而广东、山东、浙江和福建四省的海洋经济总产值分别达到 8291 亿元、6808 亿元、3500 亿元和3440 亿元。仅以山东为例，山东所辖海域面积约为海南的 1/13，但是海洋经济总量却是海南的 13 倍。2010 年，山东海洋渔业、海洋化工业、滨海旅游业和海洋交通运输业分别产出 2156.8 亿元、568.9 亿元、1609.7 亿元和 526.7 亿元，各主要海洋产业单项均比海南海洋经济总量还要多。

（二）海洋科技力量比较薄弱，自主创新能力不强

在当前，我国海洋科研主要有国家海洋局系统、中科院系统、教育系统、地方和其他部门等五个方面的力量。前三者作为传统的"国家力量"，科研实力雄厚，成果丰富，一直以来都是海洋科研的主力；而"海南的地方海洋科研力量几乎是空白"。海南的海洋科技力量比较薄弱，自主创新能力不强，这被认为是海南海洋事业发展中"最短的短板"，海洋科研成果、产业化水平、科研和管理人才等方面的力量都十分匮乏，海洋经济发展停留在粗放型增长阶段。[①] 科技力量的薄弱极大地束缚了海南海洋经济产业的发展，而即使是海洋高新技术产业零星地有所发展，由于自主创新能力有限，在一时之内也难以形成更大的产业化规模。

（三）基础设施和技术装备落后，影响海洋经济发展

与广东、浙江、福建、山东等这些海洋大省和强省相比较，海南的海洋基础设施、技术装备还比较落后，难以满足支撑海洋经济快速崛起的现实要求。继 2011 年海南港口货物总吞吐量突破 1 亿吨，2012 年继续保持稳定增长，全年完成 1.11 亿吨，其中约一半集中在海口的两大港口。而广东和山东当年的沿海港口货物总吞吐量分别为 14.08 亿吨和 10.6 亿吨，是海南的 12 倍和 9 倍。在建设海南国际旅游岛的背景下，海南的经济社会发展和建设需要充足的物流保证，特别需要在港口建设和物流水平上快速提升。基于此，近年来海南的海洋基础设施建设长足发展，特别是在全省第六次党代会报告中明确提出要"统筹推进'四方五港'、渔港和专业化码头建设，推进港口、产业和城镇联动发展"，为海洋基础设施建设发展指明了方向。

（四）开发失序影响海洋生态，环境保护形势严峻

海南在大力推进海洋资源开发利用的同时，由于规划失当或者是监管执法不力，对海洋生态造成了消极的影响，海洋生态环境保护形势堪忧。海南岛长达 1500 多千米的海岸线上遍布着可供开发的优质滨海旅游资源。但是由于规划开发失序和监管乏力，海洋生态环境出现了一些问题，如沙滩退化、海岸线侵蚀、湿地减少、海水污染等等。据《2010 年海南省海洋环境质量状况公报》，2010 年，海南省实施监督性监测与评价的 20 个入海排污口中，全年有 75% 的排污口存在超标排放现象；据当年所获龙昆沟邻近海域生态环境质量状况有效监测资料显示，其水质均不能满足所在海洋功能区水质要求，且排污口邻近海域水质为劣四

[①] 《国家海洋局和海南省政府携手推进南海开发：海洋大省觉醒新机遇》，《海南日报》2008 年 12 月 29 日。

类。而在 2005 年曾有媒体披露，清水湾作为海南沙滩、海水资源最好的海湾之一，正遭受着 500 多口纵横交错的虾塘肆虐污染，面临沙滩退化的生态威胁。

（五）现行行政管理体制难以满足海洋经济发展的需求

海洋经济发展需要统一协调的行政管理体制与之相适应。据《海洋及相关产业分类》，我国海洋产业主要包括海洋渔业、海洋油气业、海洋矿业、海洋盐业、海洋化工业、海洋生物医药业、海洋电力业、海水利用业、海洋船舶工业、海洋工程建筑业、海洋交通运输业、滨海旅游业等。但是根据当前的行政管理体制，海洋及其相关产业被条块分割为不同的行政管理部门管辖，多头管理现象不可避免。在海南海洋经济产业的行政管理和经济管理过程中，以上诸种海洋产业广泛地涉及省海洋与渔业厅、省交通厅、省旅游发展委员会、省工业和信息化厅、省国土环境资源厅、农业厅、省食品药品监督管理局和省盐务局等部门以及海关、市县政府的行政管辖范围。如渔业属海洋与渔业厅管辖，船舶工业属工业和信息化厅管辖，海洋交通运输属交通厅管辖，滨海旅游属旅游发展委员会管辖，海洋生物医药属食品药品监督管理局管辖，海洋盐业和海洋矿业分别涉及盐务局和国土环境资源厅的管辖范围等等。而且在政府部门行政管理职能定位上，也存在职能定位不清的问题：有的管得太死板，有的缺乏相应的监管，有的多个"婆婆"争相管理，有的相互推诿扯皮，有的无法可依，有的执法不力，等等。

四　深化行政管理体制改革助推海洋强省建设的建议

2500 多年前，古希腊海洋学家狄米斯托克曾经断言："谁控制了海洋，谁就控制了一切。"在新的历史机遇面前，海南具有发展海洋经济的优越的区位和资源条件，全力促进海洋经济快速发展是顺利建成国际旅游岛和实现经济社会全面发展的必然选择。但是不可否认，在历史机遇面前，海南也面临着严峻的挑战，在具备不少优势的同时也存在着一些现实困境。特别是在政府行政管理方面，行政管理体制机制以及政府职能定位等问题在很大程度上关系到海洋经济是否能够科学规划、顺利推进和快速发展。鉴于此，本文试从以下几个方面来探讨海南海洋经济发展中的职能定位问题，以此进一步明确政府推动海洋经济快速健康发展的责任担当。

（一）充分利用海南经济特区的立法权限，深入推进海洋法制建设，完善海洋行政管理法规体系

海南经济特区作为我国最大的经济特区，虽然在 20 多年的发展历程中经历了坎坷，但是始终得到中央一如既往的支持。总结海南发展的经验，其中重要的一条就是要全面加强法制建设，以立法保障经济社会各项事业的顺利发展。

海南海洋经济发展也离不开法制保障。虽然 1988 年海南在建省时即被赋予管辖"西沙群岛、南沙群岛、中沙群岛的岛礁及其海域"的权限，但在具体的管辖范围上缺乏更为明确的法律依据，行使海洋行政管理和海洋资源的开发利用权仍需要中央以及国家海洋管理部门的授权。1995 年 9 月，经国务院批准，中央机构编制委员会下发的《国家海洋局北海、东海、南海分局机构改革方案》明确指出"将海岛海岸带及其近岸海域的海洋工作下放给地方政府"，这可以说是当前海南对领海海域行使行政管理权的主要法律依据。在此基本前提之下，为了更好地对海域进行行政管理，促进海南海洋经济发展，海南有必要加快海洋立法的步伐，完善海洋行政管理的法律法规体系。2008 年，酝酿已久的《海南省海洋环境保护规定》和修订后的《海南省实施〈中华人民共和国海域使用法〉办法》正式公布；2010 年，为了贯彻落实《国务院关于推进海南国际旅游岛建设发展的若干意见》，《海南省游艇管理试行办法》颁布并开始实施。这些都为海南海洋行政管理和海洋经济发展提供了法律制度根据。

2012 年 11 月，省四届人大常委会第 35 次会议通过了新修订的《海南省沿海边防治安管理条例》，明确规定外国船舶及其人员进入海南管辖海域不得违反沿海边防治安管理的六项行为。《条例》规定，对非法进入海南省管辖海域的外国船舶，公安边防机关可依法采取登临、检查、扣押、驱逐、令其停航、改航、返航等措施予以处置。这次修订，一方面是为了适应海南沿海边防治安管理和海上执法需要，更有效地打击海上违法犯罪，维护海上治安，保障航行安全①；另一方面实际上也可以有效保障我国的海洋合法权益，为海洋运输、海洋资源勘探和开发、海洋渔业等海洋经济发展提供法制保障和行政管理依据。

（二）在政府主导下推进海洋经济的市场化进程，依法制定和积极实施海洋发展规划，优化海洋产业结构，加快海洋经济发展

在我国当前的社会主义行政管理体制框架中，政府主要承担着经济调节、市场监管、社会管理和公共服务等基本职能。政府的经济调节与市场监管职能在社会主义市场经济中，一方面是要切实做到政企分开、政资分开，减少政府对市场行为的干扰，企业完全成为市场的主体，在市场中自由竞争；另一方面则是政府要正确履行宏观经济调控的职能，特别是在经济发展规划方面，由政府来主导和推进。

海南建省办经济特区以来，在省委省政府的正确领导下，积极应对经济总量小、底子薄、技术落后等不利因素，海洋经济取得了长足发展。特别是近年来，海洋经济加快发展，逐步形成了海洋渔业、滨海旅游业、海洋交通运输业、海洋油气业等四大支柱产业。但同时也应该看到，海南海洋经济在经济总量和实力、科技创新能力等多方面与广东、浙江、福建等海洋强省相比都存在明显差距。海南海洋经济的发展必须进一步充分发挥其海洋资源优势，促进海洋产业结构的转型升级。

继 2005 年的《海南省海洋经济发展规划》提出"确立以海带陆、依海兴琼、建设海洋经济强省战略"，2011 年制定完成的《海南国际旅游岛建设发展规划纲要》明确了海南海洋经济将主要发展现代海洋产业、海洋渔业和海洋旅游，推进海洋产业结构转型升级。如在海洋旅游方面，重点发展滨海度假旅游、海洋观光旅游、海岛旅游、邮轮旅游、游艇旅游、海上运动旅游等。《海南省"十二五"海洋经济发展规划》则更为详细地列举了发展滨海及海岛旅游业、海洋油气化工产业、海洋交通运输业、海

---

① 《海南省人大发言人就修订〈海南省沿海边防治安管理条例〉答记者问》，南海网，2012 年 12 月 31 日。

洋船舶工业、海洋渔业、海洋矿产业、海洋盐业和新兴海洋产业等主要任务。而已经制定完成并开始实施的《海南省海岸带整治修复保护规划》《海南省渔业十二五规划》《海南省休闲渔业规划》《海南省十二五海洋科技规划》等发展规划，将对合理配置海洋资源、保护海洋生态环境、推动海洋科技进步和引导海南海洋经济健康有序发展起着重要的指导作用。

（三） 推进海洋行政管理体制创新，借鉴国内外海洋行政管理经验，建立制度保障强化海洋综合管理

"小政府、大社会"曾经是海南行政管理体制机制创新的重大举措。推进行政管理创新是释放行政效能、提高管理效率、促进经济发展的重要手段。鉴于海南海洋行政管理体制机制以及管理实践中存在的一些现实问题，可以充分借鉴国内外海洋行政管理经验，以制度建设保障海洋综合管理。一方面，要理顺海洋产业关系，打破行政管理的条块分割，建立统一协调的海洋行政管理部门。由于在当前的行政管理体制之下，各职能部门之间缺乏协调沟通，难免存在职能交叉重叠、多头管理、各自为政等现状。为了顺利推进海洋经济的综合管理和合理开发，可以建立职权统一的海洋事务行政管理部门，对海洋捕捞、海洋交通运输、海洋旅游、海水养殖、海洋矿产资源开发与保护、海洋生态环境保护等进行综合管理。另一方面，从建立健全行政管理制度入手，将海洋行政管理纳入制度化管理。

（四） 实施海洋经济可持续发展战略，合理开发海洋资源，加强海洋环境监测，做好海洋生态环境保护

所谓海洋经济可持续发展战略，简言之就是坚持以科学发展观为指导，努力实现海洋生态环境保护与海洋资源开发利用之间的平衡，开创海洋经济跨越式发展的新途径。海洋资源较陆地蕴藏的资源更加丰富，但也并非是取之不尽、用之不竭的，并且海洋资源的开发利用本来也会对海洋生态环境带来一定的影响。特别是像最近几年来的墨西哥湾漏油事件和我国的渤海漏油事件等，几乎都对生态环境造成了难以估量的重大影响。海洋行政管理部门不仅仅要全力推进海洋资源的开发利用，促进海洋经济的繁荣发展，同时必须承担起海洋生态环境的保护责任。目前，海南已经先后在我国的西南中沙建成了 6 个海洋生态保护区，即 1980 年建立的西沙东岛白鲣鸟省级自然保护区，1993 年建立的西沙群岛水产资源保护区和中沙群岛水产资源保护区，2007 年、2008 年相继建立的三沙群岛热带海洋动物保护区和西沙东岛海域国家级水产种质资源保护区以及 2012 年建立的中沙群岛漫步暗沙渔业资源增殖科研基地项目。此外，切实做好海洋生态环境保护，一方面要加强海洋生态环境监测的基础设施建设，提高监测设备的装备水平，完善海洋环境监测网络体系。另一方面要强化对入海污染源的监测和控制，通过开展对重点海域的环境综合整治和海洋生态环境保护区建设，着力改善人为活动对海洋生态环境的影响和破坏。

（五）加强海洋执法能力建设，维护海洋开发秩序

为了有序推进海洋资源开发利用，必须要强化海洋综合管理，特别是加强海洋执法能力建设。近年来，特别是 2012 年三沙市成立以来，国家不断加大对海南海洋执法能力建设的支持。国家海洋局局长刘赐贵就海南加快建设海洋强省提出三点要求中，其中一个重要方面就是要提升海域管控能力，维护国家海洋权益；并表示国家海洋局将在提升海监执法能力建设等方面支持海南建设海洋强省。

海南加强海洋执法能力建设，应该包括这样几个方面：一是进一步完善海洋综合管理和海洋执法的地方法律法规体系建设。加快《海南省海洋资源开发管理条例》《海南省海洋生态补偿管理规定》《海南省海岸带保护与开发利用管理条例》《海南省海洋特别保护区管理条例》《西南中沙旅游开发管理规定》《海南省水产种苗管理办法》《海南省无居民海岛旅游开发管理规定》等法律法规的立法步伐，为海洋经济发展和海洋管理提供法律保障。二是探索建立海洋综合管理体制机制。正如前面所论及的，由于行政管理体制，海洋管理不可避免地存在着条块分割的现象。正如有专家所指出的，海洋的自然属性决定海洋的各种管理必须进行统筹规划和统一管理，而且"政府公共行政从官僚行政向服务行政转变是一种必然趋势，而要实现这一转变的关键是精简机构，责权统一，解决多重多头执法问题，提高行政效率。因此，

建立中国海洋综合管理体制，改变分散型、作坊型的海洋管理体制，是中国政府机构改革的客观需要"。① 三是建立涉海管理部门沟通协调协作机制。早在 2004 年国务院发布的《关于进一步加强海洋管理工作若干问题的通知》中，就明确提出要强化海上执法协调机制。目前，在建立统一的海洋综合管理部门存在政治体制障碍的前提下，为了增进海洋管理所涉及的海洋环境、交通运输、渔业、气象、公安、边防等部门的沟通协调和信息数据共享，提高海洋综合管理效率，可以建立涉海管理部门沟通协调协作机构。四是加强海洋执法基础设施和硬件建设，推进海洋执法队伍建设。国家给予海南海洋经济发展的诸多优惠政策和支持措施，其中就包括海洋基础设施建设和执法队伍建设，如补给船、渔政船、海监船的建设和投入使用，为海洋执法提供了重要保障。五是在海洋执法硬件设施和队伍建设基础上，还要积极探索海上综合执法新模式，努力形成上下贯通、科学合理、运转协调、反应迅速、灵活高效的海上综合执法体系。特别是要以国务院机构改革，重组国家海洋局，组织建立海洋警察局为契机，探索建立海南的海上综合执法机构队伍，切实维护国家海洋权益和加强海洋管理。

（六）做好海洋科技研究、海洋调查和公益服务，以科技支持和服务海洋经济发展

1996 年，海南省科技厅与海洋厅共同编著了《海南省"科技兴海"规划》，把以科技支撑海洋经济发展摆在突出位置。2005 年，省委省政府作出了《关于加快发展海洋经济的决定》，提出要建设海洋科技支撑体系。其主要措施包括创新海洋科技机制、增加海洋科技投入、建立健全海洋渔业科技推广体系以及培养和引进海洋科技人才等多个方面。

以科技支撑和服务海南海洋经济发展，当前亟须解决的首要问题是进一步壮大海洋科技研究机构力量，为海洋强省建设提供强大的科技支撑。目前海南省涉及海洋科技研究的组织机构主要有中国南海研究院、海南省海洋开发规划设计研究院、海南省水

---

① 　阎铁毅：《中国海洋执法体制改革建议》，《行政管理改革》2012 年第 7 期。

产研究所、海南大学海洋学院、海南省水文地质工程地质勘查院、海南省海洋地质调查局、中国科学院南海研究站等，总体而言科研力量还不足以在海洋科技领域全面开展。因此，海南海洋科技研究必须有所选择，紧紧围绕具有海南特色的海洋资源开展研究，如海洋生物技术、海产品深加工、海洋药物研发、海洋油气资源开发和加工等，形成自己的研究专长和特色。政府一方面要组织建立更加专业、研究力量更为雄厚的海洋科技研究院所，如在水产所的基础上加大投入和支持力度，组织成立海洋水产研究院。另一方面则要鼓励企业增加科技研发投入，增进产研结合，促进海洋科技研究成果转化。同时，还要在加强自有实力的基础上，全面推进海洋科研和成果转化的合作交流，引导科技创新服务于海洋事业，其具体举措包括深化海洋科研机构改革、积极培养和引进海洋科技人才、增加海洋科技投入、积极推广国内外先进的科学技术、提高海洋科技人员的待遇等。①

在海洋调查方面，经过 8 年努力，海南省于 2012 年完成了近海海洋综合调查与评价，基本摸清了全省的海洋家底。这项调查由近海海洋综合调查、综合评价、成果集成和"数字海洋"四部分组成，如综合调查就包括近岸海域海洋化学和生物（生态）调查、海岛（岛礁）调查、海岸带调查、海域使用现状调查、沿海地区社会经济基本状况调查等内容。这些调查成果，可以在海洋规划编制与行政管理中得到广泛运用，它将有力促进海洋经济发展。而在更为广阔的南海海域，海洋渔业资源、生物资源和矿产资源极其丰富，为了更好地开发、利用以及保护这些海洋资源，基本前提仍然是扎实做好调查工作。

所谓海洋公益服务，是为认识海洋环境、减轻和预防海洋灾害、保障海上活动安全而为社会提供的公共服务，它是政府公共服务职能和保障海洋经济发展的重要组成部分。随着海洋经济的不断发展，建立完善海洋公益服务越来越重要。《国家海洋事业发展规划纲要》提出的"海洋公益服务能力明显增强"的目标，主要包括海洋监测、预报、信息、应急处置和海上救助服务体系基本

---

① 李向民等：《加快建设海南海洋强省》，《海南日报》2013 年 2 月 26 日。

完善，防灾减灾能力显著增强，主要海洋污染事故和生态灾害得到有效监控等具体内容。围绕这些目标，一方面要加大对公益性海洋基础设施的投入，完善公益服务体系，增强海洋地震和海啸预报预警的能力；另一方面还要建立完善海洋、海事、公安边防、环保、气象等相关部门组成的防灾减灾应急机制，全面协调灾害预报、灾情评估和灾后救助等的组织领导工作。

（七）加强区域间政府合作和人才、资源交流，鼓励支持南海问题研究，维护国家海洋权益

海洋科技力量薄弱、海洋科技人才短缺虽然是海南海洋事业发展"最短的短板"，但是这一"短板"并非不可弥补。其中一个重要途径就是通过加强区域间的政府合作和人才、资源交流，实现资源共享和共同发展。近年来，海南不但加大了对高校和科研机构在海洋研究方面的投入，而且通过区域合作，加强了海洋科技人才的培养。此外在海洋行政管理方面的交流与合作，在更为广阔的南海领海开展环境监测、渔政管理、航海安全保障等方面的工作，都需要更加深入密切的沟通协作，共同维护国家主权，保障公民合法权益，促进海洋经济发展。2010年8月，琼粤海事管理部门就已经签署海事管理合作协议，建立包括信息通报、业务研讨、安全诚信互认、海上联合执法行动、航运公司审核互助、海上巡逻搜救和事故应急合作、船员管理业务协作、执法督查合作等一系列合作机制。

而随着南海问题的升温，还可以鼓励和支持南海问题研究，通过科学研究在南海问题上传递我们的声音和坚定我们的立场。中国南海研究院是海南省政府下属的以南海为研究对象并从事相关学术交流的研究机构，在政策和业务上接受外交部和国家海洋局的指导。2002年以来，中国南海研究院和台湾政治大学国际关系研究中心牵头定期举行"海峡两岸南海问题民间学术论坛"，共同搭建两岸南海问题专家学者交流沟通的平台，并于2011年、2012年连续两年由两岸学者合作撰写出版了《2010年度南海地区形势评估报告》和《2011年度南海地区形势评估报告》。而在海南的媒体中，已经有学术期刊开辟了南海研究的专栏，集中展示学者专家对南海问题的研究成果，以此维护国家的海洋权益。

当前政府诚信建设存在的问题及对策

吉林省行政管理学会课题组[*]

政府诚信是整个社会诚信体系建设的基础和核心。政府作为市场规则的制定者、维护者、执行者和监督者，在经济全球化的背景下，政府诚信不仅成为投资环境的重要组成部分，在一定程度上甚至决定着一个国家、一个地区的综合竞争力和可持续发展活力。政府一旦失去信用，不仅失去其存在的合法性基础，人们在经济交易行为中也会因担心其结果的"可靠性"而降低交易频率，更多转向求助于熟人社会或回到自给自足状态，使市场范围受到限制，使经济受到沉重打击。所以，不论从政府治理还是民众福祉的角度看，都应加强政府诚信建设，防微杜渐，有效治理政府诚信缺失问题。

一 当前政府诚信建设存在的问题

从总体上来看，我国各级政府的诚信状况是好的。但是，也存在一些不容忽视的问题。2012 年 8 月吉林省行政管理学会"政府诚信体系建设课题组"就"政府诚信体系建设"问题开展了一次问卷调查。通过调查，我们发现，当前政府诚信缺失主要表现在以下几个方面。

1. 弄虚作假，暗箱操作

一些政府官员为了追求所谓的政绩或赢得上级领导的好感往

---

* 课题组组长：黄明（中国吉林高新技术人才市场指导委员会办公室）；成员：喻晓才（吉林省行政管理学会）、徐云辉（吉林省人力资源和社会保障厅）、王继岚（吉林省食品药品认证和培训中心）、刘迎春（吉林大学第一医院）、张英（吉林省彩虹人力资源公司）；执笔：喻晓才。

往往会在一些经济、政治、社会活动中弄虚作假。比如 GDP 数据"打架"问题，近年来各省市向国家上报的 GDP 数据加到一起远远超过了国家统计局向全国发布的全国 GDP 数据。再比如在接待上级领导和上级部门的检查、考核、验收时，一些地方政府领导为了个人政绩或地方利益，大搞形式主义，急功近利、弄虚作假、欺上瞒下，加剧了百姓对政府的怀疑和不信任，降低了政府的公信力。

2. 效率低下，阳奉阴违

2012 年 11 月 22 日《人民日报》刊登的署名文章《一个公章盖两周》，说明"管理就是服务"在一些部门还仅仅停留于口头表述，文章作者为了给自己的孩子办一个准生证费时费力，作者在文中说："虽然以笔者办公室为圆心，居委会、社区警务站、派出所、社区医院几个单位都没出 3 公里这个圈，可因为办事流程不清晰，办事人员不告知，反反复复折腾，全办妥竟用了两个多星期。"可见"效率低下"在我们的一些地方政府部门还很突出。阳奉阴违主要表现在一些政府领导或政府工作人员当面一套背后一套，台上一套台下一套，口说一套实做一套，有的甚至大搞上有政策下有对策。比如，国家对房地产业的调控政策力度很大，但在一些地方房价"不降反升"，这其中就有当地政府对中央政策阳奉阴违的原因。

3. 与民争利，腐败不断

由于政府的"自利性"导致一些政府部门及其工作人员通过自身的权力进行"寻租"。近年来，各地普遍出现的由征地开发引发的纠纷中，开发商的背后都有地方政府的影子，这是典型的政府与民争利行为。更为严重的是一些政府及领导干部通过权力寻租导致了腐败丛生，权钱交易、权色交易、权权交易，以权谋私、以权谋色，不给钱不办事、给了钱乱办事、给了钱也不办事，甚至执法犯法、弄权枉法等现象屡见不鲜。

4. 无效作为，执法无序

一些地方政府在实施行政行为过程中，缺位、越位、不到位，不作为，乱作为等行政行为不规范问题比较突出。有令不行，有禁不止，有法不依，执法不严，违法不究，乱象丛生，政府不规范的行政行为不仅阻碍了社会主义法制建设的进程，更损害了政府形象、影响了政府诚信。近年来，国内媒体曝光的一些地方发生的恶性事件，如安徽池州事件、重庆万州事件、浙江瑞安事件、四川广安事件、贵州瓮安事件、云南孟连事件、甘肃陇南事件、湖北石首事件、吉林通钢事件以及四川什邡事件等，绝大多数都是由于政府机关及其工作人员的行政不作为、乱作为、无效作为、行政无序造成的。

5. 朝令夕改，决策失范

一些地方政府和政府部门的政策朝令夕改、决策失范现象非常突出。有的地方政府好大喜功，仅凭自己的雄心壮志，片面追求"政绩"，不做科学论证，盲目浮躁、跟风式地搞脱离民情民意的政府工程、形象工程等；有的基层政府在决策时不从实际出发，不深入调查了解情况，凭经验和习惯办事，致使决策失误不断，造成不应有的损失；有些基层政府大搞一届政府一届政策，一个和尚一个经，新官不理旧事，大大降低了公众对未来预期的稳定性；有的地方政府为了招商引资、发展地方经济，出台了许多优惠政策，凭空许诺得天花乱坠，结果难以兑现，种种承诺全成泡影，甚至由"筑巢引凤"变成了"关门打狗"。所有这些状况，都严重影响了政府的信用。

二　政府诚信缺失的原因分析

政府诚信缺失虽然外在表现多样，然究其根源，是社会传统和体制机制上的不完善造成的政府自律与他律的缺失引起的。

1. 政府诚信的理念尚未建立

由于我国受封建思想影响较深，加上"文化大革命"的负面效应，政府诚信、责任政府没能作为一种行政理念深入政府工作人员头脑。一些政府工作人员误认为讲诚信那只是个人、企业的事情，政府的权力是为社会公众谋福祉的，只需着眼于大局和长远，对于局部和个人利益宜倡导舍小家、顾大家的奉献精神，不必谨小慎微，只要动机正确，政策可以随意更改；一些政府工作人员特权思想及官僚主义作风严重，导致习惯以红头文件的方式来以权谋私，习惯性要特权，习惯性让自己的家属打着自己的旗号或依靠自己的影响力出去谋取私利，对政府诚信根本没有概念。

2. 政府职能转变还不到位

职责交叉、界限模糊、责权脱节、推诿扯皮等问题还依然存在。如在2012年4月国内部分省份发生的毒胶囊事件中，胶囊本身不是药，生产胶囊的企业是质监部门在管，而胶囊最终会被用作药品的包装，药品又由药监部门管。将社会事务拆解成了不同的环节，交由不同的部门管理，多头管理的方式产生职责不清问题，导致监管难以实现无缝对接。责任不清、分工不明给一些部门在好处面前争权夺利、在困难面前推诿扯皮提供了条件，也造成政府在市场监管、公共服务中的缺位与不到位。

3. 监督制约机制尚不健全

一方面，诚信体系建设方面法制不健全，在立法上缺乏制度规定，在司法中缺乏监督，在执法中缺乏对政府失信的惩处措施；另一方面，缺少健全有效的政府问责机制，使得政府的种种行为往往难以得到明确的失信认定，甚至在政府失信时也缺少必要的惩罚。监督制约机制的不健全客观上放任了政府诚信缺失行为的发生。

4. 地方保护主义遗毒深远

一些地方政府或相关部门及其工作人员为了本地区、本部门的局部利益，滥用或消极使用手中的权力。如，有的地方政府为了发展地方经济和扩大财政税收收入，为本地的制假贩假企业的违法、违规行为充当保护伞；有的地方政府为了保护地方企业，纵容企业恶意逃避银行债务；有的地方法院在判决、执法中往往刻意维护本地利益；有的地方媒体刻意屏蔽不利于本地政府的群体性事件或恶性事件信息。地方保护主义无疑助长了地方政府的失信之风。

三 加强政府诚信建设的对策

政府诚信是指政府机关及其工作人员对法定权力职责、对公众作出的承诺、对公众诉求回应的正确、及时履行程度。其基本内容主要包括：政府决策诚信、政府执行诚信、政府监督诚信、政府服务诚信、政府商务诚信。当前应重点从以下四个方面加强政府诚信建设。

1. 大力推行政务公开

推行政务公开制度，有利于推进政府依法行政，有利于提高工作效能和服务水平，也有利于加强对政府行政行为的监督，从源头上预防和治理腐败。

（1）信息公开。全面贯彻落实《中华人民共和国政府信息公开条例》，建立健全政府信息主动公开机制，增强工作的主动性和实效性。除涉及国家秘密和依法保护的商业秘密、个人隐私之外的政府信息均应依法予以公开。

（2）程序公开。各级政府及其所属的各类医院、学校、交通、城建、房产、社保、医保、民政、计划生育、环保以及其他与人民群众利益密切相关的公共企事业单位均要实行办事流程公开。既可以通过设立政府政务公开统一办事大厅实行集中办理，也可在办公地点或服务大厅等显著位置设立电子显示屏或便于群众观看的办事公开栏。加快网上办公进程，力争所有事项网上办理。

（3）结果公开。包括行政许可决定、重大行政处罚结果、重大投诉案件处理结果、过错责任追究结果、考核结果等都要公开。同时，在结果公开中还必须做到及时迅速，避免出现时间差，给人留下潜规则的空间。

2. 完善强化监督机制

绝对的权力导致绝对的腐败。因此，有必要通过建立政府信用监督机制，加强对政府的监督，推进政府行政行为的民主化、法治化、责任化，防范政府失信行为发生。

（1）加强舆论监督。社会舆论具有传播迅速、覆盖面广的特点，能够形成广泛的影响和巨大的社会冲击力。加强社会舆论对政府及其工作人员的监督和评判，鼓励公民和企事业等法人、新闻媒体利用报刊、广播、电视、网络等舆论工具依法对政府以及政府官员进行积极有效的监督，对于纠正政府及政府官员诚信方面的失误，尤其是揭露腐败现象，保护举报者的合法权益，为政府诚信健康发展提供舆论的支持等具有重要意义。

（2）加强公众监督。公众监督具有广泛性、全面性和多样性等特点。公众是行政执行力的作用对象，作为被服务者或者被管理者，他们往往对行政机关的工作有更深刻的理解和感受，可以发现政府机关及公务员中存在的深层次的问题，也最有发言权。加强人民群众的监督，是防止权力腐败必不可少的重要举措。

（3）加强领导监督。在一个风清气正的环境中，尤其是政府系统内部，上级领导的监督功能不可忽视，毕竟下一层级干部的提拔任用、表彰奖励与上一层级领导的评价好坏有着重要关联。

（4）加强专门监督。切实保障人大代表、政协委员的知情权，发挥好各级人大、政协的监督作用；使司法机关从人、财、物方面独立于同级行政机关，实现司法权的相对独立，发挥司法监督功能；确保纪检监察机关能有效地对同级及下级组织和个人进行督促检查，有效发挥纪检监察的作用。

3. 提高决策科学化水平

（1）规范决策程序。政府作出重大行政决策，需要经过调查研究、专家论证、征求意见、部门协调、合法性审查、集体讨论、结果公开等程序，通过程序科学保证决策结果科学。

（2）健全决策制度。各级政府及其部门制定涉及全局性、长远性和公众性利益的重大行政事项，必须依据法律、法规和国家政策措施的要求和规定的权限、程序进行决策；对涉及社会经济领域的专业性、技术性较强的重大事项决策，要实行专家咨询论证、专业机构评估、技术咨询和依法审核等制度，确保政府决策公正合法、科学有效；对涉及重大公共利益、涉及群众切身利益的重大事项决策，要建立公示、听证制度，广泛征求社会各界意见，使公示和听证过程成为政府了解群众根本利益的过程，成为群众真正理解政府意愿的过程，为重大政策的形成提供坚实的群众基础和可靠的行政保障。

（3）优化决策环境。建立完善决策咨询服务体系，遴选一批有较高造诣且熟悉本地情况的高层次专家，建立决策咨询专家智囊库；拓宽人民群众参与决策的渠道，保障人民群众对政府重大决策的参与权；建立政府重大决策实施情况后评价制度，及时发现决策执行中存在的问题，适时调整和完善。

（4）强化决策责任。建立行政决策责任制，对因违反决策程序和决策失误给国家和群众利益造成重大损失的，必须追究政府或部门主要领导及当事人的责任。对应当听证而未听证作出决策的、未经合法性审查或经审查不合法作出决策的、未经集体讨论作出决策的，必须追究政府或部门主要领导及当事人的责任。对应当依法作出决策而不作出决策，玩忽职守，贻误工作的，必须追究政府或部门主要领导及当事人的责任。

4. 加强诚信制度建设

制度的确立与改进，可以节约成本、降低不确定性，对于加强政府诚信建设至关重要。

（1）开展公务员诚信教育。各级政府公务员管理部门要把诚信教育列入公务员培训的重要内容，在公务员的初任培训、任职培训以及经常性的更新知识培训中，要把诚信教育列入公务员的培训课程，规定具体的培训课时数。

（2）实施公务员诚信考核。在当前的各级政府公务员年度考核中，要把公务员个人对诚信教育的学习情况和公务员自身的诚信状况作为考核的重要内容。个人考核述职时，要在总结工作的基础上，对自身的诚信建设情况进行总结，对照检查自己是否存在不守信用、不讲信誉等情况；群众评议时，单位考核小组要对公务员的诚信状况进行公正的考核，最后报年度考核委员会审定。凡发现有不守信用、不讲信誉的公务员，年度考核不能评为优秀等次。

（3）建立公务员诚信档案。各级政府及其有关职能部门要建立公务员的诚信档案。可以依托各级政府网站及各部门、各单位的局域网，以公务员诚信档案为主，有效整合公务员的各方面诚信信息，建立面向社会开放、真实、完整的公务员信用平台，形成信息齐全、查阅方便的公务员信用查询系统，实现公务员诚信信息共享共用、公开透明。

（4）实现政府诚信立法。至今我国还没有一部专门的行政诚信法律，2011 年 10 月 19 日，国务院部署制定社会信用体系建设规划，并提出要加快征信立法和制度建设。抓紧制定《征信管理条例》及相关配套制度和实施细则，制定信用信息标准和技术规范，建立异议处理、投诉办理和侵权责任追究制度。把政府诚信建设纳入法治轨道，完善约束政府以及行政人员诚信行为的法律法规。

（5）构建政府诚信评价体系。政府及政府有关部门要通过建立政府信用信息系统，依法合规有效采集、整合和应用政府及政府工作人员的信用信息。各地区要对本地区各部门、各单位及其公职人员的信用信息进行整合，形成统一平台，实现对失信行为的协同监管。当前，尤其要结合市场主体准入、纳税、合同履行、产品质量、食品药品安全和社会保障、科研管理、人事管理等方面的工作，有针对性地加强政府及其公职人员的信用信息系统建设，尽快改善各部门、各地区的信用环境。

创造良好法规政策环境　促进民间投资快速发展

韦绍行[*]

　　十八大报告强调，要"推动政府职能向创造良好发展环境、提供优质公共服务、维护社会公平正义转变"。民营经济是社会主义市场经济的有机组成部分，是拉动国家经济增长的中坚力量，是接纳就业人员促进民生工程加固的重要力量，服务民营经济促进其健康发展是地方政府的一项重要职能。但相关调查显示，目前地方政府履行服务民营经济职能的程度，离中央的要求和民营企业的需求仍有较大距离，迫切需要地方政府在营造竞争环境、完善法律政策、提高企业家政治地位、优化政府服务流程等方面下功夫。为此《国务院关于鼓励和引导民间投资健康发展的若干意见》（以下简称《若干意见》）特别强调：必须"清理和修改不利于民间投资发展的法规政策规定，切实保护民间投资的合法权益，培育和维护平等竞争的投资环境"。这就告诉我们，优化民营经济的投资政策环境，促进民营经济顺利进入国务院已为其开放的新领域投资发展，是当前地方政府转变职能的着力点。根据广大民营企业的迫切要求，地方各级政府应在如下四个方面努力见实效。

一　必须确保中央有关推进民营经济发展的政令在所有地方都得到畅通

　　确保政策畅通与执行是实现政策既定目标的首要前提。一直

---

　　* 作者简介：韦绍行，广西壮族自治区人民政府办公厅副研究员、广西行政管理学会副会长。

以来，包括中央民间投资在内的政令不畅，在少数地方是不争的事实。有的对中央政令搞"下有对策"，使中央政令迟迟贯彻不下去；有的借贯彻中央政策之名，行兜售自己的另一套之实；有的给投资者增加许多不合理的附加条件，使中央政策成为某些单位、某些个人权力寻租的工具。正如民间顺口溜所说："中央政策是太阳，照到省里成阴天，照到县里碰到墙。"中央政令不通对于民间投资所造成的危害是相当巨大的，它直接损害投资者的合法权益，直接削弱中央形象和威信在民间投资者心中的树立，直接削弱民间投资者参与全面建成小康社会的投资热情。正因如此，民间投资者才期盼作为中央层面政令的《若干意见》能在所有地方畅通。地方政府要回应好民间投资者这一期盼，应该在贯彻落实《若干意见》、清理投资政策环境过程中，努力做到三点。

（1）用十八大报告关于严明党的政治纪律、确保政令畅通的有关要求指导《若干意见》及中央部门42个配套文件的贯彻。十八大报告强调："要坚决维护中央权威，在思想上政治上行动上同党中央保持高度一致，坚决贯彻党的理论和路线方针政策，保证中央政令畅通"，绝不允许"上有政策、下有对策"，绝不允许"有令不行、有禁不止"。表明中央领导已经注意到这方面还存在的各种问题，也就是说中央政策的权威还没有得到足够的维护。现实告诫我们，地方政府能否保证《若干意见》的政令畅通，关键是在制定当地的实施意见时，必须把中央层面的各项规定作为"做什么"的唯一准则，不能用本级那些与中央层面政策不相一致的"本地货"来取代中央层面政策的规定，当地的实施意见只能是在"怎样做"上做文章，确保中央层面的各项规定，原原本本贯彻到民间投资者身上，体现在每一个投资项目实施的全过程中。

（2）加大监督检查力度，坚决纠正有令不行、有禁不止的现象。地方监督部门和执法部门对《若干意见》及其配套措施执行的督查，应该以坚决维护中央政策权威为重点，督促和引导各级政府直至每个行政人员增强纪律观念，绝不搞"上有政策、下有对策"，绝不允许有令不行、有禁不止，保证《若干意见》中的条条政令畅通；应该突出以降低投资门槛政策为重点，按照"非禁即入"的原则，拓宽民间投资的领域和范围，确保各项新规定落到实处；应该突出以对于投资诉讼案件公正处理为重点，督促执法人员牢固树立高度的法治意识，对所执行的法律法规要把握其精神实质，做到"不走神""不变形""不曲解""不掺假""不搞地方保护主义"，严格依法办事；应该突出以对于违法人员责任追究的落实为重点，对不按政策办理的政府官员，如果是工作业务不熟，可以给改正的机会，如果是人为作梗，故意偏差执行政策的，就要严肃查处，促成《若干意见》各项规定要求落实到位，确保民间投资安全运行。

（3）经常听取民间投资者的意见，把民间投资者的评判作为《若干意见》是否畅通的根本标准。"把群众满意不满意作为衡量各项工作的根本标准"，这是党中央和国务院主要领导近年来反复强调的服务型政府的施政标准，当然也就是地方政府贯彻落实《若干意见》、清理投资政策环境的根本标准。任何一个地方，《若干意见》是否做到政令畅通，不是当地政府说了算，而是由民间投资者以自己的切身体验为依据作出评判。地方政府应努力做到：畅通民间投资者对于投资政策的评价渠道，在检查政策落实中引入投资者代表评议机制，给投资者实实在在的话语权和评价权，实现投资者对政策落实质量的零距离评价；采用不定期抽样问卷测评和走访调查相结合的方式开展投资者动态满意度评议活动，不断扩大投资者参加测评范围，努力提高投资者测评质量，借以推动《若干意见》以及中央有关民间投资的政令能在所有地方畅通。

二 必须完善和坚持地方投资政策不因领导人变更而改变的制度

当前在一些地方，存在着一种人尽皆知的"政策像月亮，这届与下面不一样"的潜规则，指的是因为领导人的变更而使政策发生较大的变化。如果原单位某领导职务提升还好说，倘若是年老退位或调离本地，那么政策发生变化会更快更大，他们在位时制定的好决策、好政策、好措施，都因为他们的离去和新官的到来而瞬间蒸发。民间投资者经常遇到的问题是：政府人员变化导致投资的产业布局规划更变、投资的城建规划更变、投资的行业发展规模更变、投资的优惠条件缩水等。这么一来可就打乱了他们的投资和经营计划，造成投资浪费和损失，往往使他们告状无门，惨受损失。正因如此，面对《若干意见》大张旗鼓"鼓励和引导民间投资健康发展"的新局面，他们虽有往各领域扩大投资的萌动，但又对此存在疑虑和担心，期盼地方的投资政策不再因领导人的变更而改变。

刚当选全国人大常委会委员长的张德江强调："必须加强法制，必须使民主制度化、法律化，使这种制度和法律不因领导人的改变而改变，不因领导人的看法和注意力的改变而改变。"① 这一精神同样适用于地方对于民间投资政策的执行。为此，地方政府在新一轮班子人员调整后，对于《若干意见》及中央有关民间投资政策的执行，应严格做到三点。

（1）制定投资规划和管理计划要具有前瞻性。投资是经济发展的基石，保持投资政策的连续性是基石得到加厚夯实的根本保证。为此地方在制定投资规划和管理计划时，要具有前瞻性、可实行性、结合性，就是说地方政府在制定投资战略目标时，一要从自身长远的规划发展角度去考虑，既要考虑目前可以立即执行，更要考虑未来发展，即便在当地自身的发展过程中有略微的调整，但大的格局和战略目标绝不能改变。

（2）领导更换正确政策不能随意更改。班子调整后新就任的领导，对原班子制定的符合国家法律法规的贯彻意见，必须继续执行到位，避免过去"一任领导一种政策"现象的复生，特别是要认真落实为促进转变发展方式而投资的各项优惠政策，充分发挥政策引导作用，做到言必信、行必果、诺必践，努力打造诚信政府。应围绕招标投标、土地使用权和矿业权审批出让、规划管理、工程项目实施和质量管理、物资采购和资金安排使用等重要

① 引自《张德江：使制度和法律不因领导人的改变而改变》，新华网，2013 年 3 月 17 日。

环节，完善法规制度建设，保证原班子政策的连续性。要严厉打击扰乱市场经济秩序和生产经营秩序、损害投资者利益的违法行为，在市场准入、生产要素获取、享受法律保护和政策支持等方面，为各类企业创造平等竞争的市场环境和平安经营的发展环境。需要对原政策作出某些局部调整的，应事先与投资者进行协商沟通，对政策调整后造成投资者利益受损的，应给予投资者相应赔偿，确保安定人心，让民间投资者一心一意谋发展，聚精会神搞建设。

（3）对违背实际随意改变政策导致投资者受到损失的要追究领导人责任。领导人偏好下的投资决策必然导致投资的盲目性和随意性，必然导致投资者利益受损。针对当前一些地方引资投资任务逐年攀高，一些单位决策责任制不健全，领导干部谁都想说了算，又都不想承担决策风险和责任的现象，有必要建立和完善引资决策风险责任制度，实行"谁决策、谁负责"的原则，制定责任认定细则，对那些独断专行，违反决策程序，随意改变投资规模、投资方向和投资激励政策而造成投资者重大损失的领导者，要严肃追究其责任，促使大家增强决策风险意识，消除引资决策随意现象。同时，针对决策因素越来越复杂、决策信息掌握越来越难、决策失误的几率越来越大的现实，应当建立决策失误纠错改正责任制，明确纠错改正的责任主体，落实纠错改正的责任人员，健全决策跟踪和反馈机制，一旦发现某项决策在执行中暴露出不符合实际的因素，就当及时进行修正或中止，从而把决策失误给投资者的损失减少到最低限度。

三 凡政府领导集体或个人承诺的引资优惠条件必须全部兑现

近年来，引资优惠政策成为"空头支票"在一些地方并不鲜见，许多民间投资者为此十分伤脑筋，想协商解决，但强龙压不过地头蛇，想打官司又怕将关系弄得更僵，一些投资者只好忍声吞气坚持下去，个别投资者一气之下忍痛拆资离开。引资地政府不兑现引资承诺虽然是少数，但其造成的不良影响却远远超越引资本身，它使社会丧失对诚信政府建设的信心，质疑"权为民所用，情为民所系，利为民所谋"在个别政府和官员心目中的位置。在国家"鼓励和引导民间投资健康发展"的新进程中，民间投资者的心里，迫切期盼十八大报告关于"加强政务诚信"建设在所有地方政府得到广泛的入耳入脑入行，投资地政府不兑现引资承诺的现象不再发生，承诺的引资优惠条件得到全部兑现。要有效地回应民间投资者的这一期盼，引资地政府应把"加强政务诚信"建设与引资管理紧密结合起来，作为巩固党和政府执政地位的大事来抓，切切实实当好"诚信风尚的引领者、公平正义的维护者"，以实际行动彰显共产党人的人格力量。

（1）政府作出的引资承诺必须符合政策法律规定且属于自己的权限。不顾法律政策规定、超出自身承受能力和实际条件而作出无法兑现的引资承诺，背离了市场公平竞争的准则，增加了与投资商的矛盾和纠纷，这是当前影响投资环境优化的重要因素之一。为避免这一现象发生，政府在招商引资时，应从维护市场秩序和各利益主体公平公正的原则出发，用统一的招商引资优惠政策引导"一地多商"的有序竞争，对土地供给、规划审批、税费减免、政策优惠等方案，要进行综合评估，看看是否符合政策法律规定，是否属于自己的权限，是否超出自身承受能力和实际条件，兑现这些承诺有什么困难，尤其是履行那些长效性的承诺可能遇到哪些新情况等等，要进行风险预测和风险评判，切实做到稳妥可行。

（2）政府应坚持引资优惠有诺必践，违诺必究。习近平同志强调："各级领导干部要以身作则、率先垂范，说到的就要做到，承诺的就要兑现。"① 这一要求同样适用于地方政府的引资优惠承诺。地方政府应该做到为民负责抓践诺，对客商作出优惠承诺不是儿戏，要自己警醒于心，既要处处以承诺这面"镜子"检查自己的言行，时时事事以自己的承诺规范言行，更要竭尽全力将优惠承诺落到实处。应该做到持久践诺不松劲，切实做到长期言必

① 引自《习近平2013年01月22日在中国共产党第十八届中央纪律检查委员会第一次全体会议上发表重要讲话》，新华网，2013年01月23日。

行，行必果；应该做到强化制度保践诺，要在班子内实行引资践诺通报制，让承诺"阳光透明"；应该做到加强监督促践诺，充分保障投资者的知情权、监督权，让投资者对照政府承诺进行监督，对不履行承诺或履行不到位的按合同约定给予相应处罚，这样就使政府形成巨大的压力，他们就不敢"一诺了之"，从而认真兑现承诺，以实际行动赢得投资客商的信任。

（3）人民法院应依法判处"乱承诺不兑现"的行政行为。为确保引资地政府承诺的引资优惠条件得到全部兑现，各地法院做了多方努力，尤其是 2010 年 10 月 20 日江苏省高院推出的《关于为促进我省中小民营企业健康发展提供司法保障的意见》，在强化能动司法意识、保障和促进中小民营企业发展环境不断改善等 6 方面确定了 22 条具体措施。①《意见》首次明确，政府在招商引资合同中承诺税费减免等内容，视为行政合同，若不兑现就应承担法律责任。《意见》规定，政府对投资者提供物的出让价格优惠、赠与或承诺提供担保的，按民事合同纠纷处理；政府在招商引资合同中承诺为投资人提供政策上的优惠或税费上减免等，则视为行政合同。中小民营企业作为投资方已经履行了合同约定的投资义务，要求地方政府履行在招商引资合同中承诺的优惠条件或优惠政策的，法院应予支持；地方政府对承诺的事项没有权限或超越权限，事后又未能获得上级政府及有权部门追认或批准的，依法认定无效，投资方要求赔偿损失的，法院应当根据过错责任的大小，确定政府的赔偿责任。这个《意见》受到了最高人民法院主要领导的重视，并作出重要批示，给予了充分肯定，各投资者看后拍手称好。② 民间投资者期盼各地法院能够借鉴江苏省高院的《意见》，依法判处"乱承诺不兑现"的行政行为，为维护民间投资者的利益提供强力的司法保障。

---

① 引自《22 条意见为中小企业提供司法保障》，《法制日报要闻》2010 年 11 月 10 日。

② 引自《江苏高院公布 2010 年九大亮点能动司法列首位》，《中国安徽在线》2011 年 1 月 26 日。

四　必须强化民营企业在相关公共政策制定和执行过程中的主体地位

《若干意见》强调："在制订涉及民间投资的法律、法规和政策时，要听取有关商会和民营企业的意见和建议，充分反映民营企业的合理要求。"那么，怎样才能把这一规定落到实处呢？国家行政学院公共政策研究专家马宝成强调："一项公共政策的提出、制定、实施是相关利益主体互相博弈的结果。"因此，利益博弈主体"要想实现社会价值分配的预期效果，就必须强化自己在公共政策制定过程中的主体地位"。① 总的说来，地方政府制定的民营经济政策，基本能够体现民营企业家的利益，能够调动民营企业家的现代化建设积极性。但也不可否认，民营经济公共政策的提出、制定、实施过程中，还存在这样那样的不足，因而民间投资群体迫切期盼进一步强化民营企业在公共政策制定和执行过程中的主体地位。为了真正让民间投资在稳投资和总投资中"挑起大梁"，政府作为公共政策制定与执行的核心主体，应该努力做好四个方面的工作。

（1）从思想观念上牢固树立民营企业在政策制定和执行过程中的主体地位。从理论上说，在计划经济体制年代，政府包揽一切，企业只是政府的"附庸"，政府自然是制定和执行政策的主体，而社会主义市场经济已经改变了一切，企业已从"附庸"角色转变成"自主经营""自我发展"的"独立法人"，它们应该也必须成为民营经济相关政策制定和执行的主体。从实践上说，2012 年上半年，我国民间投资占城镇固定资产投资的 62.1%，② 占我国经济大半壁江山的民营企业，理所当然应该也必须成为民营经济相关公共决策制定和执行的主体。各级政府机关必须转变思想观念，把民营经济相关政策性文件的制定和执行，由过去的

---

① 引自《今年上半年民间固定资产投资比重增至 62.1% - 发改委》，新华社北京 8 月 7 日电。

② 引自马宝成《公共政策制定中的利益博弈》，《人民论坛》（总第 384 期）2012 年 11 月 28 日。

以各级政府及部门为主体，转变到以企业为主体上来；把政府机关过去贯彻落实政策的主导地位，转变到为企业贯彻落实政策的宣传、监督和引导的位置上来；把政府机关过去作为指挥企业的领导者，转变到为企业提供服务保障上来。确保政府机关制定的民营投资相关政策，及时转化为经济发展的动力和效益。

（2）制定涉及民间投资的政策要充分反映民营企业主的合理要求。在我国，政府是制定公共政策的核心主体。地方政府在制定涉及民间投资的政策过程中，应该做到：一要直接与民营企业主群体进行接触和沟通。目前，由于民营企业没有上级主管部门，多数民营企业与政府部门联系较少，所以政府制定的方针政策，有的既没有充分广泛听取民营企业的意见，也没有及时传达到所有民营企业中去。为此，凡是政府及有关部门召开的与民营企业有关的会议，应邀请工商联代表参加；凡是政府及有关部门制定的与民营企业有关的政策的调研和论证阶段，应直接听取工商联代表的意见；凡是政府及有关部门制定的与民营企业有关政策的听证会，应通过工商联选派有表达能力的会员和民营企业主参会。二要健全和完善民营企业利益表达机制。实践证明，地方政府只有健全和完善合法的"民主施政""立法和决策听证""政府信息公开""公民监督""上访信访""社情民意访谈""互联网博客与民众交换意见""公民诉求回应""政策传递制度到企业""民间投资工作宣传教育"10种官民结合、相互补充、形成合力的民间投资群体利益表达制度，他们的意愿才有可能得到充分表达，才能使公共政策能够更充分地体现他们的利益。三要强化民间投资者的利益表达意识和正确表达方式。要通过法律教育和正确引导，让民间投资者群体牢固树立起"正确的公民权利观念""自身利益的是非观念"和"把群体利益要求上升为群体意志的团体观念"，增强他们通过利益表达维护自己合法权益的勇气和信心，凡需要进行利益表达的事情，必须首先用法律、政策对其进行审视，看是否具有表达的理由和条件；对于需要表达的那些涉及面较广，投资量较大的民生事项，事前应在各民族群体之间进行沟通，按照合理合法的原则进行论证，借以统一思想、统一意志，然后再按照相关制度有序地进行。

（3）引导和鼓励民营企业者直接参与制度化决策过程。"直接参与"指的是公共政策制定主体通过听证、信访、公示、政务信息网等途径搜集、征求有关政策相关人意见的活动，给政策相关人直接、充分表达意见的机会。在我国法制日益完善的条件下，民营企业主的政策制定参与问题只能通过完善制度化的公民参与机制来实现。为此，政府应引导和鼓励民营企业者直接参与决策制定的各种制度化过程，如通过听证制度参与政策过程，借助听证程序，直接向政策制定部门反映自己的意愿，影响政策的制定与调整。政策制定者应通过听证会收集到民营企业者广泛的、直接的、真实的信息，据此作出政策调整修改的决断，准确协调各利益主体的不同利益要求。同时，民营企业者直接参与制度化决策的过程，不是私营企业主单方面的事，要在实行鼓励、支持和引导民营经济发展的政策措施基础上，营造良好的社会舆论环境，切实保障私营企业主应有的政治地位及社会地位，对其表现出的较强政治参与愿望要予以满足，使他们的政治参与权利得到保障。只有这样，才能杜绝民营企业主为防止自己利益受到不规范的政府政策及施政行为的侵犯，而采取的某些非制度化政治参与方式，确保政府涉及民间投资的政策能够在制度的"笼子"里制定和贯彻执行。

（4）加大民间投资群体对政策执行的监督。公共政策的执行监督，是公共政策正确贯彻执行、达到预期目标的重要保障。实践证明，监督主体与公共政策的直接利益关系的紧密程度，决定着政策执行监督成效的好坏。具体到民间投资政策亦一样，《若干意见》与民间投资群体有着直接的利益关系，他们对于《若干意见》执行情况的关注度和切身体验度，比任何群体都要深刻，如果缺少他们的有力监督，要确保《若干意见》的正确执行并达到预期目标是不可能的。为此，地方政府应该加大民间投资群体对《若干意见》和其他民间投资公共政策的执行监督力度。一要赋予民间投资群体对《若干意见》和其他政策执行的监督权力。地方政府应把党的十八大报告关于扩大社会主义民主，民主监督，保障人民的知情权、参与权、表达权和监督权，"让人民监督权力，让权力在阳光下运行"等规定具体落实，鼓励民间投资群体通过评议、批评、控告、检举、揭发、申诉等方式制止权力的滥用，保护自身的权益。政府分管领导应定期向民营企业通报民间投资相关政策的执行情况，让民营企业代表进行评议，接受民营企业的监督，并及时将评议意见进行认真梳理，督促有关部门逐条解决，以实实在在的整改效果取信于民。二要提高民间投资群体对民间投资公共政策的执行监督能力。对于民营企业来说，关键的是加强企业班子的政治建设，提高班子的政治敏锐性、政策执行存在问题的发现能力和公共权力的监督能力，协助政府当好"权力笼子"的守护人。三要提高民间投资群体对民间投资公共政策执行的监督合力。民间投资群体的政策执行监督的有效性，与自身组织化程度成正比，组织化程度越高，利益表达力度越大，就越有成效。反之亦然。在对《若干意见》和民间投资公共政策进行监督的问题上，政府应引导民营企业克服各自为政的分散状态，各行业协会要加强沟通联系，经常共同分析、研究和汇总政策执行中存在的不足和大家的建议，这样提出的监督意见才有广泛代表性和整改参考性。

二 政府效能建设

基于科学发展的辽宁政府绩效
评估指标体系和评价机制研究报告

孙庆国 *

　　辽宁是全国最早建立政府绩效考核指标体系的省份之一。辽宁省政府绩效管理工作经历了从绩效考核到绩效评估再到绩效管理三个阶段的发展历程，既有以往的路径依赖，又有诸多的发展创新。1996 年，辽宁省直属机关开始组织对省直机关的目标考核工作；2001 年，省政府开始开展对各市政府的目标考核工作；2004 年，在传统目标任务考核的基础上，对各市政府的工作完成情况实施评估；2009 年，辽宁省政府绩效考核领导小组更名为省政府绩效管理工作领导小组，并且在地市级绩效管理体制、绩效指标生成机制、过程管理和信息化平台建设等方面进行了改革，推进了绩效管理工作向前发展；2010 年，省直机关目标责任制考核发展为目标绩效管理；2011 年 8 月，《辽宁省直属机关目标绩效管理办法》出台，标志着辽宁省直属机关目标绩效管理走向法制化轨道。

---

* 作者简介：孙庆国，辽宁行政学院公共管理教研部主任、辽宁省行政科学研究所所长、辽宁省行政管理学会常务副秘书长。

一 辽宁政府绩效管理系统存在的主要问题

应该说,政绩考核对辽宁省的经济社会发展和政府自身建设起到了一定的积极推动作用。但是,与辽宁全面振兴的战略目标和走科学发展、创新发展、和谐发展的发展道路相比,现行的政府绩效考核系统还存在着诸多问题。

(一) 辽宁政府绩效管理系统存在问题调查结果

"基于科学发展的辽宁政府绩效评估指标体系和评价机制"项目组通过采用问卷、走访、座谈、深度讨论等形式,经过大量调查,总结概括了当前辽宁政府绩效管理中存在的主要问题。在实践中,政府绩效管理参与各方由于职责任务不同,职权大小不同,逐利重点不同,所以关注的焦点问题(排在前5位的问题)也有所不同。

(1) 政府绩效管理主体关注的问题。主要有考评指标体系不科学、绩效管理人员和经费不足、考评结果运用不够、领导不重视和缺乏过程管理等等。核心问题是体制问题,即绩效管理主体由于体制不顺,所获得的体制内制度性权力不大。

(2) 考评对象关注的问题。主要有考评指标体系不科学、考评主体单一、绩效信息虚假、考评缺乏客观公正性、指标缺乏可比性、缺少平时考核等。核心问题是不客观公正。

(3) 公众关注的问题。主要有造假、不公开、公众缺位、形式主义、不重视民生指标等。其中的核心问题是公众缺位问题。在投入与行为之间、行为与产出之间、产出与结果之间、结果与信心之间存在公众缺位现象。

(4) 上级考评主体关注的问题。主要有指标缺乏针对性、量化和创新性,绩效考评人员不专业、责任心差,缺少分类考评,考评者与考评对象联合造假,缺少公众参与和平时考核等。上级关注的核心问题是绩效考评指标体系及其运行机制缺乏科学性问题。

上述四类人群关注的焦点问题是不科学、不民主、不透明、不真实和不公正。

(二) 政府绩效管理存在问题的理性解读

(1) 一些地方政府没有从战略高度认识政府绩效考评系统的

重要性。落实科学发展观，需要树立正确的政绩观；树立和坚持正确的政绩观，必须有科学的政府绩效考评体系。同时，深化行政管理体制改革，建设人民满意的服务型政府，更需要科学的政绩考评体系加以引导和约束。但是，一些市、县（区）政府及其部门却仅仅把政府绩效考评体系看作年终评比排序、荣光现丑的工具，甚至出现个别市、县，年中还没有下达绩效目标的现象，致使政府绩效考评体系在落实科学发展观和推进行政体制改革的过程中，导向作用不突出，监督约束功能不明显。

（2）体制不顺，绩效管理工作难以有效开展。一是政府绩效考评部门设置规格偏低（省政府绩效办和省直目标办都属处级单位），组织协调能力不强，不能发挥牵头抓总作用；二是政府绩效考核系统与机关目标绩效考核系统之间，以及各考评主体之间缺少沟通协调机制，出现多头考核、标准不一等问题；三是政府绩效考评体系与干部考核评价体系缺乏有效衔接，不仅导致重复考评，而且降低了政府绩效考评体系的权威性。

（3）绩效指标体系不科学。一是指标没有充分体现科学发展观的要求，存在重数量、轻质量，重经济、轻社会，重短期、轻长期，重投入、轻产出，重速度、轻规模等问题。二是指标边界不清晰，指标交叉重复设置，既存在重复加分的现象，也存在重复减分的现象。三是分解指标注重物理分解，忽视逻辑分解，一些市把省对市的绩效目标不加思考地分解到县、区及市属各部门，出现县区指标一刀切，以及教育局等部门承担招商引资任务的怪现象。四是指标权重失衡，各项工作不能协调发展。指标体系中的各项指标虽然设定基础分值，但是没有权重限制，可能导致个别指标分数畸高，既掩盖其他工作的不足，又会使经济社会不能协调发展。

（4）考核评价方式方法落后。一是采用落后的手工操作方法，不能让领导获得及时、准确、全面的绩效信息，而且考评结果也极易受人为因素干扰；二是缺少行之有效的平时考核和绩效辅导等绩效管理环节；三是缺乏察访核验环节，数据造假现象较为严重，考核工作的信度较低，对考核评价结果的认同度也不高；四是缺少全面的绩效结果说明和科学的改进建议反馈环节，客观上引导地方政府追求排序，而不是改进工作。

（5）公众评议维度不足，力度不够。让公众评议政府绩效不仅能够保障人民群众的参与权和监督权，而且也是建设人民满意的服务型政府的题中之义，但是辽宁省现行的政府绩效考评体系中的考评主体却较少看到"人民"的身影。首先，省直目标绩效考核体系中虽然引入社会评议指标，但仅靠驻省直的人大代表、政协委员来评议省直机关，而且所占权重系数较低，公众评议容易被异化。其次，辽宁省通过民心网进行的社会评议，纳入到机关目标绩效考核体系中的只是对群众反映问题的回应情况，还不能完全反映一级政府或政府工作部门提供公共服务的效果。

（6）政府绩效考核工作的保障机制不到位。一是政府绩效考评工作缺少法律依据，从而缺少刚性的约束保障制度，绩效考核工作往往随着领导人或领导人注意力的改变而改变。如沈阳市的政府绩效考核工作在 2005—2007 年开展得有声有色，效果明显，但是之后随着领导人的改变，政府绩效考评工作逐渐被弱化。二是缺少对开展绩效考评工作的激励机制，主要表现在对考评结果的结合使用不够，考评结果没有与干部绩效及晋升、交流有机结合，没有与科学的奖惩制度有机结合。

二　基于科学发展的政府绩效评估指标体系

（一）政府通用绩效评估指标体系

根据关键绩效指标法（KPI），按照指标体系涵盖所有职能、指标边界清晰、指标间不相互矛盾的要求，地方政府的绩效可以设计经济发展、社会进步、资源利用和生态环境保护、人民生活和软环境等五个通用的一级指标，一级绩效指标由多个二级绩效指标构成，由于各地区的功能与定位不同，因此各地区在一级绩效指标下选取的二级指标就有所不同。

1. 经济发展指标

衡量地方的经济发展状况，既要看其经济增长数量，还要看其经济增长质量。衡量经济增长数量主要从 GDP 增长率、财政收入增长率、税收增长率、旅游业收入增长率等方面进行考虑；衡量经济增长质量主要从经济结构、质量效益、自主创新等方面进行考虑。经济结构可细化为工业增加值占 GDP 比重、第三产业增加值占 GDP 比重、服务业增加值占 GDP 比重、特色经济增加值占 GDP 比重、服务业从业人员比重等,质量效益可细化为全员劳动生产率、总资产贡献率等,自主创新可细化为高新技术产品产值占 GDP 比重、万人拥有专利数等,对外开放可细化为进出口总额及其占 GDP 比重、实际利用外资额、外商投资占 GDP 的比重、外商投资的产业中高新技术产业所占比重等。

2. 社会进步指标

衡量一个地区的社会进步情况,主要从就业、社保、教育、卫生、文化体育、公共安全、城镇化、贫富差距等方面进行考虑。因此,社会进步指标可以由城镇登记失业率、基本社会保障覆盖率、教育支出占公共财政比重、卫生服务体系健全率、新型农村合作医疗覆盖率、基尼系数、群众性文体活动(或设施)覆盖率、社会治安事件及安全事故发生率、城镇化率、人口转移指数等指标合成。为了协调城乡和谐发展,还可以设置外来人口吸纳及相应公共服务提供情况指标,这一指标可细化为外来人口吸纳率、外来人口基本社会保障参与率、外来人口社保及教育支出占公共财政比重、外来人口管理指数等指标。

3. 资源利用和生态环境保护指标

此项指标主要考察各功能区在经济社会发展过程中的资源利用强度、环境质量综合指数、自然文化遗产保护和软环境建设情况。资源利用强度可选取单位 GDP(万元)能耗、单位 GDP 水耗、单位 GDP 土地占用、基本农田保护率等具体指标,环境质量综合指数可选取单位 GDP 废水排放、单位 GDP 废气排放和单位 GDP 废物排放等指标,自然、文化遗产保护可选取温室气体排放量、林木保护指数、地表水质(河流、水库、湖泊)达标率、文物保护率、水土流失治理率、公众对生态环境满意度等指标。

4. 人民生活指标

衡量一个地区的人民生活指标主要考察城镇居民可支配收入增长率、农村居民人均纯收入增长率、恩格尔系数、基础设施改善情况等。基础设施改善情况可选取农村自然村通公路比重、农村饮水工程、农村村屯改造率、农村电话普及率等指标。

5. 软环境指标

软环境包括信用环境、平安环境和政务环境三大类。信用环境指标可选取政府公信度、企业信用度和个人信用度等指标，平安环境指标可选取社会安全、生产安全、交通安全、食品药品安全等指标，政务环境可选取依法行政、政务公开、政风行风、企业投诉、政府能力、行政成本、行政服务满意率和行政执法责任制达标率等指标。

（二）政府绩效评估指标体系在辽宁的应用

在党的十七大及十七届二中、三中、四中、五中、六中全会精神的指引下，紧紧围绕辽宁省十一次党代会确定的建设富庶、文明、幸福新辽宁的战略目标以及辽宁当前的重点工作，辽宁省行政管理学会课题组协助辽宁省政府绩效管理办公室设计了2012年的省政府对各市政府绩效考评指标体系，如下表所示。

2012年辽宁省对各市政府绩效考评指标体系

一级指标	二级指标	三级指标
战略发展	区域发展战略	三大区域发展战略
人民幸福	生活富庶	生活水平
	民生改善	民生工程
	公共服务	就业、社保、教育、医疗、体育
经济振兴	经济增长	经济增长水平
	结构优化	县域经济、工业、服务业、非公经济、项目建设
	经济潜力	科技创新、诚信建设
社会和谐	社会管理	安全、冲突、民族、人口、权益保障
文化繁荣	文化发展	文化事业、文化产业、文化体制、文化经费
生态文明	资源节约	土地资源、水资源、节能降耗
	环境保护	青山、碧水、蓝天工程，地质环境，固体废物
自身建设	依法行政	规范行政行为
	高效行政	政务环境、审批制度、机构管理、队伍建设、接受监督
	勤政廉政	五大系统建设

科学的政府绩效评估指标体系应在整体指标中突显科学发展，在具体指标中落实科学发展，在考评标准中反映科学发展。在整体指标中突显科学发展，是指在整个指标体系中通过权重来平衡各项指标，特别要赋予反映人民幸福、社会发展和生态文明建设等在经济建设大潮中容易被政府忽视的指标足够的权重。在具体指标中落实科学发展，就是要求下级指标真正体现上级指标，防止下级指标对上级指标的挤出效应。考评标准反映科学发展，就是要强调以改进提高为目的的纵向相对标准。鉴于此，辽宁的政府绩效评估指标体系还存在着较大的改进空间。

三　基于科学发展的政府绩效评估机制

政府绩效评估机制是政府绩效管理系统的重要内容，也是政府绩效指标形成并有效运行的前提和保障。实践中，政府管理绩效系统不能充分、有效发挥作用，政府绩效评估机制不科学是重要原因。因此，推进政府绩效管理科学化，应着重完善政府绩效评估机制。

（一）政府绩效管理流程焊接机制

完整的绩效管理流程应该是绩效计划—绩效辅导与改进—绩效评价—行动发展—再绩效计划的闭环系统。实践中，绩效管理主体提供绩效辅导服务的能力和精力有限，有关专家提供绩效辅导服务缺乏制度性渠道，上级业务主管部门提供绩效辅导服务又有较大局限。因此大多数绩效管理活动缺少绩效辅导与改进、行动发展环节，绩效管理链条被人为割裂，于是绩效管理者和绩效评估对象双双把精力和热情投向绩效评价环节，导致绩效管理的功能和作用难以有效发挥。

如何焊接绩效管理链条，真正发挥绩效管理的改进提高作用，一直是理论工作者和实践工作者不懈追求的目标。应针对不同的绩效考评对象，成立专门的绩效辅导机构，其经费通过考评对象购买服务获得，绩效辅导机构集中各类专家为考评对象提供综合服务。

（二）开展绩效评估工作的动力机制

要想顺利改革和完善绩效评估系统，必须建立和完善内、外动力机制，即组织内部要有开展绩效评估工作的愿望和能力，组织外部要有推行绩效评估工作的压力和推力。

（1）改革现有的绩效评估结果的价值定位和功能定位。要从评估结果的横向排序转向纵向比较；要从注重发挥绩效评估的监督、约束功能转向注重发挥绩效评估的导向、诊断、改进功能；要注意把前期评估的结果与未来的绩效目标结合起来。

（2）建立容错机制。简单化的"荣光或现丑"之类的排行榜，会导致相关人员对组织绩效评估的抵触情绪，加剧弄虚作假和"玩游戏"等行为，抵消组织绩效评估的效果。政府绩效管理部门应建立容错机制，鼓励各职能部门敢于面对问题和不足，积极寻找改进的措施和办法，加强管理，提高绩效。

（3）加强公共部门绩效评估信息系统建设，拓展公众和服务对象的评估渠道，逐步加大公众和服务对象的评估力度。目前，有些地区吸收部分人大代表、政协委员和相关单位作为外部评估主体。但是，表面民主化的评估主体不一定能真正反映公众和服务对象的意见，更何况这种替代缺乏公众和顾客的授权，缺少法理依据。因此，应加强公众和服务对象对公共服务的直接评估力度。通过加强信息公开、网络系统和电子政务的建设，完善公共部门绩效评估信息系统，能够扩大公众和服务对象的参与面和参与力度。

（4）用制度推动绩效评估工作的开展。为保证绩效评估工作有序、高效开展，中央应加强顶层设计，尽快出台绩效管理法规或绩效管理指导性意见，明确地方绩效管理机构的职能、编制等；尽快出台相关政策，鼓励和支持地方创新开展绩效管理工作。

（三）绩效管理主体整合机制

建立绩效管理主体的整合机制，就是要清除绩效管理机构分散设置、各自为政的体制机制障碍，实现地方党政领导班子和领导干部综合考核与组织绩效评估的有效衔接，实现政府工作部门绩效评估与下级政府绩效评估的有效衔接，实现项目评估、政策评价与组织绩效评估的有效衔接。因此，或是有机整合政府绩效管理部门、组织部门、人事部门、监察部门、机关管理部门、督察部门等管理机构，形成大绩效管理部门体制；或是建立各部门间的联席会议制度和沟通协调机制；或是建立由省委、省人大、省政府、公众和专业评估机构等多方组成的议事协调机构——省级绩效评估委员会。

整合后的绩效管理主体的规格应该较高，以不低于同级政府组成部门的规格为标准，并且赋予绩效管理机构负责人参加或列席政府常务会议的权力，从而正常发挥其组织协调功能和牵头抓总作用。

（四）绩效指标体系多方生成机制

绩效管理主体在制定绩效指标体系时，应坚持自下而上与自上而下相结合的指标体系生成机制。对于约束性指标，应采用自上而下生成机制；对于预期性指标，应采用自下而上生成机制。但是，自上而下与自下而上都不是绝对的，即约束性指标由考评主体提出，须经与考评对象多次协商后确定；预期性指标由考评对象提出，须经与考评主体、绩效管理主体多轮讨论后确定。

绩效管理主体在制定绩效指标体系时，还应引入专家咨询和社会评议制度。专家咨询制度能够促进绩效考评指标体系的科学化；社会评议制度能够保证绩效指标既反映政府当前工作重点，又体现政府的宗旨任务和法定职责。

（五）绩效评估主体多元化机制

绩效评估主体是对组织或个人进行评估的实施者。根据向谁负责谁评估的原则，地方政府绩效的评估主体应包括党委、政府、人大、下属机构、业务合作机构、公众、服务对象和评估对象自身。为使绩效评估工作科学运转，保证绩效评估结果的效度和信度，绩效管理专家也应纳入评估主体体系之中。

当然，对于不同的绩效评估要素，评估主体也应有所不同。对组织能力类绩效要素的评估应以自评为主，党委、政府和专家评估为辅；组织行为类绩效要素的评估主体比较复杂，政策制定行为的评估主体是政策对象，行政决策行为的评估主体是内部职工和班子成员，政令执行行为的评估主体是上级政府及其业务主管部门，业务指导行为的评估主体是下级业务部门，业务处理行为的评估主体是管理和服务的对象，信访接待行为的评估主体应是信访群众；结果类绩效要素中的项目绩效的评估主体是审计部门、项目主管部门和公众，部门绩效应以外部评估为主，内部评估为辅。

由于有些政府职能部门服务对象难以确定，并且存在着较严重的"政府信息孤岛"现象，加之推行绩效评估工作的实际考虑，所以当前应采取以内部评估为主，以外部评估为辅的策略。

（六）考评对象权利保障机制

尽管政府绩效考评对象作为实现政府整体目标的一个节点，但是他有权结合本地实际自主发展经济，促进社会和谐，有权获知对自己的考评指标和目标值、如何考评和考评结果，有权对考评结果提出申诉控告。因此，应该建立相应机制保障考评对象的自主权、知情权和救济权。要在制定绩效指标和确定目标值时引入自上而下与自下而上相结合的博弈机制；要健全合理高效的绩效反馈机制，及时把各类考评信息（包括考评结果、优势、不足及改进建议）反馈给被考评者；要建立绩效评审和申诉系统，对考评结果进行必要的复审复查；对考评对象提起的申诉进行审查、调查并提出解决问题的办法，给考评主体一定的约束和压力，使他们慎重从事，在考评中更加重视信息采集和证据，从而保障考评对象的救济权。

（七）绩效造假防范机制

绩效管理者、绩效评估者与被评估者之间的对立是绩效管理工作存在的客观障碍，因此可能存在绩效造假现象。尤其在考评者与被考评者间存在绩效连带责任时，双方可能联合造假。这种造假专业性、隐蔽性极高，政府绩效损失更大，不良影响更深远。当前的政府绩效管理体制就存在着这样的风险。因此，建立防范绩效造假机制非常必要和重要。

建立防范绩效造假机制，一要围绕绩效信息的真实可靠，建立健全察访核验制度，通过明察与暗访相结合的方式，采取实地考察、专项检查和抽样调查等形式，对评估对象的指标完成情况进行察访核验，核实绩效信息的真实性和准确性。二要建立政府绩效信息公开制度和服务对象监督举报制度，通过全面、及时地向服务对象公布与其利益密切相关的政府绩效信息，让政府行为的指向对象直接监督政府，遇到绩效信息造假现象随时举报绩效造假者。

（八）绩效管理工作保障机制

为使地方政府绩效评估较少受人为因素干扰，除抓紧出台行政法规、中央总体意见、地方法规或规章外，还应在人员素质、管理制度、结果运用等方面建立保障机制。一要建立定期培训制度，以提高绩效考评人员、绩效管理人员和绩效监审人员公正负责的意识和知情懂行的能力；二要建立资源保障制度，保证开展绩效管理工作所需的体制机制资源、人力资源、物力资源、财力资源和信息资源，以此确保政府绩效管理工作正常运行；三要充分运用绩效考评结果，把绩效考评结果真正与干部使用、奖惩激励、改进工作、财政预算和行政问责结合起来，从而保证政府绩效管理工作的有效开展。

四 从公务员考核到公务员绩效管理

政府绩效由组织绩效（政府组成部门及其内设机构）、公务员绩效、政策绩效和项目绩效等构成。其中，公务员绩效的优劣决定组织绩效、政策绩效和项目绩效的好坏，进而决定政府绩效的高低。因此，要推行政府绩效管理制度必须建立和完善公务员绩效管理制度。

（一）坚持价值理性，从考核走向绩效管理

公务员考核制度自建立以来，在评价公务员德才表现和工作实绩、规范公务员考核工作、促进勤政廉政、提高工作效能等方面发挥了积极作用，但也存在着比较严重的形式主义和功利主义倾向。其根本原因在于对公务员考核工作的目的认识不清、价值定位不准、改革创新不够。

坚持考核的价值理性，应从考核逐步走向绩效管理。因为

考核注重考察核实，不太关注改进提高，基本工作流程是"制定工作目标—平时、年终考核—排序奖惩"的单向活动过程；绩效管理尽管也考评工作目标的实现程度，但其着眼点在于公务员行为的改进和行政效能的提高，基本工作流程是"制定绩效目标—督促辅导—绩效考评—改进提高"循环往复的活动过程。这一活动过程，坚持以人为本，在制定绩效目标时与考评对象充分协商，在目标实现过程中及时督促辅导考评对象，在考察核实工作实绩时全面深入评估考评对象并提出改进建议，在评估后考评对象根据绩效评估报告改进提高并确立新的绩效目标。

（二）健全公务员绩效管理体制和机制

健全绩效管理体制和机制，首先，应根据权责关系、考评指标性质和信息可获得程度，科学确定考评主体。考评指标不同，考评主体可能不同；当然一个指标，也可以有多个考评主体。其次，加强外部评议，促进绩效考评主体多元化。尤其要通过满意度调查、行风评议和举报投诉等途径，让服务对象评议提供公共服务的人员，让公众评议社会管理、市场监管人员，让企业和个体工商户评议审批服务人员。再次，明确绩效管理主体职责，健全绩效监审主体，改临时性机构为常设机构，变临时工作为日常工作，加强对各考评主体开展考评工作的指导，强化对绩效管理活动的监督。最后，完善绩效沟通、督促辅导、评估反馈等绩效管理环节，真正实现从考核转向绩效管理。

（三）进一步完善绩效考评指标体系

完善公务员绩效考评指标体系，可从四方面入手。一是科学分解考评指标。《中华人民共和国公务员法》和《公务员考核规定（试行）》规定了公务员考核内容为德、能、勤、绩、廉。要坚持关键指标（KPI）和可考评等原则，把以上五项考核内容指标化并逐级分解。二是根据工作任务和岗位职责设置具体指标，应按照政府目标—政府部门目标—处（科）室目标—岗位目标的逻辑顺序设置具体业绩指标；按照不同层级岗位的能力要求设置岗位能力指标。三是科学确定考评标准。应尽量设置量化考评标准，不能量化的等级化；强化纵向相对标准，实现与横向相对标准有机结合，引导公务员和自己过去相比，注重改进提高。四是合理分配权重。德、廉虽然重要，但属于约束性考核内容，无须分配较高权重，可以设置基准目标，低于此目标为不称职（即一票否决）；绩是重点考核内容，理应设置较高权重。

（四）采用科学的绩效考评方式方法

首先，建立公务员绩效管理网络信息系统。通过公务员绩效管理网，公布绩效考评方案、工作任务和目标、公务员行为表现、绩效信息，实施自我评估、内部考核和外部评议等。这样，既可以节约大量人力、物力、财力，又可以促进绩效信息的全面、准确、及时有效沟通，还可以实现公务员绩效管理的民主化、公开化和便利化。

其次，改善考评周期，实现定期考核与平时考核的有机结合。对于能力性指标应拉长考评周期，如对公务员能力的考评，可以三年评估一次，没必要以一年为周期，因为能力具有相对稳定性；对行为性指标应缩短考评周期，甚至要实现常态化考评，如对公务员"勤"的考核，就不应以年、季度和月为周期，每天都应考核；对于结果性指标（如"绩"）应依据工作周期确定考评周期。

再次，科学采用考评方法。为保证考评结果的客观、真实、有效，应综合采用各类考评方法对公务员的德能情况、行为表现和工作实绩进行评价。如对德和廉的评价可采用行为描述法，且无须在整个指标体系中分配权重、赋予分值。可以设置若干负向行为指标，只要公务员没有其中的行为表现，德、廉就合格，否则，德、廉不合格，整个考核不称职。对能的评价可采用等级计分法，而对绩的评价可采用数量递减法、完成比例法、功效系数法和基准加减法等考评方法。

（五）切实、客观、公正运用考评结果

运用好考评结果，是解决公务员考核问题、推进公务员绩效管理科学化的必要途径。

首先，按照《公务员法》和《公务员考核规定（试行）》的要求，切实把考评结果运用于奖惩、培训、交流、晋升等公务员管理各环节中。同时，应完善相应制度，把绩效考评结果与行政问责结合起来，形成"无功也是过"的工作氛围；应依据组织（内设机构）绩效考评结果直接对中层领导问责。当然，本着改进提高的价值理性，末位淘汰制要慎重使用。

其次，把考评结果与公务员薪酬结合起来。可以把平均发放的类似于13月工资的奖励拉开差距，根据考评结果差别发放；可以探索建立公务员绩效工资制度，把基础工资中体现资历的薪资抽出来转为绩效工资，实现多干多得、优干优酬；也可以在设计机关社会养老保险制度时，把考评结果与职业年金结合起来；还可以把考评结果与薪酬的增量部分（每两年增资部分）结合起来。

再次，把考评结果用于改进工作。如前所述，改进提高是考核的根本目的。把考评结果切实运用到改进工作中，是实现从"要我评估"到"我要评估"的根本出路，也是绩效管理工作健康发展的根本要求。因此，应精心制作公务员绩效考评报告，向公务员反馈考核结果、成绩、不足以及改进建议，公务员据此改进提高并确定新的绩效目标。

应当指出，以上公务员绩效管理科学化对策的正常运行有赖于《政府信息公开条例》的良好执行、行政文化的健康向上和干部人事制度的深化改革。只有全面公开绩效考评方案、绩效指标和目标、绩效信息、绩效考评结果，才能实现公众、服务对象对公务员的真实评议；只有在健康向上的行政文化中，才会有民主的领导、科学的管理和公平竞争的创造业绩行为；只有加快改革现行干部人事制度，才能为公务员绩效管理科学化创造良好的制度环境和广阔的改进空间。

五　开展公众满意度调查

开展公众满意度调查是建设服务型政府、打造良好发展环境的必然要求，是实现公民有序政治参与、改善党群干群关系、建设和谐辽宁的重要途径，是建立体现科学发展要求的政府绩效评估指标体系和评估机制的本质要求。

（一）公众满意度调查现状

辽宁省对公众满意度的调查活动散见于各级政府开展的绩效

管理活动中，如沈阳、大连曾经开展过政府服务对象的满意度调查活动，省政府绩效管理办公室也开展过对 14 个市政府的外部评议活动，但是这些活动由于缺少制度性约束而没有继续前行。监察部门开展的行风评议活动也只是反映了公众对窗口服务的满意水平，而对政府应该主动提供的大量的社会管理和公共服务活动的满意水平却没有考查。各级机关目标管理部门开展的外部评议活动，由特定的服务对象和特定的人大代表、政协委员代表评议机关工作，往往由于信息不对称而难于评价打分，不但降低了绩效考评工作的信度和效度，而且异化了公众满意度调查的本质内涵。

缺少公众满意度和幸福感调查可能会使"文明幸福新辽宁"停留在口号上，而难于落实在实际工作中；会纵容某些地方政府忽视与公众满意度和幸福感密切相关的社会管理和公共服务职能，而把主要精力投入到无休止的 GDP 竞赛中，甚至为争取好名次而不惜造假；会放任某些地方政府以损害公共利益为代价招商引资上项目，造成干群关系紧张，进而破坏社会和谐稳定；会形成缺少外部评议尤其是公众评议的政府绩效评估指标体系和运行机制，而难以体现科学发展要求。

项目组调查结果显示，当前辽宁各市公众满意度较低，14 个市总体公众满意度（居民、个体工商户和企业三方满意度加权平均）略高于及格线（如下图所示），所以在辽宁省开展公众满意度调查更具现实意义。

（二）开展公众满意度调查的路径选择

根据层级政府的职能划分，公共财政和公共服务项目的落地点和社会管理的着力点主要在县（市）、区政府。因此，建议首先在 100 个县（市）、区开展公众满意度和幸福感调查活动，并在此基础上计算市域和省域范围内的公众满意度和幸福感。在实施中要注意以下几点。

第一，建议由省政府绩效管理部门牵头，由行政学院、社科院和统计局等第三部门具体组织实施，主要负责指标细化、问卷设计、组织调查、数据分析、对策研究、报告形成等活动。

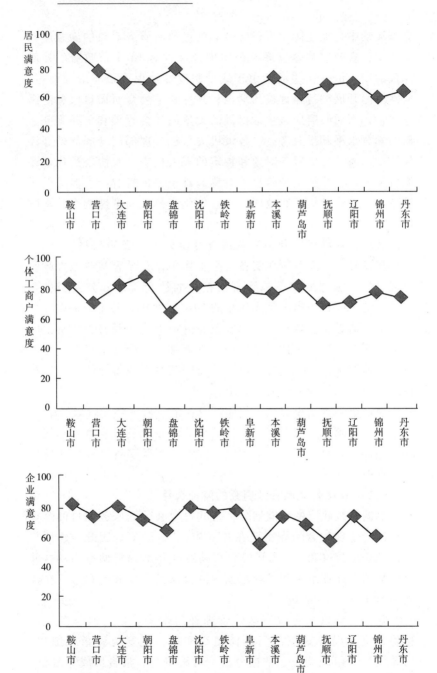

2011 年辽宁各市公众满意度（根据项目组调查问卷统计）

第二，公众满意度和幸福感调查对象既要包括城乡居民，也要包括企业和个体工商户。要区分县（市）和区，分别设计调查内容。

第三，调查目的不以县（市）、区间横向比较为主，主要着眼于县（市）、区个体的纵向提高。第一年的重点是摸清底数，要重点分析县（市）、区政府在工作中存在的问题，并提出改进建议；以后各年的调查重点关注满意度水平和幸福感指数纵向逐年提高的幅度。

第四，调查报告要公开发布。公开发布对组织者、调查者和调查对象形成刚性约束，并为相关活动承担历史责任，从而保证该项活动的公平公正进行。

第五，公众满意度和幸福感应进入政府绩效评估指标体系，并赋予较高的权重系数。

内蒙古地方政府绩效评估改革发展研究报告

王永明*　　甘月文

　　绩效评估是源于西方发达国家的一种公共管理工具，兴起于 20 世纪 80 年代的新公共管理运动，这场运动倡导以"新公共管理主义"为理念改革政府、提高公共部门绩效；主张在传统的公共服务部门引入市场机制和竞争机制，运用私人部门的管理理念、方法和技术重塑政府，促使政府管理的理念和运行机制发生极大的变革。甚至有西方学者曾预言西方国家正在展现出一种"评估国"的发展趋势[①]。我国的政府绩效评估，是改革开放以来学习借鉴国外先进管理经验的结果，是持续的行政改革的一个重要组成部分[②]。受西方国家持续的政府管理改革运动和新公共管理理论的影响，我国从 20 世纪 90 年代就开始了政府绩效评估的实践和理论研究，尤其是近年来党和国家非常重视政府绩效管理和评估，各级地方政府对绩效评估的应用和创新也越来越普遍。虽然国内学者在政府绩效评估研究方面取得了很多的研究成果，但我国政府绩效评估的理论研究却滞后于实践，与西方国家较完善的绩效评估理论研究相比，我国还处于初始阶段。

---

* 作者简介：王永明，内蒙古师范大学公共管理学院讲师。

① Martin Cave, *Maurice Kogan & Robert Smith*, *Output and Performance Measurement in Government*: *the State of the Art*. London: Jessica Kingsley Publishers Ltd., 1990: 179.

② 孟华：《政府绩效评估——美国的经验与中国的实践》，上海人民出版社，2006，第 132 页。

一　内蒙古地方政府绩效评价现状及存在问题分析

政府绩效评价是提高政府管理效能、提升政府服务品质的有力工具。我国政府绩效评价的理论与实践取得了很大的成就。

在中国政府体系中，民族区域自治地方政府既有一般地方政府的共性，又有其自身独具的特点。民族区域自治制度和民族自治地方政治、经济、文化和社会环境的特殊性，决定了民族自治地方与非民族自治地方在行政管理方面有着很大的不同。虽然我国已经颁布了适用于全国的政府绩效评价指标体系，即 3 项一级指标，11 项二级指标，33 项三级指标，但是面对民族自治地方特殊的行政环境，其政府绩效评价还很不完善，需要进一步研究①。内蒙古自治区位于中国北部边疆，紧邻蒙古和俄罗斯，面积 118 万平方公里。以蒙古族和汉族为主，还有朝鲜、回、满、达斡尔、鄂温克、鄂伦春等民族。全区分设 9 个地级市，3 个盟；其下又辖 12 个市、17 个县、49 个旗、3 个自治旗（鄂伦春自治旗、鄂温克自治旗、莫力达瓦达斡尔族自治旗）。② 根据中共中央办公厅《关于建立促进科学发展的党政领导班子和领导干部考核评价机制的意见》和自治区党委组织部《内蒙古自治区盟市厅局领导班子和领导干部年度综合考核评价办法（实行）》的精神，全区党政领导班子和领导干部实绩考核从 1996 年到现在，逐步完善。

（一）　内蒙古地方政府绩效评价体系现状分析

1. 内蒙古地方政府绩效评价主体

在内蒙古地方政府绩效评价过程中，评价主体仍然是政府。例如，呼和浩特市旗县区政府绩效评价主体分 7 个层次，其权重为：市党政正职领导评价占 15%，市人大、政协领导评价占 5%，其他市领导评价占 10%，县处级干部（包括同级党委、人大、政协、法检等县处级干部）评价占 25%，正科级干部评价占 25%，

---

① 王永明、甘月文：《民族自治地方旗县级党政领导实绩考核指标体系实证分析——以内蒙古为例》，《领导科学》2012 年 2 月 10 日。

② 资料来源：http://intonmg.nmg.gov.cn/。

考核组评价占15%，基层群众评价占5%。

可见，内蒙古自治区仍然处于"政府主导—公众参与"的评价主体模式下，政府绩效评价主体依然主要是上级政府、机关或领导人员。在评价过程中虽然公众可以参与其中，一定程度上能够表达对政府绩效的个体意见，并提出改进建议，从而不再仅仅作为政府公共产品和服务的被动接受者，然而，由于所占权重较低，民意体现并不充分。另外，在评价主体中，缺乏非营利性非政府机构进行的基于公众利益视角的独立评价。

2. 内蒙古地方政府绩效评价指标体系

（1）政府绩效评价指标设置

在党政领导干部实绩考核体系设置方面存在两种类型，一类是全盟（市）运用同一指标体系，如包头市、锡林郭勒盟旗党政领导班子工作实绩分析指标。另一类是针对每一个旗县区的实际情况，分别设定实绩考核指标体系，例如鄂尔多斯市从2008年开始，围绕落实科学发展观实行分类考核，针对不同的考核对象分别设定考核指标。鄂尔多斯市将考核对象分为旗区、市直部门、市管开发区和区直垂管部门四类，根据旗区、市直部门、市管开发区和区直垂管部门的不同属性，分类设置考核指标，并各有所侧重。旗区侧重于项目建设、城乡建设、城乡统筹和关注民生的考核，市管开发区侧重园区基础设施建设、招商引资及服务企业、员工技能培训及就业服务的考核，市直部门侧重职能职责、机关服务水平和市委、市政府重点工作落实情况的考核。另外，呼和浩特市、巴彦淖尔市等也分别设定了绩效考核指标体系。

（2）政府绩效评价指标设计权重分配

指标的权重的设计体现了对政府工作不同领域的重视程度。内蒙古地方政府评价指标体系中，经济发展领域各地方权重普遍较高，而社会发展、环境资源、可持续发展、人民生活方面则相对较低。

通过分析可以发现，在内蒙古地方政府绩效评价指标体系中，无论是何种类型的指标设置方式，经济建设指标都是主要的评价指标，而关于民本意识、民主意识、民生意识、环保意识、生态意识、社会建设意识等在基层公共管理者心里普遍占据着一定地位的指标，无论是指标数量，还是指标权重均处于相对较弱的地位。而且，可持续发展的"潜绩"指标分量尤其不足。

3. 内蒙古地方政府绩效评价结果的公开与运用

政府绩效考评的目的，在于引导干部树立科学的发展观和正确的政绩观，强化求真务实、执政为民的意识，不断提高领导能力和水平，激励干部创新工作。[①] 内蒙古自治区对领导班子和领导干部的考评结果以适当方式公布，领导干部的考评结果要向考评对象所在单位的领导班子和本人进行反馈。根据考评结果对干部实施选拔、任用或免职等。

全区对绩效评价结果的公开与运用做得较好的是包头市和兴安盟。包头市将绩效评价结果用于三个方面：一是用于总结表彰。等次为"综合考评突出"的领导班子和被评为"优秀"的领导干部，在精神鼓励的同时，由市政府拿出专项资金进行物质奖励。二是用于干部任免。把考评结果作为干部任免的重要依据，对评定等级为"不称职"和连续两年评定等级为"基本称职"的干部要给予免职。三是用于干部教育管理。对当年评为"基本称职"的干部进行警示教育。兴安盟自 2002 年以来，盟委、行署每年拿出 150 万元对实绩突出的领导班子和优秀领导干部予以奖励，结合考核结果，对实绩一般、较差和排位靠后的领导班子进行调整。2006—2007 年调整领导干部 6人，诫勉谈话 12 人。

但是，就全区来讲，大部分政府考核信息的公开程度依然有待提高，考核结果的运用仍然不够充分，特别是运用实绩考核成果分析领导班子和干部队伍状况尚未形成正式制度，结果反馈不够全面具体，针对性不强，鞭策激励作用有待进一步提高。

（二）基于访谈的内蒙古地方政府绩效评价实证分析

我国政府绩效评价的工作特点是立足于解决问题、针对性

---

① 减乃康：《政府绩效评价价值及其实现》，《武汉大学学报》（哲学社会科学版）2005 年第 6 期。

强、发展势头猛、创新点多。① 但总体而言，政府绩效评价无论
在理论还是在实践上尚未成熟，仍然处于初步探索阶段。为了深
入分析全区政府绩效评价存在的问题及其原因，本文通过问卷调
查和访谈的形式进行了研究。

1. 调查对象

本研究的访谈对象是呼和浩特市赛罕区、新城区，鄂尔多斯
市东胜区、伊金霍洛旗、准格尔旗，锡林郭勒盟锡林浩特市、苏
尼特左旗、苏尼特右旗，共计 3 个盟市的 8 个行政区的党、政、
人大、政协、司法、群团机关领导及工作人员及其辖区乡、镇、
街道办事处的各类干部，还有部分参加干部自主选学培训班的来
自全区的各级各类干部。之所以选择这一群体作为访谈对象，是
因为其大多工作、生活在行政区域，其中相当一部分是广义的政
府工作人员，对县域情况和政府的运行最为了解，因而对政府绩
效评价也最有发言权。

2. 访谈目的

访谈的目的在于了解全区公共部门工作人员对内蒙古政府绩
效评价及评价指标的看法，征求公共部门工作人员对政府实施绩
效评价及评价指标的意见、建议，以便改进、完善内蒙古地方政
府绩效评价体系，为民族自治地方政府实施绩效评价做好理论和
实践上的准备。

3. 基于访谈结果的政府绩效评价实证分析

（1）对"政府绩效评价"的认识

我国自 20 世纪 90 年代初开始开展政府绩效评价实践，"政
府绩效评价"在全区还是一个新鲜事物，许多基层干部对此还不
甚了解。访谈中我们发现，受访对象往往把它视为上级对下级领
导班子或部门的政绩考核，因为大部分干部所了解和熟悉的依然
是 1996 年以来实施的并曾经参与过的党政干部实绩考核。

（2）对"政府绩效评价主体"的认识

被访者认为，以往的干部实绩考核"公众参与度低"，建

---

① 包国宪、周云飞：《中国政府绩效评价：回顾与展望》，《科学与技术管理》
2010 年第 7 期。

议搞政府绩效评估"要提高公众评价的总体权重、搞多元化的评估，把内部、外部和公众结合起来"；被访者强调，政府绩效评估应该引入民意调查，让专家、百姓或第三方参与评估，而且参与者要有广泛性——包括下岗人员、务工人员、学生、教师等群体；但也有部分基层被访者对于让百姓评估政府有顾虑。

（3）对"政府绩效评价指标体系"的认识

将自己设计的指标体系提供给被访者，让其对各项指标逐项作出重要性梯次的判断，每项指标都分为"非常重要、重要、一般、比较不重要、不重要"5个梯次供填表人选择，各个二级指标和三级指标都留有空格，由填写问卷的干部把自己认为该加上的指标补充到相应的空格里，并请被访者对政府评价指标提出建议。被访者提出100多条很有价值的意见和建议，主要有以下几方面。

一是，关于指标设置的理念、原则。走访的每一旗、县（区），都有被访者提出，评价指标要"实用、就简、切合地方实际""指标宜少、避免造假"；许多人主张指标"宜粗不宜过细""客观指标和主观指标相结合、长效与短效相结合、整体与局部、眼前与长远发展相结合"，这些建议说明设计政府绩效评价指标时，避免把注意力放在短期效应、局部发展之上。

二是，关于指标的侧重角度与取舍问题。在指标侧重点上，许多被访者提出，要以"民生为主，建立民生视角下的评价体系"；也有几个旗、县（区）的干部提到要以群众满意度为重。几乎每个旗、县（区）都有管理者强调环境指标重要。另外，被访者建议部分指标达标就可以，不要占权重。有些被访者提出要处理好"显绩和潜绩"的关系，主张在指标设计上，既要看"显绩"也要考虑"潜绩"，而"潜绩"短时间内难以看出。

三是，关于指标的针对性、差异性问题。被访者还考虑了地区差异问题，认为指标体系中的"人均绿地面积、第二产业比重"不适用于某些地区；"西部地区宜工则工宜商则商，因此第二产业的指标要考虑地区差异，否则很多不宜工业的地方会丢掉这项分数，导致评价的不公平；而第三产业才是各旗、县（区）都有的、共性的，应加大这类指标的比重"；在评价牧业指标时，要考虑现实中某些旗、县"林牧矛盾突出的问题，对牧业的要求不应产生伤及林业、伤害生态的结果"；此外，地级市中的区与旗、县在职能上相比，有很多受限的地方，城市中的区与农业旗、县（区）、牧业旗、县（区）在评价指标上也应有不同侧重。

（4）对"政府绩效评估结果的公开与运用"的认识

虽然内蒙古地方政府绩效评估已经实施若干年，但被访者认为，对于"评估结果的公开范围不够广泛"，"评估结果并未成为干部提拔和降职的主要依据"，"评估结果并未起到激励鞭策作用"。

4. 内蒙古地方政府绩效评价调研实证结果

虽然经过十几年的实践和探索，内蒙古地方政府绩效评估已经形成了一套体系，在推动政府工作、促进各级领导班子和干部建设中发挥了一定的作用，但是，干部综合考核评价体系还是一项探索性的工作，虽然在实践检验中不断得到完善和规范，但随着形势发展、部门职能和区域工作重心的变化，领导班子职能、领导干部职责的定位也在不断变化，体系运行也不断凸显出一些需要改进和完善的薄弱环节。通过问卷调查和访谈的形式也能够发现其中仍然存在诸多需要完善之处，主要包括以下几方面。

（1）对政府绩效评估宣传力度不够

政府绩效评估工作实施以来，主要精力用于绩效评估工作本身，而忽视了政府绩效评估的意义等方面的及时宣传。从而造成了人们参与、支持配合该工作的积极性不高，甚至产生抵触情绪，一定程度上影响绩效评估的顺利进行。

（2）考核指标不尽科学合理

一是指标体系在体现共性的基础上尚未兼顾各地区、各部门的个性特色工作。二是片面强调经济建设，不适应科学发展观的要求。三是领导干部考核评价体系设计缺乏科学理论和科学方法的运用。科学理论和科学方法的运用是设计科学绩效考核评价的前提和基础。① 现阶段各地领导干部考核评价体系的构建都是以中组部印发的相关文件精神为指导，结合地区实际和多年干部考核工作经验，制定本地区考核评价内容和方法，自我总结经验性的内容和方法多，且制定这些内容和方法随意性强，对企业绩效管理和国外政府考核管理中成熟的科学理论和方法借鉴较少，缺乏科学理论和科学方法的运用。四是领导干部考核评价体系系统性、连续性不强。现阶段很多地区将年初制定目标、年底考核和测评就简单地认为构成了领导班子、领导干部考核评价体系，对考核评价体系进行系统化的设计和分析的理念和意识不强，仅停留在不断改变考核目标和测评内容这些初级评价手段的研究上，考核内容频繁变化，考核评价体系缺乏稳定性和连续性，虽然兼顾一般，增强了考核的针对性，但是对于考核结果分析的理念不强，可比性不强。

（3）让社会参与评价的途径和手段还不多

尽管注重社会公论在不断拓展，但并没有迈出实质性步伐。

（4）评价结果的运用有待进一步深化

运用评价结果分析领导班子和干部队伍状况还没有形成制度，结果反馈不够全面具体、针对性不强。

（5）考核评价的整体构建缺乏科学性

当前，企业的绩效考核评价已经在绩效评价制度体系、绩效评价组织体系和绩效评价指标体系上取得了共识。在理论设计上坚持"内容全面、方法科学、制度规范、客观公正、操作简便、适应性广"的原则，在实践操作上按照经济社会发展的不断变化而日臻完善。在国外，政府绩效考核评估已经成为公共管理的基本模式，贯穿于公共改革和公共管理的各个方面和各个环节。而内蒙古自治区目前的领导干部考核评价的设计主要依据是中组部印发的相关文件精神和地方在考核评价实践中积累的经验，这导致考核评价在内容、方式和程序上缺乏科学理论的支撑和科学方法的运用。

---

① 韩强：《对建立和完善党政领导干部考核体系评价指标体系的若干思考》，《政治学研究》2003 年第 4 期。

（6）考核评价的考核结果缺乏可比性

当前，全区领导干部考核评价缺乏系统性的考虑，在设计上只是简单地分解为年初制定目标、年底考核测评两个阶段。在年初制定考核目标时，只是根据每年的工作任务来改变考核目标和考核内容。在年底考核测评时，依据上述考核目标得出的考核结果，有利于对常规工作任务进行考核和对比，但是从整个的考核体系来看，由于考核内容频繁变化，考核评价缺乏稳定性和连续性，考核结果缺乏可比性。

（7）考核评价的方法缺乏先进性

在国外，领导干部绩效考核评价引入了图哥测试法、浦洛士考绩法、平衡评分卡等先进技术方法，并借鉴管理学、行为学、心理学、计算机科学的最新研究成果，将考核内容定量化，最大程度地降低了主观因素对考核结果造成的影响。而全区目前的领导干部考核评价的方法可以简单地概括为"认认真真地走形式"。按照我国《公务员法》的规定，对公务员的考核要从德、能、勤、绩、廉五个方面进行。但在实践中，五个方面的考核内容由于过于原则，缺乏可操作性和具体性，使得考核评价只是简单的"开几个会、发几张表、打几个勾"，从上到下基本一致的考核评价内容加之落后的考核方法，使得考核评价流于形式难以获得有效的信息。

（8）考核评价的考评要素缺乏特质性

目前在对领导班子，领导干部正职、副职的考核中，由于部门职能的多样性，在部门职能的专项性、正职职责的综合性、副职职责专业性等方面，难以全面分类确定比较专业的、能够反映具体职位特质的个性核心要素，加上组织部门工作领域、工作视角的局限性，只能从专业外围对职位角色进行把握，确定非专业行业的共性核心要素，难以用专业的标准衡量工作的难易度、个人的努力度和实绩的优劣度，给准确地分析评价干部带来了难度。

（9）考核评价的实绩贡献度缺乏标尺

一是实绩主体难以区分。2008 年，十七届二中全会提出大部门制改革，改革的目标是建立决策权、执行权、监督权既相互制约又相互协调的行政权力结构体系。为此，从中央到地方都进行了积极的改革尝试，并取得了一定的成效。但是，由于职能管理的长效机制不够健全，部门职能交叉问题还未得到根本的解决。这就造成在考核评价的实践中出现一个考核目标人人都要考核、一个考核结果人人都使用的现象。

二是考核标准难以统一。现行的领导班子考核评价指标主要是思想政治建设、领导能力、工作实绩和党风廉政建设四个方面，领导干部考核评价指标主要是"德、能、勤、绩、廉"五个方面，考核评价指标内容涵盖面虽比较全，但指标过于综合笼统。如在对领导干部的考核评价指标中，德是对领导干部政治思想品德和职业道德的考核；能是对领导干部在本职岗位的业务专业技术能力和管理能力的考核；勤是对领导干部在本职工作岗位上的勤奋敬业精神的考核；绩是对领导干部完成本职岗位情况的考核；廉是对领导干部执行廉洁的有关规定和注重自身修养的考核。但是，不同岗位的考核评价指标的设定是不同的，现有的考核评价对此规定的还不够细，把握难度大，可操作性不强。另外，由于地域条件、客观环境和发展基础的差异，不同地区发展的实力、潜力不同，由此对一项工作的考核评价指标体系在不同时间不同地区对不同的考核对象进行相同的考核，考核结果往往难以有效地反映干部的工作实绩。

（10）奖惩措施没有达到普遍受激励的目的

合理运用好考评结果，对整个干部考评有着积极的推动作用，考评结果运用不好，在一定程度上会影响考评工作的推进。近年来，各地虽然非常注重考评结果的运用，依据干部考评结果，决定干部的升、降、去、留，干部考评结果已成为干部提拔使用、调整的重要依据，但这只是对一部分干部考评结果的运用，由于考核评优比例的限额，在考核中评为优秀和较差的总是少数的几个领导班子和个人，而考核结果只注重对前几位和后几位的运用，好的予以通报表彰，差的予以惩戒等处理，没有完全达到通过激励先进、鞭策后进、促使整体提高的目的。

二　完善内蒙古地方政府绩效评价的政策建议

（一）合理制定考核标准，完善考核评价

领导干部考核评价工作的关键一环就是制定科学的考核评价

标准，这是保证领导班子和领导干部工作实绩考核评价客观、公正的前提和基础。要体现地区科学发展观的要求，充分运用和借鉴相关理论研究成果和各地区成功经验，认真分析当地经济和社会发展的特点，研究确定符合客观实际的科学发展指标体系，明确影响本地区科学发展的经济和社会等各项事业的具体指标构成要素，把这些要素作为评价地区领导干部工作实绩的重要内容，同时对经济、社会、党的建设等主要工作，要明确其重点工业项目、重大工程实施、重要活动开展等工作的具体要求，考核内容的量化指标要把本地区经济社会发展长期规划和年度计划作为基本目标要求，做到"宏观要求与重点工作相结合，数量要求与质量要求相结合，长期规划与年度计划相结合"。对不同部门班子的考核，一是要按不同基础、不同条件、不同工作难易程度和不同综合实力分成几大类（如对乡镇，可根据地域条件、客观环境和发展基础的不同分为一、二、三类），对基础条件较好，完成工作任务比较容易的部门，考核权重可以适当调低；对于基础条件差，完成工作任务难度大的，考核权重可以适当调高。二是对同一类型的进行横向比较考核。如将列入目标考核的部门按照机构设置、工作职责、业务性质和内在联系等因素进行科学分组，可将被考核部门按照党委工作部门、人大机关、政协机关、群团部门、执法执纪部门、综合管理部门、社会服务部门、教育部门、驻地条管单位和乡镇办细分为若干个组，分别定标、分别考核、分别评比，缩小部门之间的差异性，增强横向可比性。对领导干部个体的考核评价，需要根据其职责、岗位职级和特点，设置差异性的考核内容和相对应的权重。对于正职干部而言，要重视其在全局性工作中决策、指挥、完成等情况的考核，指标要素可包括：①政策理论水平和思想道德修养；②事业心和责任感；③执行民主集中制情况；④协调各方、统揽全局的能力；⑤应对复杂局面解决问题的能力；⑥科学决策和改革创新的能力；⑦调查研究和宏观思考能力；⑧知人善任能力；⑨抓党建和精神文明建设的情况；⑩廉洁自律情况等，并设置对应权重。对副职，要重点突出分管工作、参与中心工作、开展创新工作、工作任务落实及完成情况，副职指标要素可包括：①思想政治素质；②团结协作；③群众观念和为民办实事；④分析处理问题能力；⑤工作态度和敬业精神；⑥履行岗位职责情况；⑦执行决策情况；⑧深入实际和调查研究；⑨工作效率和开拓创新情况；⑩廉洁自律情况等，可视情况在考核标准中增加"当好配角""专业能力"等内容，并设置对应权重。同时，地区和部门考核体系的构建中，在考核内容的设定上要更加强调创新性，采取本地区和部门年初上报创新工作内容，年底进行评比的方式，对创新工作比较突出的要大力宣传并给予奖励。

（二）科学建立考核办法，全面评价工作实绩

（1）坚持"软指标"与"硬指标"并重的原则。即坚持定性考核与定量考核相结合，力求更加全面合理、科学准确。

（2）坚持结果与过程并重的原则。对领导干部的考核评价，既要重视考核评价的结果，也要重视考核评价的过程，努力实现考核目标多元化、考核手段多样化、定性评价和定量评价相结合，从而全方位改进现有的领导干部考核评价体系。

（三）多元化设置考核评价主体，建立全方位考核评价体系

领导干部绩效评价是对领导干部个体工作业绩进行的评价，信息获取对象主要是与领导干部直接交往的上级领导、同事和下级干部及群众。因此，全方位的考核评价需要设置多元的考核评价主体。

一是上级的考核评价。上级领导作为被评价对象的领导者，一方面对被评价对象的工作能力、综合能力和道德素质等可以从多渠道、多角度进行了解和评价；另一方面作为被评价主体的上级在思想上没有来自各方面的压力，能够较为客观地对被评价主体作出考评。二是同级的考核评价。同级班子成员通常与考核评价对象共同处事，因工作关系和在生活中相互接触，会形成非正式组织。根据安全性和紧密度可以把非正式组织划分为消极型、兴趣型、破坏型和积极型。

（四）正确运用考核结果，发挥考核积极导向作用

在考核结果的运用上，坚持"三挂钩"，激发干部工作活力。一是与物质奖励挂钩。对于评为年度"实绩突出"（优秀）的领导班子和评为"优秀"的领导干部，分别给予物质奖励，拉大物质奖励的差距。二是与精神奖励挂钩，合理扩大精神奖励的范围。召开专题表彰大会，对获奖的领导班子和领导干部进行表彰宣传。以上物质奖励与精神奖励相结合，有利于调动考核评价对象工作的积极性、主动性、创造性。同时，建立和完善考核结果反馈制度，对整体考核结果予以通报，对领导班子以"曲线图"的方式，反馈年度各项目标任务的完成情况和干部群众的民主评价结果；对考核结果排名靠后的干部，由组织部门分别进行谈话。三是与干部的使用挂钩。根据考核评价的结果，对于被考核的干部采取优者上、平者让、庸者下的动态管理。对考核评价结果优秀的干部，不是后备干部的要及时充实到后备干部队伍中，不是正职领导干部的要及时充实到正职后备干部队伍中，正职领导干部则要优先提拔使用。对考核评价结果一般的干部，要寻找出现问题的原因，通过批评教育、诫勉谈话、限期改正等多种形式，帮助其做好本职工作，增强把握经济社会建设规律和为人民服务的能力。对考核评价结果较差的干部，根据实际情况，实行"一票否决"，并依照有关规定处理。同时，经济社会在不断发展，干部的素质也需要提高，考核结果为解决干部在知识、经验、能力、修养等方面存在的共性问题和执政能力的提升提供了依据。

（五）加大考核监督力度，建立健全防假治假长效机制

1. 建立完善科学的综合考核评价体系

要将考核工作纳入党委、政府重要议事日程，实施定期安排、定期考核、定期评定、定期通报、定期检查，建立考核评价的日常管理机制。一方面注重监察、审计和统计、财政等职能部门的作用，通过季度报表、半年分析、离任审计等多种监控办法，把握考核指标的完成情况和完成进度，以此了解被考核者在德、能、勤、绩、廉等方面的情况，有效提高考核工作的质量和效果。另一方面通过抽调人员参加领导班子的民主生活会、开展工作调研、日常工作督查及其他重要活动等，同领导班子成员以及有关人员进行个别谈话，查阅有关文件、工作资料和会议记录，了解掌握干部的思想工作状况和群众的看法，做好工作记录，形成相关材料，对发现的突出问题及时查找原因并向组织汇报。

2. 增强群众参与"评绩"的程度

首先，建立干部实绩考核预告制度，在年初确定考核评价指标后，要及时通过各种途径向群众公开与考核评价有关的内容，为群众参与考核评价提供知情知政渠道。其次，增强群众考核评价的权威性，建立和完善群众参与考核的程序和方式方法，积极引导和有效组织群众参与考核，并把群众的考核评价纳入到干部考核评价中，作为对干部实绩考核的重要依据。最后，建立考核结果公开制度，在考核结束后，考核结果不能"束之高阁"加以封存而应向群众公开，并提供多种渠道和途径接受群众的监督。

3. 完善考核人员责任追究制

建立和完善考核人员责任追究制度，关键是责任明确，明确考核人的责任，坚持权责相统一，做到有权必有责，用权受监督。在考核人员中，在思想上要树立谁考核谁负责，在行动上要主体清晰、程序科学、责任明确，以提出高质量的考核结果，避免考核结果失真。

（六）大胆改革创新，建立长效保障机制

1. 建立一支高素质的考核队伍

考核部门是干部考核评价的具体执行部门，考核部门的队伍素质直接关系到干部考核评价工作的成败。因此，必须把考核部门的队伍建设作为考核体系建设的重要一环抓好、抓实。

2. 勇于改革，大胆创新

作为一项开拓性的工作，不论是考核目标体系，考核评价办法，还是考核的组织与管理，都需要在实践中不断改进，逐步完善，一些内在规律还需要在实践中把握和探索。

三　完善内蒙古地方政府绩效评估过程中应注意的几个问题

建立和完善党政领导干部考核评价体系，需要考虑到对每一个领导干部的普遍适用性问题，因而需要尽可能考虑到一些实际因素，使一些次要的影响降到最低，增强指标的普遍性和可操作

性。在上述分析研究的基础上，在建立和完善这一体系时，还要对下列因素给予充分考虑，并在考核体系中予以整合和体现。

（一）领导干部评价与领导班子评价相结合

马克思的唯物辩证法认为，一切事物都是由各个局部构成的有机联系的整体，局部离不开整体，整体高于局部。二者相互依赖、相互影响。领导干部和领导班子的关系就是局部与整体的关系，这就要求干部考核评价工作，一方面要从领导班子的整体着眼寻求最优的考核评价目标，使得领导班子整体功能得到最大的发挥；另一方面要注意到领导干部个人也有其相对的独立性，这种独立性反作用并影响领导班子的考核评价。在领导班子和领导干部个人考核利益一致的情况下，两者的考核是相辅相成、相互照应的，对领导班子和领导干部个人的考核评价结果都是真实、客观、准确的。然而，囚徒困境理论告诉我们，个人利益的最大化可能使整体利益受到损害，当领导干部个人的工作业绩与领导班子整体的工作业绩不一致的时候，就要区分领导干部个人和领导班子的考核，既要对领导班子形成正确的考核，也要根据实际情况，对领导干部个人自身工作以及在整体班子工作中的作用作出公允的考核评价。

（二）"纵横"考核与"近远"考核相结合

"纵"，是将被考核者上任前后该单位或部门的整体状况作一个比较，看其上任后工作是否有新起色、新发展；"横"，是将同期内被考核者所在单位、部门的工作情况与同行业、同系统的其他单位、部门进行比较。"近"，是看其上任前后该单位的变化情况，如果是由差变好，还要分析是实实在在的成绩，还是急功近利的表面文章；"远"，是看被考核者在任职期间所采取的措施，是为今后的工作打下扎实基础，还是只图一时风光"杀鸡取卵"。

（三）实绩考核与环境评估相结合

考核干部主体工作实绩时，不能脱离周围环境，单纯地去看各种经济数据、工作目标，要注重对环境因素的评估。环境因素是指干部工作所在地的历史和现状、人员构成和上下左右的有利条件和不利条件等。实践表明，任何一个领导的实绩，总是在一定的环境下取得的。因此，离开环境谈干部的实绩是不全面的。

虽然实绩的大小，在一定程度上反映了干部能力强弱、水平的高低，但也只能在相似、相同的环境下才具有可比性。具有同等工作能力的干部，由于工作环境不同，所取得的实绩往往是不同的，有的甚至相差甚远。这说明环境因素对干部工作实绩具有不可忽视的影响。

（四）建立完善相关保障机制

干部考评工作是一项复杂的系统工程，为整个考评工作的顺利运行提供保证，应从如下几个方面建立完善相关保障机制。一是不断强化纪律监督。实行考评工作回避制度，考评组成员的回避对象包括：夫妻关系、直系血亲关系、近姻亲关系及其他原因需要回避的人员；以制度方式明确考核评价工作的各个环节的操作程序和责任主体及相关的责任，并明确责任追究的具体主体、程序、责任等有关内容。二是建立民主公开的监督机制。保障群众的知情权、参与权、表达权和监督权，是我国政治文明建设的重要内容，是推进我国法治政府建设的必然要求，也是拓宽民主渠道、扩大民主参与的具体体现。在干部考核评价的构建中，群众的参与是必不可少的。为此，要建立健全考核预告制、政绩公示制、政绩公议制等制度，让考核评价工作在阳光下运行，让群众监督成为考核评价工作的常态。三是建立考核结果反馈和申诉制度。我国的公务员法规定了公务员的申诉制度。在领导干部的考核评级体系构建中，这一制度值得借鉴，并明确考评客体的范围、权利和义务，保证考评结果的公正性。

（五）形成良好的考核评价导向

考核评价工作对于领导干部树立科学发展观和正确政绩观起着重要的导向作用和激励作用，考核哪些内容，如何评价一名干部，将直接影响到干部以什么样的态度对待工作，对待政绩。因此，关键是把"两观"的要求细化为领导干部的考核内容和考核标准，转化为领导干部的工作追求和目标，制定全面、规范、科学的考核标准和方法。要重视考核评价领导是不是重视打基础的工作，是不是善于破解积累性的难题、矛盾，是不是关注民生、民意，是不是重实绩求实效。引导干部把科学发展观的要求、促进社会和谐的理念体现到实际工作中，有利于把那些想干事、会干事、能干事的干部选拔进领导班子，形成正确的用人导向，有利于教育和引导广大干部忠实实践党的宗旨，勤政为民，求真务实，真正干出经得起时间、群众和历史检验的实绩，在干部队伍中形成甘于奉献、踏实苦干的浓厚风气。

评估中应注意把握业绩中的"显"与"潜"，完全看显绩的做法是有失公允的。

在运用"一票否决"指标时应慎重，不能滥用，须结合各地的实际情况因地、因时制宜。关于"一票否决"指标的设置是否合理这一问题，在被调查对象中有42.76%的人认为"一票否决"的指标设置合理，有42.07%的人认为设置不合理，有15.17%的人持不确定态度。由此可见，需慎用。

结束语

我国政府绩效考核管理制度起步较晚，考核评价体系建设相对比较落后。近年来，我国各级政府和学术界都在不断地探索政府考核评价机制的创新，取得了较大的进步。但是，我国的政府考核体系的构建在理论上还不成熟，考核评价在实践中也存在着困惑和误区，导致考核评价与经济社会各项事业的发展不相适应，考核评价趋同化、形式化。据此，本文以我国干部人事体制为出发点，结合内蒙古区情对领导干部考核评价进行系统分析思考。如何引导领导干部走科学发展道路，不以牺牲生态环境和浪费资源作为经济发展的代价，建立体现科学发展观的考核评价体系至关重要。本文通过对目前领导干部考核工作的了解认识，结合政府部门的特点，全面分析了现行考核评价中存在的问题，将历史的研究方法、文献的研究方法等运用到考核评价的建设中，并对其进行优化设计，希望能够对内蒙古地方政府绩效考核评价的构建工作有所促进。

青海省政府效能建设研究

李广斌 *

一 政府效能的内涵

政府效能是指国家行政机关及其工作人员为实现管理目标，从事行政活动时发挥政府功能的程度及其产生效益、效果的综合体现。① 政府效能主要由四个方面的内容构成：一是政府功能的发挥与既定的职能目标的统一，二是在行政管理活动中行政主体花费的人力、物力、财力和实现管理目标所用的时间和效果的最佳比率，三是行政目标和行政决策是否体现效率与公平兼顾的原则，四是行政管理各个要素、环节和层次在行政活动中的合理配置与衔接。政府效能高低的标准可以从两个层次来衡量：一是政府在加强自身建设方面，在多大程度上建立起能更有效地履行政府职能的行政管理制度并达到最佳状态，即建立起结构合理、配置科学、程序严密、制约有效的权力运行机制；二是政府在优化资源配置方面，在多大程度上使各类资源在各种用途上的边际价值达到或趋向均等并达到最优状态，即是否建立起了统一开放、平等竞争、运转有序的现代市场体系，形成人尽其才、自由流动、充满活力的用人机制。

而所谓政府效能建设就是以国家行政机关和行政人员为主体，以提高政府效能为基本目标，在行政体制内部运用不同的管理形式使政府功能的发挥程度达到最佳的全局性、系统性建设

---

* 作者简介：李广斌，青海省委党校公共管理教研部主任、教授，青海省行政管理学会秘书长。

① 李小琼：《效能政府的内涵》，《经济论坛》2005 年第 17 期。

活动。

二 青海政府效能建设取得的成就及主要做法

近年来，青海省政府以十一次党代会提出的建设"富裕、文明、和谐"新青海为目标，确立了生态立省战略，提出了"四个发展"的要求，高度重视政府效能建设，采取了一系列有力的措施，把实行科学民主决策、推进依法行政、加强行政监督作为政府工作的三项基本准则；认真贯彻实施行政许可法，大力推进行政审批制度改革，取消和调整了一大批行政审批事项；认真贯彻实施《公务员法》，切实加强公务员队伍建设；强化政风行风建设，努力解决损害群众利益的突出问题，行政效能明显增强，发展环境显著改善。

（一）坚持科学民主决策，健全完善工作机制

1. 实行科学民主决策

2008 年 2 月，青海省政府通过了《青海省人民政府工作规则》，完善了政府常务会议制度。2009 年 2 月，青海省公布《青海省人民政府重大行政决策程序规定》。该规定对省政府重大行政决策必须坚持的原则、决策事项的范围和权限、决策建议的提出、决策准备、决策审定、决策的执行和监督以及责任追究等方面都做了严格和具体的规定。凡是与群众利益密切相关的重大事项，凡是涉及发展规划、财政预算、大额投资、重要改革、国资处置等重大决策，坚决做到"五不决策"，即未经调查研究不决策、未经专家咨询不决策、未征求群众意见不决策、未经法制部门合法性审查不决策，未经集体研究不决策。并及时向省人大及其常委会报告及向省政协通报协商。进一步建立健全了省人民政府科学民主决策机制，促进了决策科学化、民主化，决策的质量和效率不断提高。

2. 建立政府领导督办机制

在省政府层面，建立省长督办副省长、省长助理机制。对党中央、国务院和省委安排部署的工作，对政府常务会议、省长办公会议决定的事项，对一些重点工作、重点项目进展情况及时反馈，真正做到件件有回音、事事有结果。政府办公厅作为保障政

府高效运转的中枢协调机构，建立了政府秘书长督办副秘书长和办公厅副主任的机制，上行件即到即转，下行件即到即办，重大问题即闻即报，形成一级督办一级，一级对一级负责的执行落实机制。

3. 建立效能目标管理体系

省政府对各部门实行效能目标考核，分政府组成部门、直属机构和直属事业单位三个组。采取指标考核和公众评议相结合、定性考评与定量考评相结合，分值考核与一票否决相结合，实行重要指标、重点工作一票否决，实行行风政风评议一票否决。细化、量化考核标准，对考核好的单位，通报表彰并给予物质奖励，考核差的单位，给予通报批评及取消机关工作人员年度奖金等处罚。考核结果作为评价部门及班子成员的重要依据，与提拔使用、评先评优等挂钩。

4. 推行行政执法责任制

各级行政执法机关按照国务院和省人民政府全面推行行政执法责任制的要求，不断完善各项责任制度，进一步明确行政执法权限，减少行政执法层级，完善执法程序，规范行政执法行为。加大行政综合执法改革力度，加快建立权责明确、行为规范、监督有效、保障有力的行政执法体制，建立健全行政执法评议考核制，加强对行政执法部门及其执法人员行使职权和履行法定义务情况的评议考核，并将考核内容与年度考核结合起来。

（二）全面履行政府职能，不断优化政务环境

1. 积极推进行政管理体制改革

按照党的十七大的要求，进一步深化行政管理体制改革，转变政府职能，强化公共服务，着力改善民生；积极推进大部制改革，优化政府组织结构，增强政府部门间的协调联动，修改完善部门"三定"方案，优化内设机构和人员配置；根据民族地区的特点，探索减少行政层级的路径，在试点的基础上全面推行省管县的财政体制。同时，加快推进政企、政资、政事、政社分开，加快对依附于职能部门的行业协会、中介组织的脱钩步伐。

2. 深化行政审批制度改革

2000～2008 年，青海省先后五批共取消和调整 913 项行政审批项目（其中，取消行政审批项目 599 项，调整行政审批项目 314 项）。2008 年 12 月和 2011 年 11 月青海省人民政府办公厅先后转发省政府法制办、监察厅、省编委《关于深入推进行政审批制度改革继续清理行政审批事项工作方案的通知》，指出了清理工作的重点和任务，明确了具体工作标准和要求。经过长期规范和清理，行政审批事项大幅精简，行政审批行为更加规范，行政审批效率明显提高，行政审批监督力度加大，行政审批制度改革取得了阶段性成效。

3. 大力推行阳光政务

把政务公开作为各级政府和部门施政的基本制度。紧紧围绕建设阳光政府的目标，公开行政机关职权，规范权力运行，不断拓展政务公开的深度和广度。在规范权力运行方面，大部分地区和部门按照省政府政务公开要求，编制了权力运行流程图，明确并公开了行政权力行使条件、承办岗位、办理时限、监督制约环节、相对人权利、投诉举报等内容，固化了行政程序。在推进基层政务公开方面，各地区大力推进乡镇政务公开与村务公开，重点公开"三农"工作决策部署、强农惠农政策措施落实情况以及财政收支、危房改造、异地搬迁、征地补偿、救灾资金、扶贫资金等管理使用情况。在推动公共企事业单位办事公开方面，教育、卫生和食品药品监督、计划生育、供水供电供气、公共交通等公共企事业的办事依据、条件、流程和办事机构、收费标准都基本实现了公开。① 对与人民群众密切相关的行政决策事项、政策规定、审批程序、办事标准等，及时通过《青海政报》、政府网站和有关媒体向社会公开。加强政府网站建设，整合信息资源，推进信息互通和资源共享，及时发布公共信息，为群众参与经济社会活动创造便利条件。

4. 建立健全首问负责制

各级政府机关工作人员对前来办事的群众和基层单位热情接

---

① 史菲：《让群众知道政府怎样干事》，《西宁晚报》2011 年 5 月 17 日。

待，第一位接待当事人的工作人员为首问责任人。首问责任人对群众提出的问题和要求，属于自身职责范围内的，认真负责地处理、答复，并一次性告知相关的办事程序及要求，能办的及时办理；条件不符合或手续不全的，耐心做好解释工作。对不属于本职范围的，说明理由，并告知该事项的具体承办部门和联系电话。

5. 全面推行限时办结制

各级政府及其部门本着高效便民的原则，对所办事项给出办结、答复的时限要求，对特别紧急的事项在规定的期限内加班加点提前完成，不加收任何费用。对领导交办、批办的事项，有明确规定时限的，按规定时限办理。

6. 严格实行服务承诺制

各级政府机关特别是"窗口"单位实行服务承诺制，在遵守法律、法规和有关规定的基础上，将服务事项、内容、程序、标准、依据以及监督办法等向社会公布，向管理和服务对象作出服务质量和服务时限承诺。承诺的内容反映本单位业务工作的重点和群众关心的热点、难点。

（三）严格责任追究，增强政府的执行力和公信力

1. 对行政机关和公务员行政不作为作出了明确的问责规定

2007 年 5 月青海省委办公厅、省政府办公厅批转《青海省行政机关和公务员行政不作为问责暂行办法》。该办法规定，各级行政机关及公务员如不按法律、法规、政策和制度履行职责，对依法办理的事项敷衍塞责、推诿扯皮、拖延不办或拒不办理，从而损害行政管理相对人合法权益，影响机关工作效率，降低工作质量，造成不良影响和后果的，将由行政机关按照管理权限对其机关负责人、领导责任人、直接责任人进行问责。此外，行政机关及其公务员因行政不作为，导致行政管理相对人权益受到损害引起国家赔偿的，将通过司法途径解决。加强政府层级监督。对省政府所属部门、单位和市、县（区）政府落实省重大工作部署不力及工作拖沓、决策失误、失职渎职、道德失范、效能低下、督查不力等行为进行问责。

2. 实行部门首长问责制

2011年7月《青海省实施〈关于党政领导干部问责的暂行规定〉细则》，建立了以部门首长为重点的行政问责制度，明确了党政领导干部决策失误、用人失察等被问责的15种情形，对问责的方式及适用条件、程序做了详细规定。

3. 实行行政监察问责制

以现有政府行政服务中心为基础，建设行政效能投诉中心。在职能上，不仅受理投诉、查处案件，监督检查效能建设情况，而且监督审查制度建设和落实情况。重点对建设工程招标投标、经营性土地使用权出让、政府采购、产权交易等进行规范，杜绝幕后操作、幕后交易。在受理范围上，凡是"惰政不作为""误政乱作为""失德损形象"等行为，都纳入受理范围。在处理投诉上，凡是群众投诉的问题，一律追查到底；凡是查证属实的，一律处理到位，做到有诉必理、有理必查、有查必果、有果必复。

4. 实行行政过错追究制

建立健全行政过错责任追究制，明确责任追究的范围、承担责任的具体单位、责任追究的具体种类、责任追究的具体实施机构、责任追究的具体程序，将责任追究落实到具体的工作岗位和责任人员。坚决查处涉及政府效能和干部作风的案件，加强对违反首问负责制和限时办结制等的责任追究，对责任追究落实不到位的，追究有关责任人的责任。责任追究情况与绩效考评挂钩。典型案件的调查处理，及时向社会公布。

（四）加强干部队伍建设，确保效能建设扎实推进

1. 加大培训力度，全力提高干部队伍素质

各级政府及其部门把提高公务员队伍素质作为基础性工作来抓。不断拓宽干部学习渠道，创新学习内容和学习方式，将组织选调培训与干部自主选学有机结合起来，提高干部的综合素质。

2. 形成基层一线干部培养选拔链

近年来，青海省委组织部坚持注重在基层培养干部、积极面向基层选拔干部的用人导向，健全制度，完善措施，逐步建立了从基层和生产一线选拔党政机关干部的工作机制。

3. 进一步落实干部任期交流制度

对重要岗位负责人和处室负责人定期进行交流，为提高行政效能提供有力的人才保障。

三　青海政府效能建设存在的问题

受传统的行政管理体制的影响，行政机关在职能划分、权责分配、组织结构上还没有完全理顺，决策、执行、监督等方面仍有脱节现象，部分制度不健全不完善，再加上公务员队伍的素质参差不齐，监督问责机制不够健全等原因，青海省各级政府在行政效能建设中还存在许多问题，主要表现在以下几个方面。

（一）政府职能转变不到位

目前，青海省政府机构改革虽然已取得了一定成效，但依然存在一些问题，如部门之间、条块之间协调不够，政府职能转变不到位。重管理轻服务，重事前审批轻事中事后监管。"越位""错位"和"缺位"的问题依然存在。具体表现在：一是"越位"，政府仍管了一些不该管、管不好、管不了的事。一方面，行政审批调整和下放不到位，政府有关部门在市场能做到有效配置资源的地方，仍然管住不放，影响了企业自主经营，不利于平等竞争；另一方面，由于审批权力过大且缺少监督，容易出现行政机关以"以批代管""以罚代管"等问题。二是"错位"，就是不同政府部门之间，职能重叠、交叉，职责不清，各个部门从自己的角度和利益出发进行效能建设，虽然单一部门的效率得到了提升，但推诿扯皮、政令不畅、互为掣肘的现象不能得到有效解决，在政府层级之间，则表现为权力过于集中于上一层级，地方和基层的自主权不够，需要层层请示、层层汇报，以致下属部门要么越权作为、任意作为，要么消极等待、不作为，搞"矛盾上交"，政府工作的整体效率不能得到有效提高。三是"缺位"，指的是有些该由政府管的事政府没有管或没有管到位，从而出现了真空。特别是社会管理和公共服务方面还比较薄弱。此外，由于经济立法不完备、信用和交易秩序不健全、对市场监管不严，还没有形成具有"自动稳定器"功能的市场运行和调节机制。

（二） 政府绩效管理滞后

我国地方政府绩效处于起步阶段，青海省更是相对滞后，更多呈现"政府主导、自上而下、上下呼应"的模式，这与真正意义上的"民众本位"的价值取向存在较大差距。主要表现在：第一，绩效评估中政府既是运动员，又是裁判员，绩效评估的指标、权重都是由政府设计，民众和第三方组织几乎没有或很少参与。第二，评价体系当中，政府"内部评价"的权重高于"外部评价"。内部评价一般采用定性的判断。上级或领导的个人观点、意志左右评估结果，上级的意志往往决定了下级的绩效。即使有公众参与，公众意见对评估结果的影响逊于上级领导的作用，官意代替了民意。第三，很多评估活动是在地方政府主要领导官员的强力推动下开展的，"运动式的评估"色彩明显，其实质是政府内部的自身改造，这种改造带有不确定性和随意性，可能会随着上级的政治意志和职位的变化而变化。第四，在评估结果上，公开性透明度差，奖惩激励力度小，或者干脆不挂钩，对有关责任不予追究，做淡化处理，或者设立过多的"一票否决制"，强化了功利目标，对绩效不满意的原因分析不够，对整改措施研究少，不得力。总之，青海省政府绩效评估带有很强的动态性、不确定性和阶段性等改革的特点，绩效指标体系的标准化、规范化和科学化水平不高。

（三） 行政服务中心的功能未得到充分有效发挥，办事难仍不同程度地存在

目前，仍有一些行政许可事项未按照《行政许可法》要求纳入行政服务中心窗口实行集中办理，保留的行政审批项目依然过多，已经取消或调整的审批项目未得到完全落实。行政服务中心定位不明确，对审批窗口授权不充分，纳入中心窗口实行集中办理的，许多部门领导对窗口人员信不过，不敢放权，担心审批权一旦放给窗口会出现问题，怕承担不起责任。审批问责制尚未全面落实，这些问题的存在严重影响了行政服务中心作用的发挥，制约了行政效能的进一步提高。

（四） 政府公信力不强

政府官员腐败，以权谋私行为时有发生；政府采购监督制约力度不够，暗箱操作，变成了新的垄断；个别基层政府招商引资时热情周到，开出许多优惠条件，但等投资者资金到位后，却不兑现承诺，甚至搞起吃、拿、卡、要的不光彩行为；政府政策连续性不够，说变就变，一届政府一朝政策，"新官不理旧事"，常常是重打锣鼓再开张，影响政府的形象，造成政府公信力不强。

（五）公务员队伍素质和办事效率有待于进一步提高

少数行政机关和工作人员"官本位"意识强烈，处处以管理者自居。部分政府工作人员不注意学习，工作能力差，专业水平低，工作纪律松弛，事业心和责任感不强，工作作风拖拉、敷衍。有人戏称机关办事，群众跑来跑去、领导批来批去、部门转来转去、会议开来开去，最后，问题还是哪里来哪里去。

应当看到，青海省在政府效能建设方面的一些特殊制约因素，市场经济体制发育不健全，政府公共服务半径大、公共服务供给渠道少、生态成本高。

四 加强青海政府效能建设的改革建议

"十二五"时期是青海省加快建设富裕文明和谐新青海的关键时期。要围绕"主题""主线"和"主要路径"，① 以政府效能建设促进富裕文明和谐新青海建设。

（一）进一步转变政府职能

（1）正确处理好政府与市场、社会、企业的关系，进一步明晰政府定位。政府应把更多精力放在社会管理和公共服务上，营造公平的市场和社会环境，将群众的需求作为政府公共部门存在、发展的前提和政府改革、组织设计方案应达成的目标。把政府工作的着重点定位在运用公共资源，凭借公共权威来提供公共物品、管理公共事务、增进公共利益上，推动服务政府、法治政府、廉洁政府的建设转变。

（2）进一步精简审批事项，规范审批行为，优化审批流程。按照市场优先和行政许可法要求，继续清理、减少行政审批、非行政

① 罗藏：《省政府召开全体会议暨全省深化行政审批制度改革工作会议》，《青海日报》2012年1月5日。

审批事项，继续扩大市县经济社会管理权限。进一步规范审批行为，依法设定行政审批，严格审批主体，规范审批收费。优化审批流程，分类指导并规范行政服务中心运行，大力推进和规范网上审批，提高行政审批效率，切实做到公开透明、便民高效。进一步完善审批监管制度，加强对行政权力运行的监督制约。

（二）完善政府绩效管理

1. 建立复合评估主体体系

抛弃传统的单一主体模式，采用政府自身、社会公众、第三方组织机构同时参与评估的模式，采用政府自身的内部评估与政府的外部评估（包括社会公众的参与评估和第三方组织机构的专业评估）同时结合进行的复合模式来对政府的绩效进行更加科学化、合理化、权威化的评估。针对政府、社会公众和第三方组织机构在绩效评估过程中的比较优势和比较劣势的不同，以"扬长避短"为原则，合理划分复合评估主体体系中政府、社会公众和第三方组织机构进行政府绩效评估的主要内容和评估范围。

2. 更加关注绩效评估指标的结果导向

在评估指标上，应更加关注结果（产效）指标。绩效指标体系一般包括五类指标，即投入指标、过程指标、产出指标、产效指标、效率与成本效益指标。政府绩效的测度更应关注结果指标，而不应仅仅关注投入、过程和产出指标。"绩效"在西方又称"产效"，产效区别于产出，是政策产出的影响和效果。"产效"就是老百姓的受益，通过该项活动老百姓得到了哪些好处。而"产出"则是我们做了哪些工作。

3. 规范评估程序

绩效评估应当保持评估程序的稳定性，不得随意变更程序，特别是在一次绩效评估的工作开始后，中途不得随意变更程序规则。应当明确评估程序相应阶段的工作重点内容和方式，确定相应的责任主体，消除扯皮推诿的现象，保持绩效评估程序的流畅和平稳。

4. 加大评估结果的社会监督力度

评估结果在公布前应当与评估对象充分沟通，确认事实和评估成绩，分析原因和分清责任，共同商讨整改措施，在评估事实、成绩、存在问题的性质和原因、整改措施等方面达成共识，应当允许评估对象对异议作出解释和说明，按照规定程序进行申诉。评估结果应当通过政府网站、新闻媒体等渠道发布，接受社会监督和评议，并与奖惩挂钩。

5. 设立独立的绩效管理部门

一方面对各部门的绩效评估结果进行整合汇总，以便公众比较评价；另一方面有选择地独立地对一些部门的绩效进行评估，避免部门自我评估可能产生的"报喜不报忧"和评价失准现象。

（三）努力提高政府公信力

一是要强化以诚实守信为核心的行政道德观、以为民谋利为目的的行政权力观和服务群众的行政群众观等，切实维护好、实现好、发展好人民群众的根本利益。二是进一步健全行政听证制度、政府信息公开制度、行政执法责任制度等，防止行政权力滥用，让权力良性运行。三是做到政策制定程序规范，政策执行严格、公正、文明执法，政策监控通过多渠道的信息发布机制，保障公众的知情权、话语权和监督权。四是要努力健全行政责任体系，特别是出现公共危机时，政府应积极作为，保障公民财产和生命安全，果断、及时地回应公民的要求，取信于民。五是要建立政府公信力评价机构。通过制度化的评价方式对政府公信力作出客观估计，进而推动政府公信力建设健康发展。

（四）提高公务员队伍整体素质，加强机关作风建设

强化公务员"权力型向责任型、管理型向服务型、人治型向法治型"转变的新理念[1]，发扬"人一之，我十之"的奉献精神，大力培养公务员的职业道德、责任意识、敬业精神，努力把真理的力量和人格的力量统一起来，以干部的辛苦指数换取群众的幸福指数，提高公务员的业务能力和服务本领。在公务员队伍中，形成奖优罚劣、风清气正的健康氛围，优化官场生态。同时，进一步加强廉政建设和反腐败斗争，坚决查处违纪违法案件，坚决惩处腐败分子，坚决纠正损害人民群众利益的不正之风。

---

[1] 刘士竹：《加强作风建设提高公务员队伍素质》，《国家行政学院学报》2005年增刊。

提高河南党政领导干部网络
舆情工作应对能力研究

薛瑞汉[*]

　　网络舆情工作是收集、整理、分析和报送网络社情民意，为掌握社情民意和科学决策提供支持的一项基础性工作，包括舆情监测、舆情分析、舆情研判、网络舆论引导、舆情危机应对、舆情工作管理等内容。它是随着互联网及网络舆情的产生而出现的一项新工作，是舆情信息工作的重要组成部分，今后这项工作因互联网影响日益扩大将发挥越来越重要的作用。当前，网络舆情的冲击力与日俱增，在社会转型过程中，如何应对复杂多变的网络舆情，是河南党政领导干部面临的重要课题和严峻挑战。

一　提高河南党政领导干部网络舆情工作应对能力的紧迫性

1. 网络已成为转型期民意表达主渠道

　　（1）网上议事已成为网民参政议政的重要渠道。自改革开放以来，我国社会流动加快，社会结构急剧变迁，各种利益主体不断出现，利益格局日益多元化，人们的利益诉求呈现多样化的趋势。"传统的收集民意、反映民情的办法很难满足多元化社会表达的需要，需要开辟新的渠道为各种利益主体反映诉求、表达思想提供便利。互联网的出现和发展，为人们参与公共事务的讨论，表达自己的利益和要求，提供了意想不到的便利"。[①]

　　＊　作者简介：薛瑞汉，河南省委党校学习论坛编辑部副编审。

　　①　龚维斌：《网络民主正在成为不可阻挡的潮流》，《人民论坛》2008 年第 7 期。

互联网的发展改变了中国的传播格局,它所具备的即时、互动、信息量大等特点为民意表达提供了一个方便而快捷的平台,亿万网民以前所未有的热情参与和推动网络舆论的成长壮大,成为比西方国家互联网还要发达的网络舆论场,而且这种影响方兴未艾。他们从此有机会在公共话语空间说自己想说的,尽可能地表达自己的利益诉求,并通过相关的沟通渠道将这种诉求上传决策层。在网络热点事件中,富人、官员或一些权力部门往往成为舆论聚焦的对象。一旦网络热点形成,各种舆论就会交织在一起,排山倒海而来,逐渐引起了包括各级党政机关和企业在内的社会各界的广泛关注。

(2)网民发表意见的渠道呈多元化趋势。网络环境下的舆情信息的主要来源有:新闻评论、BBS、博客、聚合新闻(RSS)等。网络舆情表达快捷、信息多元、方式互动,具备传统媒体所无法比拟的优势。随着手机的广泛普及以及手机功能的不断开发,手机短信在实践中逐渐扮演起传播媒介的角色。随着3G时代的到来,越来越多的人将手机称为继报纸、广播、电视、网络之后的"第五媒体"。而从中国社会的特殊国情来看,手机新媒体的兴起,将促进社会文明的整体推进。

(3)微博跻身重要网络舆论平台。微博成为杀伤力最强的舆论载体。一是传播的速度更快,方式更发散;二是社交功能大大增强。微博传播不是点对点、点对面的传播,而是裂变式的广泛传播,一个人的微博可以被其"粉丝"转发,再被"粉丝"的"粉丝"转发,不断蔓延。微博作为"个人信息即时共享综合平台"正在深刻地改变中国社会,无论是政治生活、经济生活,还是日常生活,微博的影响力无处不在。尽管微博的规模化成长才仅仅两年,但它已经迅速拥有超过两亿的用户,并且几乎在社会生活的所有层面扮演着重要的角色。目前,国内正在形成一种新的舆论机制,即微博率先报道,传统媒体不断跟进,通过议题互动,共同掀起舆论高潮。

2. 党和政府对网络舆情的重视空前高涨

(1)党和政府日益重视网络的声音。加强舆情工作,是以胡锦涛同志为总书记的党中央为适应新形势新任务而采取的一项重要举措。党的十六大以来，中央高度重视社情民意，反复强调要倾听群众呼声，反映群众意愿，集中群众智慧，更好地推进科学发展、促进社会和谐。中央领导人对互联网的作用和地位也纷纷进行正面肯定。党的十八大后，新一届领导人表现出了对网络社会更高的重视程度。党代会结束仅半个月，习近平就赴改革前沿——深圳考察，借以表达自己坚持改革开放的执政思路。这次深圳之行，习近平专门到腾讯公司进行考察，成为网络热议的话题。

（2）各级地方领导越来越重视与网民开展"面对面"的交流。现在，越来越多的地方官员养成了上网的习惯，通过网络问政于民、问计于民、问需于民，不断畅通和重视网络舆论渠道，让党和政府的执政能力通过网络与民意的零距离而得到改善和提高。据统计，人民网地方领导留言板自 2008 年改版以来，全国30 位书记省长、60 多位地市级领导干部，陆续通过地方领导留言板对网友留言进行公开回复或处理，一批不作为或乱作为的地方官狼狈丢官，直至被追究法律责任。另外，很多全国性与地方性的网络论坛/BBS、微博等也受到重视，很多政府机构和官员建立了官方 ID 或微博，官员级别涵盖了省部级和基层干部等，他们与网友积极互动，引发强烈反响。制度化办理网民留言，也已经成为各地推进网络问政的一种"时尚"。不少地方还纷纷建立网络舆情监测和定期报告制度，设立网络舆情工作办公室，将舆情工作与政府机构日常决策和办公紧密结合，提高了政府工作效率和决策水平。

3. 网络舆情对现实社会具有巨大的影响力

（1）网络舆情对推动社会的进步具有不可低估的作用。目前，网络日益成为热点事件曝光的主要平台和社会舆论的主要源头，网民在突发事件中的反应速度明显提高，现实社会上的许多热点事件会最先在网络上进行炒作，而且会对事件的发展起到强大的推动作用，尤其是社会上关系社会民生的事件和官员腐败事件的发生，会在网络上迅速形成热点事件，引发社会上广大民众的热烈讨论并形成舆情，进而对事件的发展产生巨大的影响力，对事件当事人的处理也会产生巨大的推动力。近年来，无论是赵作海冤案还是"天价过路费"事件等，都在网络上引发了广泛的传播和热议。公众的情绪、意见建议和价值判断等就是通过网络发挥了明显的作用，暴露了隐藏在事件背后的社会动态和社会思潮，并且迫于网络公众舆论的压力，才使事件发展得以发生改变。我国正处于社会矛盾凸显期，利益群体多元化。"一方面，要通过互联网暴露出现实生活中存在的各种问题和矛盾，提示政府及早发现和解决，让网络起到'社会晴雨表'的作用；另一方面，可以让民众的疑虑和不满得到释放、宣泄，可以起到'社会减压阀'的作用"。①

（2）网络舆情是引发各类极端事件的"汇合集中源"。在肯定网络舆论积极正面功能的同时，我们也应该承认，网络世界浩如烟海，信息庞杂，不易管理。网友可以匿名发言，加上信息传播速度快，常常出现情绪化和极端化言论。人肉搜索、跟帖、博客文章等，由于得到网络隐匿性特点的支撑，都有可能成为非理性成分占据较高比例的载体。非理性型的舆论中的极端者，往往混淆视听，且具有极大的杀伤力，与此对应的舆情也表现出程度不等的负面性。当前网络舆情的非理性因素更突出，处理不当甚至会诱发各类突发事件，严重影响社会的稳定和谐。网络虽是虚拟空间，却有强大的动员能力，从虚拟空间走向现实社会，若不能正确对待和处理，也有可能使一些原本不会发生，或原可大事化小、小事化了的事情，演化成一种公共事件，造成严重后果。

4. 提高河南地方政府公信力的客观要求

（1）河南是舆情事件一直高发的省域。据《中国社会舆情年度报告（2011）》有关资料显示，综合2009—2010年各省域舆情危机指数比较，河南处在较高预警级别。从舆情压力系数的增长绝对值来看，增长最多的省份是河南、湖北、湖南和江苏等，增长均在200以上。2011年，河南发生了一系列网络事件，涉及社会的各个方面，其中一些影响巨大，具有典型性，如"天价过路费"事件、"瘦肉精"事件、河南"宋基会"事件、洛阳"性

---

① 人民网舆情监测室：《如何应对网络舆情？——网络舆情分析手册》，新华出版社，2011。

奴"事件。河南作为我国人口最多的省域，加上中原地区相较于
其他省域落后，在公共管理水平和手段上还比较落后，社会矛盾
凸显，青年就业难，官民矛盾，警民矛盾，城管与商贩的矛盾，
经常引发激烈的社会冲突。因此，近年网络舆情热点事件频发，
经常曝出一些惊动全国的突发事件。

（2）网络舆情热点事件的频发很大程度上是基于政府尤其是
基层政权公信力不断下降的事实。当下中国的信任危机，弥漫在
社会的各个方面，怀疑一切，消解一切，用"有罪推定"的心态
打量一切。更糟糕的是，公权力与法律，原本应该是社会诚信的
最后一道盾牌，如今却成了摧毁社会诚信的一股主要力量。最突
出的表现是在网上，无论发生了任何事件，人们总是用拿着放大
镜的心态，关注着事件的每一步进展，当他们发现，事情似乎真
的按照他们所担忧的方向发展时，事件便开始脱离官方的控制，
最终以极端的方式爆发。近年，河南网络舆情热点事件存在着频
发、高发的现象，并且网民最终的目标趋向，无一例外地指向政
府管理过程或管理行为，批评政府不作为或乱作为，使政府的公
信力遭到严重的破坏。

二　河南党政领导干部网络舆情工作中存在问题分析

1. 积极主动用网的意识还很淡薄

（1）无视和轻视网络舆情。一是部分领导干部平时疏于学
习，对互联网不感兴趣，不了解互联网，不会上网，即使上网也
不会应用网络与网民主动交流。办公室的电脑成了摆设，更有甚
者，有的基层干部本着多一事不如少一事的心态来看待网络，对
网上的涉市涉县舆情毫不关心。尽管近年来河南基层干部的网络
知识有明显提高，但总体上与广大网民尤其是网络意见领袖相
比，河南基层干部大多处在"菜鸟"水平。二是部分领导干部认
为，网上信息不可靠，网民意见不可信，网络只是一些无聊之人
发些牢骚的地方，网络热点事件大多是炒作。他们认为网络舆情
不是民意，既无价值，也不会产生很大的影响，不愿重视网络
舆情。

（2）惧怕网络舆情，采取逃避行为。对互联网存在不同程度

的畏惧与畏难心理，是当前河南干部群体中较为突出的问题。面对网络舆论力量的强大，一些领导干部对网络舆情危机很害怕，认为网络舆情是"洪水猛兽"，不仅害怕网络曝光，更害怕自己回应言行的不当而引起更严重的事态。因此，在应对网络舆情变化时畏首畏尾，无奈之下大多采取逃避的行为。

（3）获取信息及发布信息的方式多依赖传统媒体。一些领导干部仅仅满足于从传统媒体上获取信息，他们认为互联网的影响力远不如传统媒体，只要传统媒体不介入报道就可以置之不理，没有看到互联网已经成为人们获取信息的"第一媒体"。

2. 引导和处置网络舆情的理念和方法陈旧

（1）引导和处置网络舆情的思想观念落后。一些领导干部将网络等同于其他传统媒体，依然抱着"媒体完全可控"的传统观念，沿袭堵、闭、封等手段来管理互联网。在一些地方，网上舆情爆发后，一些领导干部首先想到的就是删帖和堵塞言论，并动用公权力对发帖者进行跟踪、报复。这种做法是很不明智的，而且是违法的，如前一段时间曝出的"王帅帖案"。

（2）对网络的特点、规律以及其对舆论导向的影响认识不足。一些领导干部对网络这一新兴媒体缺乏应有的认识，对网络舆情建设重视不够，对引导网上舆论花的心思还不够，缺乏主动引导能力，缺少坦诚沟通的态度，对网络和社会舆论间相互作用的规律不愿把握、不想把握。

（3）网络管理调节手段单一，缺乏针对性。目前河南在应对网络舆情的实际操作过程中，存在过于强调行政命令和使用行政管理的办法。通常就是通过落实网站管理制度，对网站论坛类、交互式栏目管理人员提出明确的工作要求，严格审核发帖内容，采取先审后发的办法，确保网络信息的合法性与主流思想的一致性。这一管理过程，体现了行政命令和行政管理的强制性。

3. 网络舆情收集和分析工作滞后

（1）缺乏全面、科学的网络舆情分析机制。网络舆情分析工作是一项系统工程，必须在平时打好基础。但从实际情况看，河南各地在网络舆情分析方面不同程度地还存在随意性强、方法不科学、缺乏系统性等不足，难以及时提交准确、严谨的分析报告。

（2）网络舆情收集和分析的技术手段比较落后。网络舆情监测的手段比较落后，技术研发严重滞后，技术手段严重匮乏，很多舆情信息是依靠网络管理员或者信息安全人员人工简单监测的，往往只能依靠个人的感觉、经验等收集网络舆情，当特定事件发生后，难以从互联网的海量信息中及时有效地获取深层次、高质量的网络舆情准确信息，给科学决策以及应急处置造成困难。

（3）网络舆情收集、研判引导队伍薄弱。缺乏专门固定的舆情收集与研判队伍，没有形成网上舆情应对合力，不少地方没有配备专门的网络舆情人员，缺少网络舆情监控方面的专业人才和高素质的网络评论员，出现具体工作无人管或无法管的现象。

4. 网络舆情危机处置机制不健全

（1）网络舆情危机处置预案大多是原则性规定，缺少具体的操作指导和演练。一些领导干部对可能引发信访的群体性事件、苗头性问题缺乏政治敏锐性，没有建立必要的组织机构和专业的网络设施保障，对如何处置突发性重大事件没有制定具体的处置预案，一旦发生网络舆情情况，常常会束手无策，不知如何应对。

（2）缺乏专门的常设机构来从事网络舆情的处理工作，也缺乏系统化、制度化的应对机制。即使有些地方初步构建了网络治理和舆情应对的组织体系，但存在着机构不健全、组织不完整、人员不充足等问题。危机处置在横向上是分散管理，各部门各自处理分管领域的应急事务，管理体系是割裂的，没有一个综合的应急协调指挥中心和危机管理体系。

（3）网络舆情危机管理仍然是运动式而非制度化的。当网络舆情危机爆发时，往往是临时抽调工作人员，组成临时处理小组或机构，这些机构具有较强的临时性和不确定性，不利于舆情危机事件的有效处理。

5. 与媒体打交道的能力相对较弱

（1）缺乏同媒体打交道的意识。有的领导干部对新闻媒体还抱着"敬而远之"的态度，不愿意和新闻媒体打交道，面对媒体时排斥、防范的心理居多。有的领导干部对新闻媒体采取敷衍应付的办法，虚虚实实、真真假假，不提供第一手的真实情况。有的领导干部害怕新闻媒体，把新闻媒体视为"洪水猛兽"，一旦出了"负面情况"，回避记者的采访，出现了所谓的"防火防盗防记者"。有的领导干部认为与媒体打交道是宣传部门的事，他们不必也不便参与，与党政的中心工作关系不大。

（2）媒介素养和能力欠缺。一是不了解媒体。对媒体的职能、运作流程很陌生，对媒体监督可能造成的社会影响缺乏充分的认识和估计。二是未掌握媒体语言。有的领导干部应对媒体技巧欠缺，面对记者采访，不知道如何针对群众关注的热点问题，针对记者需求，采用准确的语言陈述事件的性质和进展。在回答记者问题时表达失当，或者口径不一，自相矛盾。三是没有专门的媒体接待预案。记者来到之后不知道向谁汇报，弄不清来意，或者生硬拒绝避而不答，或者不负责任地敷衍一通，甚至表现出敌对情绪，造成工作被动。

（3）干涉媒体的正常工作。有些地方领导干部千方百计地使用各种手段阻挠记者采访和报道；有的直接找到上级新闻主管部门，要求制止报道；有的对记者的采访活动严密监控，对于有可能被采访的群众提前打"预防针"；有的甚至采用曝光胶卷、殴打记者等恶劣行径①。

6. 网络舆情回应机制不及时不完善

（1）网络舆情回应载体建设尚不完善。各级政府网络大多处在初级水平，其功能还很不健全，而且大多数政府网站由于并不是政府部门自主进行维护和管理的，所以在信息管理和行政管理事务处理上并没有做到准确、及时，更多的县级网站仅具有浏览的功能，而且信息长期得不到更新，其行政管理决策回应效能极低，尤其是电子政务至今尚未完整建立，未能形成有效的政府回应网络体系。

（2）信息公开制度不健全。一些领导干部在面对一些重大网

---

① 陈丽萍：《注重提高领导干部同媒体打交道的能力》，《中共山西省委党校学报》2010 年第 2 期。

络舆情时，往往跟不上舆情本身的发展进程，信息公开不够准确、全面、及时，瞒报、乱报和后报问题比较突出，引起网民的猜疑、反感，错过了改变舆情意见流向和正负态势的良好时机，往往造成网民的情绪淤积到一定程度，舆论的意见分布对政府部门极为不利的时候才开始介入干涉。如河南杞县"钴60"事件，传言引发了民众集体大外逃，当地官方信息公开的滞后，越发给谣言以滋生和传播的土壤。

（3）新闻发布方式尚待改进。网络新闻发言人的设立是传统新闻发言人制度在互联网空间的延伸和拓展，是政府信息公开的一种新渠道和方式。虽然一些地方试图通过建立网络新闻发言人体系来有效应对网络舆情，但在许多问题上，这种形式的采用仍停留在事后的被动反应上，主动出击意识尚显不足，这使得权威舆论在信息链中往往处于防御状态，工作较为被动。

三 提高河南党政领导干部网络舆情工作应对能力的基本思路

1. 认真学习互联网知识，不断提高领导水平和驾驭能力

（1）充分认识网络传播的特点，主动接受网络化、信息化时代的挑战。领导干部要了解网络民意，首先要把握网络传播的特点。一个缺乏传播理论知识支撑的人，由于没有真正了解和掌握网络传播规律，事实上难于驾驭网上信息传播和舆论发展。因此，领导干部不仅要通过学习具备一定的网络传播理论修养，提高自身的网络交流能力，而且还要在网络技术应用不断发展的进程中，进一步深化和创新传播实践，丰富自身的传播经验，主动接受网络化、信息化时代的挑战。除了个人学习之外，政府机构可以通过举办专门的培训班、业务讲座等形式进行有计划的培训，并形成制度，不断提高领导干部的网络传播理论素养，克服网络"本领恐慌"。

（2）坚持经常上网，熟悉并运用网络了解民意、推动工作。一是提高上网意识，养成良好的上网习惯。当今时代，互联网是各种社会思潮、各种利益诉求的集散地和意识形态的较量场。不

上网、不重视网络建设、不会充分利用网络的领导，不能算是一个现代化的领导。领导干部，除了读书、看报、听广播、看电视外，还要养成上网的"第五习惯"。二是明确上网途径，掌握上网用网技术。领导干部对互联网的使用不能仅仅停留在打字发文、浏览信息等对网络的一知半解上，还应具备网络运行规律的掌控能力、网上信息的甄别能力、网上舆情的研判能力。要有善于利用网络获取和把握信息、利用网络搜集和把握社情民意、利用网络与网民互动交流等方面的能力。掌握网络舆情分析方法，用科学的方法对网络舆情信息进行集中、归纳、提炼，去伪存真、分析综合，得出正确的结论。掌握网络交流工具，通过论坛、聊天室、电子信箱、博客、微博、微信等多种形式与网民交流，引导群众思想和社会舆论。三是用好网上资源，推动工作开展。第一，改进工作方式和工作作风。领导干部要善于通过互联网掌握社情民意，为科学决策提供依据。应该自觉地参与网络互动，平等地与网民交流，在听取网民意见和建议的过程中发表自己的看法和意见，实行双向交流沟通。进一步加大对网民有效留言的收集、督促落实和网上回复的力度，明确专人，落实责任，完善制度，使网络成为群众与党委政府互动的重要平台。第二，改进执政方式。以更加有效的方式收集群众的意见，倾听群众的呼声，以更加平等的方式与群众交流，以更加开放的方式和开明的态度对待群众的意见，急群众之所急，想群众之所想，想问题办事情做决策，充分听取各方面的意见，特别要重视听取弱势群体的意见，把满足群众正当的利益诉求作为领导干部的工作准则。

2. 建立网络舆情监测与引导机制，有效把握网络舆情

（1）建立网络舆情收集机制。首先，衡量和判断网络舆情信息价值的大小。在网络舆情的监测环节中，技术层面已经没有问题。随着第三代语义网技术的成熟和完善，这类技术并不局限于传统的关键字检索，而是可以自动分析、识别任意信息中的主要概念，并且对这些概念进行排序。如北大方正推出的方正智思信息搜索平台、谷尼国际推出的 Goonie 互联网舆情监控系统等，这类系统可以根据新闻出处权威度、评论数量、发言时间密集程度等参数，识别出给定时间段内的热门话题，利用关键字布控和语义分析，识别敏感话题。其次，发现和筛选网络舆情的主要方式，一是浏览新闻网站。浏览新闻网站是收集网络舆情的最直接渠道之一。二是浏览论坛、博客、微博、贴吧等网上信息互动平台。三是网上调查。再次，组建网络舆情收集队伍。由政府牵头，从各部门特别是网络舆情集中部门、电信部门抽调专业人员集中办公，行使类似于"110"指挥中心接警员的职能，负责通过"网络舆情检测系统"或手动搜索收集监测区域内的网络舆情，并制定网络舆情收集规范运作机制，对网络舆情按责任部门、责任区域、所属类型、涉及事项、跟帖议论情况、轻重程度分门别类，逐项纪录。① 最后，建立日常网络舆情收集制度、专题网络舆情收集制度、网络舆情信息收集联动制度等各项规章制度，设计刚性的制度规定，有序地进行网络舆情信息收集工作。

（2）建立网络舆情分析机制。建立网络舆情分析机制是整个网络舆情工作的关键环节。一是建立网络舆情的分析研究机构。这类研究机构要对网络舆情进行定期监测和分析，不仅提供网络舆情信息，而且分析、研判网络舆情的现有问题和发展走势。二是在鉴别信息真伪、把握总体态势、发现苗头动向、预测发展趋势、提出科学对策的原则指导下，科学合理地运用定性分析与定量分析相结合、人工搜索与技术检测相结合、深度加工与本色反映相结合、综合分析与专题分析相结合等分析方法，进行系统梳理整合各种信息。三是确定一套科学的网络舆情信息鉴别、筛选、整理和提炼的分析基本流程，按照初步判别、深入分析、综合研判、报告写作等四个环节进行网络舆情的分析。

（3）建立平等交互、以疏为主的网络舆情疏导机制。一是建设地方重点网站，加强主流声音。虽然网络中传播主体多元化，但人们对主流媒体的信赖感是不会轻易改变的，而地方重点网站及传统媒体网站无疑具有这种让人们信赖的权威性与品牌优势。政府可以在资金、政策上对地方重点网站给以扶持，形成一支政

---

① 王南江：《浅析政府机关在网络舆情应对工作中存在的问题及改进建议》，《公安研究》2010 年第 5 期。

府管得住、网民信得过的主流网络媒体，加强对网络媒体的管理，努力掌握网络舆情宣传阵地的主动权，正确引导网络舆情。二是发展本地论坛，培养"意见领袖"。要优先发展本地论坛，本地搞得好，外面的负面消息自然就少。同时要培养专业型"意见领袖"，改变"大而全"的策略，走精准化路线，集中力量打造特定领域的民意主导者，在保证其拥有基本社会道德的基础上，更加重视他们在专业的、特定的领域内的权威。要给"意见领袖"认同感和荣誉感，让他们觉得充任"意见领袖"有实现自我价值的荣耀，营造一种高文化素质、符合网络环境和规律的氛围。三是综合利用多个网络舆论引导载体，立体化多渠道展开舆论疏导工作，保证网络信息互动实现方式多样化、便利化。

3. 完善网络舆情应对处置机制，保证舆情应对的常态化、规范化

（1）完善新闻发言人制度。一是主要领导直接推动，各部门通力协作，建立健全新闻发布制度，确保新闻发布工作规范有序。二是新闻发布可以采取多种形式，借助多种媒体灵活进行。除召开现场发布会，接受电视、报纸等传统媒介采访，以及通过网络在线与网民实时对话沟通等外，可以将网络新闻发言人和网络信息发布设立为常态的制度。三是加强新闻发言人队伍建设，提高新闻发言人的素质。要多方面采取措施，不断提高新闻发言人的素质。第一，建立新闻发言人的选拔机制，将具备较强业务素质、较好专业技能的人才选拔为新闻发言人，把好"入口关"。第二，实现新闻发言人专职化和专业化，确保他们能够在工作实践中积累必需的工作经验。第三，做好新闻发言人的培训工作，充分利用党校、行政学院、高等院校的师资力量和教学设施，积极开展多种形式的委托培训和合作培训，以丰富新闻发言人的新闻知识，加深他们对网络传播规律的了解，提高他们的语言表达能力、应变能力、心理承受能力和政策水平[①]。第四，制定切实可行的新闻发言人问责机制，具体规定新闻发言人承担责任的情况主要有：信息不公开、信息

---

① 孙发锋：《网络时代政府危机公关的路径选择》，《领导科学》2011 年第 2 期。

公开不及时、信息公开不准确等，新闻发言人及相关直接责任人将对自己的不作为行为承担法律责任。通过问责机制的推行，使各级新闻发言人敢于直面媒体和公众，对社会关切不回避，对媒体咨询不推诿，对重大事件不失语，对热点问题不搪塞；使各级新闻发言人必须从工作大局出发，认真履行职责，不说假话，不无故拒绝采访，不对社会舆情熟视无睹，要以及时准确的发布满足公众的知情权。

（2）建立网络舆情的协调联动机制。一是在原有的各级政府公共突发事件应急管理联动的组织结构和联动部门的基础上，由宣传部门牵头成立网络舆情应急处理中心，构建基于政务协同的危机舆情应急联动信息平台，制定危机舆情治理的部门协调联动机制。当出现重大危机网络舆情时，可由应急处理中心向政府应急管理办公室汇报相关舆情信息，同时向各职能部门发出危机舆情警示信息，由政府应急管理办公室协调各职能部门，启动突发网络舆情应急预案。二是制定详细而周密的网络舆情危机阶梯预案。除了制定"网络舆情联动应急机制总预案"外，还可以借鉴《国家突发公共事件总体应急预案》，将危机分为四级，即Ⅰ级（特别重大）、Ⅱ级（重大）、Ⅲ级（较大）和Ⅳ级（一般）。每一等级都由不同级别、不同范围的力量参与到危机应对中，根据危机的等级调动与之对应的资源和力量化解危机。

（3）健全网络舆情的善后处理工作机制。一是信息机制。继续追踪和掌握事态发展的有关信息，尤其要注意观察事态有无反复迹象。二是指挥机制。由拥有法定权力的领导和部门负责人组成指挥部门，仍然担负善后工作指挥职责，统率相关系统开展扫尾工作。三是执行机制。由党政职能部门、司法机关、相关社会组织和事发单位组成，负责善后工作的具体落实与执行。四是监控机制。由有关领导、新闻舆论、相关社会组织和利益集团组成，密切关注善后工作，监督有关政策和措施的最后落实情况。

4. 放大主流声音，营造良好舆论环境

（1）用社会主义核心价值观占领网络舆论阵地，允许批评意见存在，同时加以正面解读。一是以"八荣八耻"为标杆，树立社会主义荣辱观。我们在网络舆论引导方面要达到这样一种目标，要使"热爱祖国、服务人民、崇尚科学、辛勤劳动、团结互助、诚实守信、遵纪守法、艰苦奋斗"等良好的风尚得到网民的认可和褒奖，要使"危害祖国、背离人民、愚昧无知、好逸恶劳、损人利己、见利忘义、违法乱纪、骄奢淫逸"等不良思想和行为受到网络舆论的指责、鞭笞和唾弃。[①]

（2）通过体现民意的政府议程引领媒体议程和公众议程。一是找准政策议程、媒体议程与网民议程的结合点。政府议程设置的理想状态是政府要说明的政策议程、媒体感兴趣的媒体议程、公众关心的公共议程三者之间的完美结合。二是以中华民族传统美德为基础，形成完整的社会主义核心价值体系和道德评价体系。我们应当以中华民族的传统美德为基础，结合互联网的发展实际需要，建设社会主义核心价值体系，以此为导向，形成是非分明、扶正压邪、惩恶扬善的网络舆论氛围。三是放大正面舆论，巩固正面形象。要有意识、有策划、有组织地将正面内容在网络传播中加以集中和放大，使之产生积极的传播效果，进而树立正面形象。可以通过网络新闻、论坛、博客等各种呈现方式表达，特别是要结合一些重大事件或活动，组织网络媒体在相对集中的时段和重要的位置推出，以实现在网上的聚焦和放大作用，使政府决策的权威性与新闻报道的影响力相结合，在公众当中形成广泛的舆论反响，最终实现媒体议题传播、网上讨论引导、网民认同支持的合力效应。四是把握好议程设置的时间点。网络信息传播的即时性和快速性，决定了议程设置的时间点就是把握议程设置主动权和引导权的生命线。从传播扩散到形成网络舆情指向的大方向，需要的时间大概就是事发半小时至一个半小时之间，这一时间是危机处理和对舆情风向进行引导的最佳时机。此外，另一更重要的时间节点是事发后的 12 小时。超过 12 小时，有关新闻即由地区性局部话题转向区域性甚至全国性的热点话题。五是注重多种传播媒体的综合运用。传统媒体与网络媒体在信息传播中的互相依托、互相渗透，造成信息与意见传播中的舆

[①] 曹劲松：《政府网络传播》，江苏人民出版社，2010。

论发酵更为充分，影响力度更为强势。因此，在传播议程设置中，政府一定要注重传统媒体与网络媒体的综合运用，尽量让传统媒体舆论与网络媒体舆论交相碰撞，引发共振，以提高舆论引导的效能。

（3）引导网民理性思考，杜绝网络暴力。要进一步提高网民的媒介素养，引导网民对各类议题进行理性思考和文明对话，制止网络讨论中的诽谤和谩骂等人身攻击行为，杜绝网络暴力，营造良好的网络舆论环境。一方面，我们要充分发挥正面网络舆论的作用引导、教育、劝阻、唤醒被蒙蔽和误导的网民；另一方面，我们应该毫不犹豫地运用法律武器，严厉打击非法活动和各种破坏分子，维护社会稳定。

5. 提高与媒体打交道能力，建立良好的媒体公共关系

（1）学会在媒体监督的常态下工作。领导干部正确对待媒体监督，自觉发扬党的批评与自我批评的优良作风，是努力提高民主政治建设水平和党的领导水平、领导能力的重要体现。各级领导干部在实际工作中，要摒弃媒体监督就是"唱反调"的错误认识，真心诚意地欢迎媒体监督，放手让新闻媒体对那些迫切需要解决的问题进行监督。同时，各级领导干部还要善于借助各种传播媒介，通过多元化、立体化的传播途径和方式，把党和政府的大政方针、存在困难、某些失误等告知公众，并取得他们的理解和肯定。学会在媒体监督下开展工作、改进工作，建立完善媒体监督反馈机制，加大工作的开放度和透明度，避免舆论炒作和社会传闻对工作造成的被动局面。

（2）对媒体的不实报道要予以宽容。宽容媒体的不实报道就是宽容舆论。政府官员作为公众人物，本身就是为公共利益服务的，而且他们这个群体具有普通公众没有的权力和资源，具有较强的抵御侵害的能力。他们对于自己不认同的报道，可以通过让有关部门披露情况，或者召开记者招待会，让新闻发言人来澄清事实，来削减因不实报道带来的影响。强调社会对媒体的宽容态度，并非为媒体谋求特权。"社会也有理由要求媒体要严于自律，认真细致采写，一旦有错及时更正，有的还要准予辩驳，严重失实还要适时、自觉地进行道歉。对于蓄意的严重的虚假报道，则可以诉诸法律，依法惩处。"① 现实中，当媒体和我们的看法一致时，善待媒体并不难。关键是当媒体发布了一些与我们的想法、看法不尽相同的新闻信息时，特别是在批评报道失实的情况下，我们是否还能做到宽容舆论。善待媒体、宽容舆论树立了政府形象，反映了政府的气度。领导干部只有善待媒体、宽容舆论、学会与媒体打交道，才能以此为契机，做好和谐社会构建的各项工作。

（3）掌握必要的媒体应对原则和技巧。一是提高媒介素养。各级领导干部在日常工作和学习中，要不断提高对新闻宣传工作的认识，不断学习掌握新闻媒介的基本知识和理论，熟悉平面媒体、电子媒体、网络媒体的特点与规律，全面了解新闻媒体的运作方式和工作程序。二是遵循真实性原则。领导干部面对媒体的采访，一定要坦诚相待，以事实为依据，客观真实地传递信息，做到客观、公正、全面。在主动回应媒体的时候，应用事实说话，通过有据可查的数字、清晰可见的视频、有关事件的目击者等，来说明事件的真相和问题的来源，从而增强说服力，赢得公众支持，在舆论面前制造强势，获得主动权。三是注意掌握一些回答问题的基本技巧。在应对媒体的时候，应该采取简洁实用的方式，该说的话不要含糊其辞，不该说的话绝不能画蛇添足。不要讲难懂的专业术语，也不要讲官话、套话，应该清晰、准确地表达出自己的意思，避免任何负面的、非建设性的话，更不要节外生枝，带来被动。对于一些不便回答的问题，可以采取委婉的方式进行回避。

6. 重视网络监督，厉行官员问责制

（1）重视网络监督。一是善于利用网络了解社情民意。领导干部不能仅仅满足于从传统媒体上获取信息，这样掌握的信息会有偏差，应该善于利用互联网，到网络上去吸取民智、体察民情、倾听民声。针对网民广泛关注的社会问题，参考网民提出的建议，领导干部可以及时捕捉社会矛盾的动态，迅速抓住社会矛盾的关键，通过网络广纳民意、体恤民情、倾听民声，获取真实

---

① 孙旭培：《宽容媒体出错推进舆论监督》，《南方周末》2008 年 4 月 20 日。

的第一手资料，从而因时、因地、因人制宜，制定和实施正确的行政决策。二是善于利用网络迅速决策。网络监督是维护社会稳定的需要。在遇到突发事件时，传统媒体的报道速度一般比网络迟缓，一些重大突发事件刚一发生就能在几秒钟内传到互联网上。领导干部借助互联网可以在第一时间了解事情真相。近年来，河南某些地区连续发生的一些重大事件都是当地媒体隐瞒，在网上连续报道后才真相大白的。领导干部如果经常上网，就能对突发事件作出及时反应、快速决策，不至于给工作带来被动。三是善于利用网络发现腐败线索。领导干部，尤其是纪检委等相关监督机构，广泛关注网民所曝光的腐败犯罪行为，要循着网上提供的线索深入调查，弄清真相，对腐败分子绳之以法。通过网络监督的巨大影响力给有腐败心理的人以极大的威慑力，促使他们不得不收敛自己的言行，从而达到倡廉的目的。四是善于以坦诚的姿态应对监督。坦诚地对待网络监督，自觉地将自己的一举一动、一言一行置于网民的监督之下、评说之中，不但是一种领导美德，更是领导素质和领导胸怀的体现。

（2）厉行官员问责制。近年来，政府在突发事件应对和舆论危机管理方面的最大进步，就是逐步认同了一个观念，即事件处置第一位，舆论引导第二位。对于转型期错综复杂的"问题"，既要弄清"怎么看"，更要明确"怎么办"。"怎么看"是舆论引导，"怎么办"就是解决问题。"怎么看"固然重要，但"怎么办"更为关键。目前，多数政府部门遭遇突发事件和舆论质问时，已经习惯于双管齐下：一边对媒体报道和互联网舆论"灭火"和"造势"，一边迅速解决舆论关切的实际问题，安抚当事人，甚至在事发 24 小时内即对不当作为的官员"问责"。如河南郑州市副局长"替谁说话"事件的处理，当地政府领导采用了低调而简洁的处理手法，将逯军停职调查，果断切割，避免了"越抹越黑"的被动循环，同时又有效地减弱了负面影响。① 所以，对网络舆情的处置要落实干部问责，互联网或者参与揭开事实真相，或者形成强大的民意压力，致使一批不

---

① 付银生：《网络舆情挑战官员智慧》，《人民论坛》2010 年第 8 期（上）。

作为或乱作为的官员狼狈丢官，直至被追究法律责任。这就要求我们尽快完善领导干部问责制，依法严肃处理造成恶劣影响的直接责任人。同时，对那些恶意散布虚假信息或对网络监督压制、打击、报复的，要依据情节轻重和危害程度，采取行政和法律手段进行惩处。

进一步深化天津市行政许可
（审批）制度改革研究

张霁星[*]

行政许可服务的水平又是区域经济发展的"晴雨表"，大凡能够向社会提供良好行政服务的区县，企业密集度就比较高，当然财税收入也比较好，经济发展与社会进步也比较容易进入良性轨道。

就天津市目前状况而言，无论是市内六区还是其他区县，行政审批制度改革的力度、行政许可服务中心的建设和行政许可服务水平，基本上与区域经济发展水平相辅相成。或者说，从一定意义与角度方面看，经济发展的水平，基本上也就反映了区域政府的行政服务水平。市内六区中，南开、和平、河西经济发展水平相对较高，这三个区的行政审批制度改革、行政许可服务中心建设和行政许可服务水平恰恰也都走在前列。

近年来，天津市的行政许可制度改革在全国处于先进行列，但如果对照天津市处在滨海新区开发开放前沿的战略地位，对照广大公众对优质行政许可服务的热切期待，对照市场经济发展的强烈需求来看，进一步深化改革的空间仍然很大。

一 天津市行政许可制度改革已经取得的显著成就

自从 2004 年 7 月 1 日《中华人民共和国行政许可法》正式颁布实施以来，天津市的行政许可服务理论研究和行政审批制度改革的实践探索，在全国始终处于领先水平。

---

* 作者简介：张霁星，天津市行政管理学会副会长兼秘书长、研究员。

2004 年 5 月 26 日，"全国迎接行政许可法实施与转变政府职能研讨会"在天津召开，会议由中国行政管理学会、天津市行政管理学会联合主办。全国各地代表共 210 人参加会议。国务院法治办公室原副主任孙琬钟，中国行政管理学会原会长郭济，全国人大、国务院办公厅、全国政协、中纪委、国务院法制办等部门领导参加了会议。会议形成的《专家学者对行政许可法实施的意见与建议》上报国务院办公厅，国务院秘书长华建敏、副秘书长徐绍史，天津市长黄兴国、原市政府秘书长何荣林都做了重要批示。

2007 年 10 月 11 日，由天津市行政管理学会联合中国行政管理学会和天津市南开区政府共同主办的，以"深化行政审批制度改革，提高行政服务质量，推动经济社会和谐发展"为主题的"第二届全国行政服务创新论坛"在天津市会宾园学术报告厅举行。全国政协副主席、中国行政管理学会名誉会长李贵鲜为论坛发来贺信。中国行政管理学会会长郭济，国家监察部原副部长左连璧，中共中央国家机关工委原副书记周敬东，中共天津市委常委、市纪检委书记臧献甫出席会议。来自全国 18 个省市和各高等院校 189 位代表出席会议。

2010 年 7 月 21 ~ 23 日，全国第三届行政服务创新论坛在天津市召开，由中国行政管理学会与天津市行政管理学会以及和平区政府联合举办。

这些重要理论研讨会议在天津召开，在全国树立了天津行政许可研究的学术地位，对展示天津市行政许可制度改革的理论研究和实践探索成果，宣传和树立全市形象，产生了非常积极的社会影响和推动作用。

天津市的行政许可制度改革的实践探索，始终受到全国各个省市和专家学者的高度关注，主要表现在以下三个方面。

一是在全国率先成立了省（市）级行政审批管理办公室和行政许可服务中心，全市原 18 个区县政府行政许可服务中心也基本建立。2004 年 7 月 1 日《行政许可法》颁布实施至今，全国共有天津、安徽、四川、陕西、吉林、西藏等 6 省（区、市）相继建立了省（区、市）级行政许可服务中心，比较而言，天津市行政许可服务中心是全国建立最早、环境最好、功能最完善、一直保证正常运行的比较成功的省级中心之一。而天津市基本建立的各区县行政许可服务中心，大多数运行良好，并且得到了社会各界的认可与好评。

二是区县级行政许可中心建设争得了几项全国"之最"。天津市南开区行政许可服务中心的成立和挂牌运行，被中央电视台等多家重要媒体报道为"全国最大的、成立最早的区级行政许可服务中心"，2002 年又在全国首创了"超时默许"新机制，先后几十次获得了国家和市、区级奖项，并于 2006 年荣获第三届"中国地方政府创新奖"。紧随其后相继挂牌的河西区、塘沽区、和平区、北辰等区县的行政许可服务中心，设备更齐全、环境更优良、服务更规范。

三是各级行政许可服务中心不断探索体制与机制创新，各具特色的单项改革成果突出。近年来，全市各个区县的单项行政许可制度体制与机制创新日新月异，成效斐然。

天津市静海县是全国最早、最有深度、最全方位进行"审批权相对集中并与监管权分离"改革实验的区县之一，或者说是唯一实现了审批权与监管权初步"集中"与"分离"的区县。

和平区行政许可服务中心大胆探索公共管理的多元化改革，以"政府花费极其低廉的价格买服务"的形式，极具前瞻性地引入社会中介组织进入中心，使过去聚集在中心周围的半公开活动的中介组织和中介人员"变地下为地上"，以窗口接件的方式进入中心参与提供公共行政服务，不仅降低了行政成本，提高了审批效率，优化了服务环境，还在审批过程中形成了不同社会结构之间的监督与制约，取得了良好的效果。据了解，和平区这种政府花钱买服务的形式，目前在全国各级行政许可服务中心都是唯一的。

河西区行政许可服务中心把企业质量标准管理引入政府管理，在全市的区级行政许可服务中心率先进行"ISO 2000"认证，既规范了行政审批服务流程，又使中心领导找到了一种途径或"抓手"对窗口人员进行有效管理。

塘沽区行政许可服务中心为社会提供规范服务和为企业提

供亲情服务，深受社会各界好评，经市区政府有关部门的推荐，被中共中央组织部、中共中央宣传部、人力资源和社会保障部、国家公务员局隆重授予"人民满意的公务员集体"光荣称号。

二 天津市深化行政许可制度改革中存在的问题

笔者认为，当前天津市行政许可服务方面存在的问题主要有以下五个。

一是行政许可事项仍然过多。应进一步对照落实《行政许可法》，本着"可管可不管的事情不管"的原则继续减少审批事项，也即"能减则减"。

二是行政审批环节较为复杂，流程较长。应本着精简、高效、便民的原则，研究如何进一步简化审批环节，缩短审批流程。能够合并的事项，可以合并的环节，应尽量大胆合并，以简化环节，缩短流程，进而提高审批效率，也即"能并则并，能缩则缩"。

三是行政审批事项仍然过于向上集中。有些审批事项哪怕是"忍痛割爱"，也应本着只要是有利于激活市场，有利于企业发展的原则，尽量下移或下放，最大化地让基层自主，让企业自主，让民营企业、中小企业的经济发展环境更宽松，社会环境更包容，也即"该放则放，能放就放"。

四是行政审批"前店后场"和"厅外审批"问题没有彻底解决。行政许可服务中心"只是接件"的现象仍然存在，有些应当进入中心大厅的审批事项还没有进入中心大厅，审批事项还较为普遍地分散在一个局的多个处室或多个科室，"两头审批""多头审批"的问题并没有真正解决，应该进入和能够进入中心大厅的许可和服务事项应当尽量进入中心大厅，也即"该进则进，能进就进"。

五是全市各区县行政许可中心建设发展不平衡，管理体制不统一，各个区县单项改革的好经验没能够互相借鉴。有的区县行政许可服务中心处于"半休眠"状态，不能保证正常运行。有的区县中心没有专职负责人员，职能作用不明显。

三 深化行政许可制度改革的建议与对策

第一，建议在全市推广静海经验，实行审批权的初步集中并与监管权初步分离。

相对集中行政许可权，《行政许可法》和国务院有关文件都有原则规定。

首先，《行政许可法》第 26 条规定："行政许可需要行政机关内设的多个机构办理的，该行政机关应当确定一个机构统一受理行政许可申请，统一送达行政许可决定。行政许可依法由地方人民政府两个以上部门分别实施的，本级人民政府可以确定一个部门受理行政许可申请并转告有关部门分别提出意见后统一办理，或者组织有关部门联合办理、集中办理。"

其次，2003 年《国务院办公厅关于贯彻实施行政许可法工作安排的通知》提出："地方人民政府要积极探索建立相对集中行使行政许可权制度和行政许可的统一办理、联合办理、集中办理制度。"2004 年国务院《全面推进依法行政实施纲要》也提出："继续开展相对集中行政处罚权工作，积极探索相对集中行政许可权，推进综合执法试点。"

由此来看，实现行政许可权的初步集中，也就是把分散在各处室或各科室的行政许可权，初步集中到本委局的一个处室或科室，然后集中进入行政许可服务中心大厅，是有比较明确的法律依据和政策规章依据的。并且，天津市静海县已经于 2009 年初进行了这样的实践探索，全县各个有行政许可权的委、局，都已经把行政许可事项（或者说是行政许可权）初步集中到一个科室，而后统一进入行政许可中心大厅。这种改革虽然有一定的阻力，但是只要领导重视并真下决心，是完全能够推动成功的。

第二，建议组织全市行政许可服务中心"互访互学"，变各区县的单项经验为全市整体优势，变"点"上的经验为"面"上的成果，使全市行政许可服务质量再上新台阶。

虽然各个区县区情县情可能有所不同，因而行政许可服务中心服务特色也可以不同，但是每个区县的好经验、好做法，能够互相借鉴的应当尽快互相借鉴，绝不能"唯特色而特色，唯创新而创新"，不能因为要保持自己的特色，好的经验就不愿让别人学走；更不能为了创新，眼看着别人的好经验而不想去学，没有去学，自己非要再搞出一个不同于别人的东西来。总之是不能"各干各的"。

和平区把中介组织引入大厅和实行"一机双屏"，南开区的"一表通"和"局长接待日"活动，河西区的"标准质量管理"，塘沽区中心成为全国"人民满意的公务员集体"，这五个区县的五种不同的好做法、好经验，基本上都应当成为全市各个行政许可服务中心的共同做法，尤其是"相对集中行政许可权"和"一机双屏"、"一表通"以及实行"标准质量管理"这几种做法，是其他区县都能做到的。因此，笔者建议，在全市搞一次总结推广和平、南开、河西、塘沽等各区县单项改革先进经验的活动。只要被实践证明是成功的经验，只要是合法的、合理的、科学的、能方便申请人的，都要互相学习和借鉴，变"点"上经验为"面"上的成果，再次推动全市行政许可服务水平实现又一次提升。

第三，建议在基础较好的区县大胆尝试审批权与监管权真正分离的试点，为全市乃至全国进一步深化改革摸索经验。

目前，理论上对于《行政许可法》中关于相对集中行政许可权存在狭义和广义两种理解。

狭义地理解相对集中行政许可权是指《行政许可法》第26条之规定："行政许可需要行政机关内设的多个机构办理的，该行政机关应当确定一个机构统一受理行政许可申请，统一送达行政许可决定。行政许可依法由地方人民政府两个以上部门分别实施的，本级人民政府可以确定一个部门受理行政许可申请并转告有关部门分别提出意见后统一办理，或者组织有关部门联合办理、集中办理。"

广义地理解集中行政许可权是根据《行政许可法》第25条规定的情形，即"经国务院批准，省、自治区、直辖市人民政府根据精简、统一、效能的原则，可以决定一个行政机关行使有关行政机关的行政许可权。"即经有权机关批准，将有关行政机关的行政许可权集中起来，交由一个行政机关统一行使，行政许可权相对集中后，原审批机关不再行使审批权，通过机构合并和重组成为专门行使监管权的行政机关。

这样的改革可能被认为是过于理想化的，当然也是难度非常大的，因为它涉及和触动的利益面，几乎覆盖了所有的行政执法部门和审批机关。这样的大动作确实有些"惊心动魄"，但却是在全国"开行政审批制度改革之先河"。如果市委市政府真下决心，有在全国"先行一步"的胆略和气魄，成功的可能性还是有的。其理由如下：

（1）有《行政许可法》第 25 条的法律依据；

（2）有党中央和国务院给地方政府行政管理体制改革充分的预留空间（在全国第六次机构改革，也即本次大部门体制改革之中，深圳的机构改革，尤其是广东佛山顺德区的党政合一式的大部门体制改革，都说明了中央给地方的改革预留了充分空间）；

（3）有天津滨海新区开发开放、先行先试的舆论氛围；

（4）有市委市政府坚强有力的领导班子，各区县政府和基层政府全面支持市政府工作，服从市政府决策的行政基础；

（5）有全市正在开始区县级政府大部门体制改革的有利契机；

（6）有本市民营企业、中小企业发展不尽如人意，门槛高、许可难，行政服务重审批、轻监管，服务就是收费、严管就是罚款，企业倒闭容易开张难等一些实际问题需要突破某些瓶颈才有可能得到改善或解决的实际需求。

刚性原则与弹性空间

——论地方政府行政服务中心的发展趋势

宋林霖*

伴随着经济与社会发展水平的不断提升，我国原有行政审批制度的弊端日益突出。改革行政审批制度，是深化行政管理体制改革的重要内容，是完善社会主义市场经济体制的内在要求，是从源头上预防和治理腐败的重要举措。党的十八大报告指出：要"深化行政审批制度改革，继续简政放权，推动政府职能向创造良好发展环境、提供优质公共服务、维护社会公平正义转变。"地方政府普遍成立的行政服务中心作为一个新事物，发展很快，但有关基础理论的模糊成为其再提升的突出障碍。厘清行政服务中心的内涵，构建适当的研究基本框架，在探讨现存突出问题的基础上，分析其发展过程中一些带有规律性的问题很有意义。

一 地方政府行政服务中心的内涵

行政服务中心是一个总的称谓，具体命名各种各样，诸如行政审批服务中心、行政服务中心、市民中心、政务服务中心、政务中心、投资服务中心、政务大厅、招商服务中心等。名称各异的原因在于各地对其内涵的认识不一致，大部分行政服务中心管理办法甚至就没有对概念的界定。比如，上海市行政服务中心管理办法指出"行政服务中心是指实施政府公开，提供政务服务的

* 作者简介：宋林霖，黑龙江大学政府管理学院副教授、硕士生导师，吉林大学行政学院博士。本文发表于《南开学报》（哲学社会科学版）2013 年第 4 期。

平台，包括各级政府行政服务中心、管委会行政服务中心、部门行政服务窗口等"①。江西省政府规定："行政服务中心是政府设立的为统一办理、联合办理、集中办理行政服务事项提供的咨询、服务场所。"② 江西省新余市政府规定："本办法所称行政服务中心，是指各级人民政府及其所属部门设立的统一办理、联合办理、集中办理行政许可、非行政许可审批、公共服务等事项的综合服务平台。"③ 浙江的规定则是，"行政服务中心是为政府职能部门统一办理或者集中办理、联合办理行政许可提供服务的场所，其运行经费由财政予以保障"④。不难发现，对于行政服务中心的功能、属性及特征，各地方政府认识差别很大，甚至在江西内部，省政府和新余市政府的规定都不一样。

事实上，从地方政府行政服务中心自下而上发展的实际情况看，其定义区分为广义和狭义两类比较好。广义的行政服务中心，是指具有一站式服务形式的政府平台。狭义的行政服务中心，仅指以组织、协调和监管政府不同部门间审批权为核心功能的便民服务平台。省、市、县、乡统一设立的服务机构都属于狭义范畴。两者的区别在于，广义的行政服务中心包括政府部门内设的服务平台，如福建省 2013 年 2 月正式启用的公务员局行政服务中心办事大厅，就是将该局承担的行政许可、非行政许可审批、转变管理方式事项和公共服务事项原则上全部纳入统一办理；有些省市设立的国土资源交易中心、房产管理服务中心、交通安全服务管理中心、海关服务大厅、会计服务大厅等，也属广义范畴（见图 1）。

从本质上看，行政服务中心是地方政府在面临如何划分市场与政府的边界所遇到的挑战时，摸索出的一套相对可行的制度模式，总特征是以审批项目整合、审批环节精简和审批效率提速为

---

① 《上海市行政服务中心管理办法》，沪府发〔2012〕91 号。
② 《江西省行政服务中心管理暂行办法》，赣府厅发〔2006〕5 号，2006 年 1 月 18 日公布。
③ 《新余市行政服务中心管理办法》，余府办发〔2012〕1 号，2012 年 1 月 9 日。
④ 《浙江省行政服务中心管理办法（试行）》，浙政办发〔2004〕85 号。

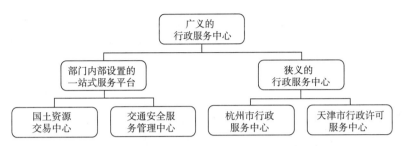

图1 行政服务中心的广义与狭义定义之间的关系

主要功能，将各个部门的部分或全部的审批权限和办公地点集中在一个平台内部。本文的研究主体是狭义的行政服务中心。

二 行政服务中心的探源及主要分类

有学者认为，1995 年深圳率先将外商投资审批有关的 18 个政府部门集中起来，成立的"外商投资服务中心"是国内最早的专业性联合审批行为。[①] 但是，据笔者考证，此前 10 年，便已出现了行政服务中心的雏形。1985 年，广州为方便外商来穗投资和从事经贸活动，创造性地提出"集中政府涉外部门在一个屋檐下办公"的设想，集中工商、税务、开发区三个政府部门和信托、劳务、法律、保险、外贸等九家咨询服务公司，在东方宾馆一条200 米的走廊里办公，形成了"外经贸天下第一街"[②]，这是国内行政管理中最早使用的"一站式服务"模式。

1988 年，广州在全国成立了第一家专业性协调部门间审批的政府机构——"广州市外商投资管理服务中心"，中心的职能很明确，负责统筹、协调、检查、督促全市外商投资合作事宜，统一管理"外经一条街"（广州市对外经济贸易事务总汇），做好外商投资的指导、咨询、协调、服务工作，驻"外经一条街"的各机构的原隶属关系不变，业务活动由中心统一管理、监督、检查服务态度、工作作风、收费标准，以及充实服务内容，提高工作效率和服务质量。"中心"不代替各综合管理部门行使审批权，

---

① 沈荣华等：《从服务结构转身看体制改革逻辑》，《理论探讨》2012 年第 3 期。
② 《广州外经贸一条街 20 岁》，人民网，2005 年 11 月 10 日。

亦不包办他们的日常事务，但各综合管理部门要主动配合、支持中心的工作，"尊重"中心的决定，属于区、县、局权限的审批利用外资项目的协调工作，由区、县、局负责，协调不了的，可由中心帮助协调。中心的组织机构设置了秘书处、项目部、事务部、建设部、咨询部，中心的工作理念为"效率、服务、互利、信誉"①，在功能、组织机构和原则理念方面基本上形成了行政服务中心的最初形态。

之后的近二十年时间内，行政服务中心进入了快速发展阶段，至 2011 年底，我国 31 个省（区、市）共设立行政服务中心 2912 个（含各级各类开发区设立的服务中心），其中，省级中心 10 个，市（地）级 368 个，县（市）级 2534 个。30377 个乡镇（街道）建立了便民服务中心。2011 年，全国省级行政服务中心共办理各类审批和服务事项 227.7 万余件，按时办结率达到 98%②，在数量激增的同时，各地根据不同的情况也建立起了各种形式的服务中心，大体上可以分为如下几类。

第一，按行政层级分类。我国目前已建立的行政服务中心有四个层次，中央层级的政府没有设置，省级（直辖市）政府的行政服务中心，主要针对企业（但是直辖市还有服务市民功能），有部分中心是"一套人马，两块牌子"，行政服务中心是物理载体，且具有审批办公室的功能；地市级政府、区县级政府的行政服务中心，由于和市民的联系比较紧密，所以服务对象既有企业，又有市民，例如杭州市行政服务中心，既包括市民中心，又包括公共资源交易中心；乡镇级政府由于处于基层，和百姓的日常生活联系紧密，面对企业审批的职能比较少，所以一般称为便民服务中心，如千斤乡便民服务中心、沙窝镇便民服务中心等。还需特别提到的是村（社区）级的便民服务室，市、县、镇、村四级联动的格局，层级特征的规律主要是层级越低，实体平台的面积越小，审批项目入驻的数量越少，为自然人服务的功能越

---

① 《关于广州市外商投资管理服务中心职能的通知》，穗府办〔1988〕75 号。

② 中国行政管理学会课题组：《政务服务中心建设与管理研究报告》，《中国行政管理》2012 年第 12 期。

明显。

　　第二，按中心的机构性质分类。一是派出机构型。作为政府的派出机构通常不具有行政主体资格，但在有法律法规明确授予权的情况下也可以自己的名义作出行政行为，成为行政主体。[①]例如南昌市湾里区行政服务中心，为区政府派出机构，正科级建制，参照公务员管理。二是临时机构型。一般系由组织法规定，由行政机关根据需要设立，属于得到授权的行政主体。[②] 由于临时机构的设立不需要履行组织法的批准程序，因而在实践中具有明显的灵活性特点，优点为此种组织弹性最大，随时可组成可撤销，人数可多可少，任务可随需要而定，且不涉及组织法规的修订，缺点为成员不易专心处事，也易引发工作协调方面的问题。[③]三是事业单位型。具有事业单位性质的行政服务中心一般具有相应的行政授权的行政主体，是政府直属部门，理论上拥有直接接入行政审批活动的资质或是能够协调各行政审批部门的权力，但在实践中存在"丫头管小姐"的问题，很难对拥有公务员身份的窗口人员实行有效的绩效考评。四是正式政府机构型。主要是行政服务中心真正拥有行政法意义的政府机构身份，具有主体资格，并从审批权的委托转变成审批权的专有，例如2010年6月苏州市吴江区成立的行政服务局。但是无论哪种类型，人员编制都比较少，一般管理人员都是事业编，或是主要领导是行政编，其他人员是事业编。

　　第三，按服务对象划分，可分为综合型和专业型。大多数中心属于综合型。它们的服务对象既包括企业又包括个人，按照"应进尽进"的原则，最大限度地考虑到方便公民办事。如扬州市行政办事服务中心进驻行政机关56家，中介组织14家，办理事项538项，并设立了12个分中心。专业型中心主要是把与投资、工程有关的审批事项放进去，审批项目的集中度较低，办件量较少。如泗洪县投资服务中心以投资项目为主，进驻单位12

　　① 皮纯协等：《行政法学》，中国人民大学出版社，2002，第76页。
　　② 罗豪才：《行政法学》，中国政法大学出版社，1996，第84页。
　　③ 参见曾繁正《行政组织管理学》，红旗出版社，1998，第98页。

家，办理事项仅 30 项。

第四，按平台形态来分，可分为实体型、网络型。实体型中心就是指有固定的物理场所，各窗口部门和服务对象可以面对面地进行咨询、解答和办理相关事项。目前这种实体大厅也将业务部分的或全部的流程在网上进行操作，来保证效率和方便政务公开与效能监察。网络型中心是指没有实体的物理载体，中心只是利用互联网，在虚拟的空间中对服务对象提供服务。在大厅业务不多，审批事项比较固定的情况下，多数地方采用这种方式，如黑龙江省网上服务大厅。

三 地方行政服务中心进一步发展与完善的难点

行政服务中心的繁荣发展，触动了传统的行政文化、提高了政府的工作效率、带动了政府的组织结构变革。但是，作为一种新型的行政服务机构，其在发展过程中必然会受到传统观念的影响，加之缺乏有效的府际沟通和相关理论滞后，难免在建设过程中出现问题。伴随着行政服务中心发展迅速的另一面是其潜藏的深层矛盾逐渐凸显，在形式上表现出了普遍的不完善性，整个社会对当前行政服务中心建设的质疑和比较悲观的预测逐渐蔓延。如果不能正确引导政府和公众对行政服务中心现存难点的客观认识，就容易导致管制思维犹存、部门利益泛滥、形式主义严重等问题卷土重来，并严重地制约下一步我国行政服务中心的发展。

（一）消极被动：服务理念亟待转变

行政服务中心进入全面发展阶段以后，出于"学习效应"，一些地方没有做好前期准备工作就仓促组建，进驻部门的业务量较少。受"上下对齐"习惯的制约，不少地方市、区两级行政服务中心的功能趋同，有些区级中心开业之始就面临关门的困惑；出于部门利益考虑，有些部门一部分行政服务项目进驻中心，另一部分行政服务项目进驻部门开办的专业中心，甚至一部分项目仍然分散在内设科室和二级机构。所有这些，都造成了资源、资金、人力的浪费，加大了行政服务成本。或是相似功能的多家服务中心在地理位置上较为接近等原因，造成了部分行政服务中心的人员素质、管理水平和服务状态参差不齐，有些行政服务中心出现了空壳现象，闲置率上升。

最近的新闻报道中经常出现行政服务中心窗口工作人员工作时间上网聊天、看电影、吃零食、带孩子、脱岗等问题①，反映了对窗口工作人员管理方面存在制度执行漏洞，考核机制不健全、监督管理不到位。而如何高效发挥已有的制度功能，建立可行的长效配套管理机制，并对进驻的窗口审批许可的项目根据经济社会发展情况的变化来合并、退出和新增，是行政服务中心服务水平可持续提高的难点和重点。

（二）形象工程：审批事项有待规范

行政许可项目的清理是行政审批制度改革的重要内容，是行政服务中心运行的工作或辅助工作的内容之一，也是中心得以良性运行的基本前提。国务院各部门先后共取消、调整审批项目1806项，实现了大幅度减少行政审批事项的目标。各地方政府也按照要求，普遍开展了行政许可项目的清理和规范工作，对本行政区域内保留的行政许可项目进行了清理、公布。但是由于行政审批的专业性强，清理后仍然存在项目过多过滥、程序繁琐、精简不到位的问题；有的部门为了自身利益采取"明减实存"的办法，巧改名目取消的项目，尽量保留对本部门有利的审批事项；有的部门虽然看似精简了审批环节，但审批事项的前置条件可能会更复杂。另外，由于各地推进行政审批制度改革工作的进度、深度不同，在行政许可的认定标准方面存在着差异，各省之间和省、市、县之间保留的行政许可项目数量不同、名称不一、内容差异、上下难以对应；对于这些保留的行政许可项目，各地的许可部门虽然也公布了相应的办事指南，但这些办事指南在各地的内容并不一致，甚至对同一个许可项目，规定也不尽相同，而且这些办事指南并非规范性文件，严格说不具备法律效力。这些问题的存在，导致各地的行政许可项目难以统一规范，削弱了行政审批制度改革和行政服务中心工作的严肃性，影响了按照法制统一的原则，依法监管和向社会提供规范的政务服务。

---

① 《上午10点半，上杭行政服务中心即景》，《福州日报》2013年2月4日。

（三）各自为政：宏观协调举步维艰

"行政服务机构中的横向窗口单位之间缺乏协调，成为了制约中心运行和发展的核心问题。"[1] 行政服务中心的内部结构和工作机制与政府其他职能部门有着较大的差异。中心的组织结构呈二元特征，即内部有两个层次：一是中心管理层。其工作人员的行政关系、工资关系、组织关系全部转入中心，工作经费由财政全额供给。管理层不是执法主体，没有具体执法权，在工作中只是代表政府对进驻中心的窗口单位及其工作人员和办理的审批业务进行管理、协调、指导、服务和监督。二是窗口服务层。由窗口单位派驻中心的工作人员组成。窗口工作人员除组织关系转入中心外，其行政、工资等关系仍在原单位。窗口服务层具有执法资格，代表单位行使法律赋予本单位的审批权力。由于这种特殊的管理结构，各地行政服务中心尽管都制定了严格的绩效考评细则，但是也仅是从进驻中心的各职能部门的工作人员的服务质量进行考评，而整体上对整个窗口审批业务的协调和调度仍显乏力。

（四）雾里看花："寻租"现象难以避免

行政审批制度设立的初衷是政府为规避市场失灵与社会自律不足而实施的必要的前置性管控手段，在帮助市场主体提高风险预防能力、分配稀缺资源、保障人民生命财产安全等方面发挥了积极的作用。但是，由于对专业技术部门权力监管有限，即使将行政审批的部门通过行政服务中心的平台集中到所谓的"阳光大厅"，"阳光大厅"内布满了监控摄像头，在整个审批流程部门化操作的背景下，技术的先进不能从根本上弥补制度的漏洞，权力寻租很难避免。一方面，行政服务资源分散，监管不力，不请不送事难办的现象时有发生；另一方面，监管督查资源分散，两办督查室、纪委、监察局、公开办、廉自办、优化办、效能办、投诉中心等分设，各有其监管侧重点，难以形成合力，对项目进入中心集中办理、联合办理、最大限度地实现行政服务资源最优化

---

[1] 傅思明：《行政审批制度改革与法制化》，中共中央党校出版社，2003，第43页。

缺乏监管督查的支撑。

（五）重视不够：网络平台进展缓慢

为了解决行政服务中心"收发室"问题——各个入驻中心的部门在窗口收件，然后再转回原部门审批，大部分中心都使用了电子审批系统。网上审批平台的使用，不仅保证了各类信息资源的共有共享，各种交流互动的便利快捷，也进一步确保了服务中心在行政服务环节和方式上的细分细化。但是，现实中网络平台的建设存在若干阻力：基于安全保密的原因，部门强调部门的行政审批业务和部分审批业务依据等信息属于保密范畴，必须做到绝对保密；推行网上行政协同审批，必将会进行审批流程的重整、规范和优化，将申请的条件、审批流程和审批结果公开化，这就必定会出现行政审批权力的转移，削弱部门和部门领导的权力；窗口工作人员的专业素质较差，一些人以计算机水平有限为由，拒绝使用电子系统；各地使用的审批信息系统软件不一致，如工商等国家垂直管理的部门都有自己独立的系统，甚至一个部门内部不同科室也有各自独立的操作系统，条块分割的问题明显。这些因素的存在使得网上审批功能不完善，只能进行简单的办事咨询、资料下载、结果查询，网上全程审批业务数量有限，审批电子监察系统对被考核人员的测评内容和手段较单一，目前还只是集中在时效、业务量方面，对程序是否合法、审批是否规范、服务态度和服务质量是否良好无法进行绩效测评。所以各部门审批业务的协同，审批流程的无缝对接和信息共享未能在电子网络平台上全面实现。

四　刚性原则与弹性空间的统一，促进并巩固行政服务中心的发展对策

"中国模式"成功的最重要原因就是实现了规范性和灵活性的完美统一。从实际出发，不拘泥于理论，结合自身发展的特点与需要进行资源的充分整合。行政服务中心作为改革开放以来的重要机制创新，它的长远发展取决于中央政府严格细致的制度支持和地方政府因地制宜的政策实验。刚性原则在宏观层面保障行

政服务中心规范运行的可能，而预留一定的弹性制度空间在微观层面供给中心持续创新的智慧与动力，两者缺一不可。

（一）刚性原则——规范行政服务中心的机构性质和归属部门

中央政府层面的政策指导。行政服务中心的建设没有可供借鉴的样本。尽管这给地方政府提供了更多的创新空间，但也暗含了其管理体制中诸多问题出现的不可避免性。鉴于行政服务中心的发展已进入探索阶段的后期，也考虑到地方政府领导的重视程度至关重要，所以建议中央政府出台一个统一的政策或规定，对建设过程中遇到的重要问题做系统的研究，以便在原则和方向上给予这一建设以适当的指导，并在必要时可将地方政府行政服务中心的建设水平作为绩效考评的一部分。

省级政府层面的法规出台。行政服务中心发展中遇到的主要问题之一，就是合法性地位缺失和全国统一制度框架的缺乏。至少在省一级，需要出台明确的地方性法规来规范行政服务中心的机构性质和职责定位。机构性质方面，目前，有些地方政府在实施《公务员法》的过程中，将中心划为事业单位，按事业单位进行管理，限制了中心的发展。进入大厅集中办公的部门，大多为行政单位，事业单位监管行政单位的业务办理，在实际工作中既缺乏权威，也难以协调关系，直接影响行政服务中心的工作力度和效果。行政服务中心主要是根据《行政许可法》第 25、26 条的规定而成立的综合监督协调机构，基本具备参照公务员法管理的条件。2006 年，四川省以政府令的形式发布了《政务服务监督管理办法》，明确县级以上人民政府设立的政务服务机构为行政机构，并对政务服务的监管作出了明确规定。建议各省级政府尽快出台相关办法，将各级行政服务机构明确为行政机构，机构管理人员设置为行政编制。

中央及地方编制办公室的归口管理。行政审批是政府管理和服务社会的一项重要职能。行政服务中心的主要职能是协调各个部门的行政审批工作。行政审批是一个庞大的系统工程，涉及面广，工作量大，关系到政府的各个职能部门，综合协调和监督管理的任务繁重，实践要求有一个对口的政府机构来履行这方面的职责。由于没有统一的归口管理，致使政府对行政许可实际运行情况的监督管理缺位，不能有效地对全国的政务服务工作加强统一规范和业务指导，不利于行政审批制度改革的进一步深化和政务服务中心的建设发展。在调研中，笔者发现，相当多的专家与实践者都建议，不必要建立一个专门的行政许可监督管理机构。中央机构编制委员会办公室的主要职责之一，就是协调党中央各部门、国务院各部门的职能配置及其调整，协调党中央各部门之间、国务院各部门之间、党中央各部门和国务院各部门之间以及各部门与地方之间的职责分工①。因此，由中央编办归口就是一个顺理成章的选择。四川省已经明确规定，省编办要"加强对省级各部门行政审批事项的清理、调整，进一步减少具体审批事项"。② 所以，可以考虑在全国范围内将行政服务中心暂归口于中央编制委员会办公室统一管理。

（二）刚性原则——统一规划电子审批平台建设的时间表和路线图

目前，行政服务中心出现的办公环境局限、窗口人员服务水平的规范化监管不力、审批流程的效率难以真正提高、部门条块间矛盾突出等问题，解决的首要前提和突破口是行政审批网络平台的普及和完善，行政服务中心建设应当有效利用现代信息和通讯技术，向社会公众提供电子化信息服务和实现横向、纵向的信息共享。行政服务中心的电子政务建设一共分为三个部分：一是行政服务中心内部的网络办公系统；二是行政服务中心与其他政府部门之间通过计算机网络进行的信息共享和实时沟通；三是行政服务中心与公民在网络上的互动信息交流。③ 中央政府和省级政府在适当的时候应出台统一的政策指导性意见，按照统筹规划、整合资源、分步实施的战略，确定行政审批信息系统建设的时间表和路线图。

---

① 中央机构编制网，http：//www.scopsr.gov.cn/。
② 四川省政府网站，http：//www.sc.gov.cn/。
③ 刘春春：《地方行政服务中心的困境与改革研究》，《江西行政学院学报》2011年第1期。

　　将行政服务中心的网络平台建设纳入电子政务建设的总体规划，与各级政府网站的建设与完善工作相结合，统筹规划、同步推进。行政服务中心的信息化建设可以依托省级政府统一的政务网络平台，实现各级政府政务网络平台与行政服务中心及部门局域网的联网，真正开展网上审批、电子监察等跨地区、跨部门的协同办公业务，做到行政服务中心与窗口之间、窗口前台与部门后台之间、各部门之间的信息共享、协调联动。要充分利用现有政府信息化资源平台，实行各级政府网络平台与政务服务中心及部门局域网的联网，各部委的政务大厅和省、市、县政务服务中心应尽快形成规范统一、上下联动的电子政务审批网络体系。通过加强政务服务中心电子政务建设，建立政务服务办公系统，实现行政审批项目数字化管理，使政务服务中心更好地发挥协调监督作用，进一步方便群众办事。当前电子政务水平低、信息资源难以共享等问题，严重制约了行政服务中心的进一步发展，迫切需要在全省的层面统一规范。

　　统一省级地方内的行政服务中心信息化建设的标准。目前，各地行政服务中心分别委托软件公司开发行政服务中心应用系统，成本高，同时由于缺乏统一技术标准，不利于行政服务中心之间的互联互通。建议制定行政服务中心信息网络平台统一标准，通过公开招标的形式，确定一家资质全、实力强的软件公司长期服务，不仅建立统一的数据交换平台，形成全省行政服务中心之间规范统一、上下联动的行政审批电子网络体系，有效解决行政审批业务在同一层级和不同层级机关之间的沟通协作问题，而且更为重要的是，伴随着行政审批制度的深化改革，有些部门自身的行政审批的环节变动频繁，行政审批系统的后期维护和实时跟进是系统能否顺利运行的重要保证。

（三）弹性空间——构建符合地方特色的综合公共服务平台

　　行政服务中心的成立和推广源于中央为地方政府预留的制度空间。行政服务中心的进一步发展，除了要在制度框架内，实现基础职能的统一、归口管理的统一与网络平台系统的统一外，从国情考虑，由于区域差异大、经济发展不平衡等，地方政府仍应在行政服务中心的具体功能层面保留创新的活力和激情，构建符合本区域特点的综合公共服务平台。

构建家庭服务网络中心。例如，天津8890家庭服务网络是市行政许可服务中心社会服务平台的主要构成部分，设在市行政许可服务中心的大楼内，负责为市民和企业间提供信息对接服务，由市民家庭自主选择服务性企业。提供服务的企业可按市场机制收取有偿服务费用，并依法承担其服务业务应负的法律责任；热线服务人员24小时接听求助电话，快捷地联系能够提供服务的加盟单位，并跟踪听取和记录市民对服务结果的满意度。除市话费外，使用热线没有任何费用；8890网络对加盟企业也不收取任何费用。

8890对加盟成员建立了一套严格的诚信管理机制，每一件事项都要按照市民对企业提供服务的评价，记入该加盟企业的诚信记录，软件管理系统会自动根据市民的评价，对企业的诚信度进行加减分，诚信度高的企业在系统中会自动排在前列，从而会被优先推介。当加盟企业出现失信，将根据实际情况给予警示，直至解除加盟关系，如想重新申请加盟，则需一年后，经审查合格，方可重新加盟。在天津8890家庭服务网站上，市民和企业还可以查询到所有加盟企业完成8890推介业务情况的诚信记录。从2005年2月成立至今，该平台运行正常，得到了公众和企业的认可，截至2012年4月18日10：40，共接收消费者求助10656539件，办结10646733件，消费者对加盟企业满意率达99.89%。[①]

构建政社和谐的互动平台。例如，杭州市"市民之家"是行政服务中心的一个重要组成部分，"市民之家"包含"实体市民之家"和"网上市民之家"，是杭州服务型政府的缩影，设置办事、互动、资讯三大服务平台，集中了方便办事、政社互动、资讯交流三大功能，是杭州面向市民个人的综合性政府服务平台。办事服务平台与资讯服务平台发挥了行政服务中心的常规服务功能，包括行政许可和政务公开；政社互动服务平台，是杭州市"市民之家"政府和社会良性互动的创新功能载体，经常举办政

---

① 《天津市万事通：今天您拨"8890"了吗？》，人民网，2012年5月8日。

策宣讲、市民意见征询、市民交流、市民文化展示、市民提高自身修养等活动，并形成了比较细化和相对完善的长效公民参与机制，包括市民代表机制。2012 年 1 月，杭州市委办、市政府办联合下发了《关于建立"市民之家"市民代表工作机制的实施意见》《"市民之家"市民代表管理试行办法》两个文件，在制度上确立了市民代表的选拔、管理、奖励及退出的具体程序，保证了市民代表的广泛性、公正性和合理性。网络问政机制，是指进驻市民之家的网络节目《杭网议事厅》，主要依托于杭州网，由党委政府、市民和媒体三方参与，《杭网议事厅》将"线上互动"与"线下为民办实事"有效结合，既能"议事"也能"办事"，既强调"上网访民意"，更注重"下网解民忧"。2012 年《杭网议事厅》共计策划推出了 50 余场互动访谈活动，截至 12 月底，频道总点击达 2722 万人次，网民意见建议留言 3000 多条，共收到信访件 3626 件，办结率 99.2%。社会组织发展扶持机制，主要是指"市民之家"专门设有"社团活动办公室"，负责与民间社团组织联系，安排免费的活动场所。①

五 对地方行政服务中心发展态势的几点分析

行政服务中心的出现及功能的完善，使法制政府、服务政府、透明政府、廉洁政府、高效政府的目标可能成为现实，某种意义上行政服务中心在公民和企业心中已然成为政府的代名词，政府对合法性和公信力的特殊需求导致了被称为"二政府"的行政服务中心不仅不能突然消失，而且要发展得越来越好。发展的方向主要包括以下几个方面。

由单一管理向兼顾服务与管理的方向转变。行政服务中心最初建立的目标主要是强化集中审批，提高审批效率，协调审批部门的服务，但随着政府职能的不断转变，行政审批制度改革的深化，行政审批项目的逐渐减少，审批程序逐渐简化，行政服务中心的主要职能逐渐从审批为主体转变至为公民企业服务，培育和孵化社会组织为主的方向，从而带动整个政府转变观念。

① 杭州市市民之家官网，http://www.hzggzy.gov.cn/。

由注重审批向注重后续监管转变。行政审批制度改革最终的目标不是政府取消审批，而是政府如何通过审批环节的减少和流程的再造处理好政府、市场和社会之间的关系，寻找到一个三方受益的最佳平衡点，所以行政服务中心在审批制度改革初期主要是为了协助其他相关部门削减审批事项，减少审批环节，缩短审批时限，提高审批效率。但随着管理的规范化、制度化，行政服务中心应逐步向程序的重新设计转变，降低企业准入的门槛，强化后续的监管，减少政府在前置审批过程中过多可"设租"的环节，防止腐败的滋生，这也是发达国家审批制度的基本发展方向。

由注重实体大厅为主的建设向注重网络平台为主的建设转变。基于目前审批制度的环节仍然比较复杂，专业性较强，另外企业和公众对于计算机技术的使用还存在局限，各地行政服务中心仍是以实体大厅服务为主，逐渐加强电子审批平台的建设。但是，随着行政审批制度改革的不断深入，信息技术的不断发展，以电子审批平台为主，实体大厅为辅，甚至在有些层级政府以电子平台替代实体大厅，将是未来的趋势。这既节省了行政成本，又能够促进行政效率的提高和监督系统的完善。

总之，行政审批制度的改革已进入攻坚区，寄希望于部门自愿上交权力，显然是不可行的。冲破部门利益的藩篱，让审批环节真正减少，让企业在宽松的环境中发展，通过制定严格的监管程序，从"严进宽出"的高准入标准管理过渡到"宽进严出"的高违规成本管理，必须要提前进行"顶层设计"。虽然，在现有的法制、体制和技术框架内，行政审批制度改革和行政服务中心的建设发展遇到了一些阻碍，但是，只要中央政府在制定刚性原则时为地方政府保留适当的弹性空间，地方政府保持创新的主动性和积极性，通过积累量的变化促成质的飞跃，将行政服务中心建设从目前的"自下而上"为主转变到"上下联动"的方式，地方政府行政服务中心这种"公开、透明、廉洁、高效"的"一站式"新型运行方式就会日臻完善，从而加快和推进行政管理体制改革，实现政府职能的真正转变。

三　政府管理创新

国际大都市政府管理体制改革与创新研究

陈奇星[*]

2012 年 5 月，上海市第十次党代会报告提出，今后五年工作的总体要求是：以邓小平理论和"三个代表"重要思想为指导，深入贯彻落实科学发展观，坚持创新驱动、转型发展的总方针，坚持深化改革、扩大开放，奋力推进"四个率先"、建设"四个中心"，推动经济平稳健康发展，积极推进民主法制建设、维护社会公平正义，着力提高人民生活水平、促进共同富裕，不断提高党的建设科学化水平，努力建设经济活跃、法制完善、文化繁荣、社会和谐、城市安全、生态宜居、人民幸福的社会主义现代化国际大都市。

建设现代化国际大都市对上海政府管理提出了新的更高的要求。理论研究和各国实践表明，包括政府体制在内的制度优势，在提升城市国际竞争力、保持创新能力和持续增长的过程中具有关键的作用。

"他山之石，可以攻玉。"建设现代化国际大都市，应按照成熟、规范的现代市场经济的要求，结合中国国情和上海实际，大

---

*　作者简介：陈奇星，上海行政学院公共管理教研部主任、教授。

胆吸收和科学借鉴伦敦、纽约、东京等现代化国际大都市政府管理体制和管理方式的有益经验，以开拓创新的精神，不断推进上海政府管理体制创新，进一步提高城市政府的治理能力和管理水平，为上海迈向社会主义现代化国际大都市提供与其功能、特点相适应的行政管理体制和运行机制。

一　国际大都市政府管理体制改革的主要做法与趋势

20 世纪 90 年代以来，在经济全球化背景下，以政府职能重新定位、公共行政权力重新分配、政府组织结构重新设计、公共人事制度重新整饬、公共服务方式重新选择为核心内容的公共行政改革席卷世界各地。纽约、伦敦和东京等国际大都市政府在这股改革浪潮下也对其职能、作用、角色、机构、人员等进行了改革，这些改革折射出国际大都市政府管理体制改革的共同趋势。

（一）以突出市场化为主要特征，调整政府职能

政府职能调整是国际大都市政府管理体制改革首要的和核心的问题。近年来，国际大都市政府职能调整突出市场化的特征，主要体现在：一是政府职能由管制型向服务型转变。这是市场经济条件下政府职能性质定位的根本性调整。通过改革，抛弃传统的管理思维方式、政府治理模式、政府组织框架、政府治理工具，不断提高公共服务质量。二是调整政府与市场和社会的关系。主要途径是压缩政府经济管理职能，减少政府对经济活动的直接干预，如伦敦市政府很多经济管理职能已转由社会和市场承担，政府直接控制的领域仅限于维护社会秩序、提高社会管理水平、发展教育文化事业和公共卫生事业及少数行政性事务，而极少干预经济活动。同时，政府向社会进行更多的分权，发挥市场机制和社会组织的优势，构建政府、市场、社会"三维共治"的新格局。三是引进市场机制和社会机制。主要表现为政府公共服务职能输出机制的市场化和社会化，即政府负责统筹规划，企业和社会组织负责生产和经营。如此既减轻了政府的财政压力和减少了官僚主义，又充分利用了市场机制和社会组织机制的优势，提升了公共服务产品的供给质量

和供给能力，同时也提高了公众对公共服务的自由选择度与满意度。四是放松政府规制。主要体现在政府放松对下级部门和公务员的严格控制，赋予其一定的自主权；减少对经济的强制性干预，更多的利用市场机制来调控企业的行为；减少对经济和社会事务的"前置性"干预活动，放宽市场准入，强化"事后"的动态监管。

（二）改革行政组织体制，构建适应信息化时代要求的城市政府运行机制

国际大都市政府在职能调整基础上，亦非常注重政府内部改革，其重点是改革传统僵化的行政组织体制，构建适应信息化时代要求的更为灵活的政府运行机制。一是按照决策与执行相对分离的功能配置，重组政府部门的职能分工和机构设置。如英国伦敦在政府管理体制改革中，设立了交通局、首都警察局、伦敦发展署和伦敦消防队四个执行部门，具体执行市长的战略决策，履行相应的公共职能。二是实行大部制，精简有关政府部门、强化部门首长的行政责任，减少横向协调困难。坚持业务工作相关或能合并的只设立一个部门，避免职能交叉与机构重复，减少协调中的摩擦。如巴黎市政府只设办公厅、情报和对外关系总局、监察和管理处、城市整治局、建设和住房局、路政局、总务局、财政和经济事务局、文化事务局、国有事务局、工商业服务局等 11 个行政机构。三是利用电子网络信息技术进行"政府再造"，发展"电子政务"，全面提升政府在信息时代的治理能力。政府再造的内容包括政府的权力配置、职能分工、层级关系、部门设置、组织结构与工作流程的全面转型。通过政府职能的模块化、工作流程的一体化，提高政府运作的透明度和效能。

（三）强调公共服务对象顾客化，实行公共服务方式多样化

为了提高公共服务质量，改善公共部门形象，国际大都市政府均强调以顾客为导向、以顾客为服务中心、用企业精神来改革公职人员观念，特别重视吸引公民的参与和对公共部门的监督，注意倾听公民对服务的各种要求。如纽约市政府要求各部门制定"顾客服务标准"，其内容包括：认清哪些人是或者应该是本机关服务的顾客对象；征询顾客的意见，了解他们所要求的服务标准以及对现有服务的满意程度；将服务标准和衡量方法公布于众，用企业界的最佳标准衡量政府的顾客服务标准；向顾客提供可供选择的服务资源和传送手段，以及提供表达意见的途径，使信息和服务系统更加方便快捷等。

实行公共服务方式多样化，进一步提高公共服务质量，也是近年来国际大都市政府公共行政改革的一项重要内容。在公共服务供给方面，积极探索新途径、新方式，出现了公共服务领域多种主体、多种方式并存，相互补充的局面。首先，在服务主体上，不搞一刀切，而是从实际出发，能够由私人和非营利机构承担的就交给他们去承担，反之，则由政府来承担，发挥政府（公共域）、企业（私人域）和社会（第三域）三方的积极性。其次，在公共服务供给方式方面，常见的有合同承包、用户付费、招标制、公私合伙等。其中合同承包制最为典型。合同承包制主要内容是，政府将原来自己垄断的公共产品或服务的生产权和供给权转让给私人机构或"第三部门"。政府确定某种服务的数量和质量标准，然后向政府外的机构发包，主要包括环境保护、医疗救助、社会保障、工作培训、运输服务、公共工程、精神保健、数据处理、监狱管理等诸多领域。服务方式多样化的目的是为民众提供选择机会，并通过竞争来改进公共服务质量。①

（四）改革政府绩效评估机制，推进城市政府管理高效化

改革政府绩效评估机制，推进城市政府管理高效化，提高民众的满意度，也是国际大都市政府管理体制改革和公共行政发展所追求的主流价值。其主要做法是：通过建立有效的独立的社会绩效评估组织，在绩效评估中引入外部市场和公众评价主体，注重与外部环境的互动，以打破传统上以政府自身为评价主体的做法，强化绩效评估的客观性和公正性。如英国大伦敦政府除了接受地方政府工作委员会的监督外，还有一个由 25 名民选成员组

---

① 李琪主编《中国特大城市政府管理体制创新与职能转变》，上海人民出版社，2010，第 97 页。

成的伦敦会议专门对市长及其工作部门的绩效实施调查、监督和评估。同时，注意建立绩效责任追究制度和绩效激励制度，以增强政府机关及其公务人员的责任意识和服务意识，推进城市政府管理高效化，提高民众的满意度。

（五）重视公共人力资源开发，突出公务员绩效和能力建设

为了适应 21 世纪经济、社会发展的新形势，国际大都市政府非常重视公共人力资源开发，以提高公务员队伍能力和绩效为取向，从而达到提高行政效率的目的。这体现在公务员的录用、培训和考核等各个方面。如美国纽约政府公务员制度的一个重要价值观就是"效率"，即实现任何管理过程中产出与投入之比达到最大化，在人事管理方面，效率意味着有效地作出人事雇佣、工作分配和人事晋升等决定，倡导雇员的业绩导向。日本东京政府非常注重加强对公务员的培训。其培训宗旨是最大限度提高每个公务员的能力，类别多样，有新任培训、转职培训、再聘用职员培训、系长培训、课长培训等；形式灵活，有挑战研修、基本研修、派遣研修、海外研修等等。在考核评价方面，东京有一套完整的公务员"业绩评价"指标体系，包括 5 大项、22 中项和28 项评价着重点，评价结果与公务员的晋升、工资、奖惩直接挂钩。[①]

二　国际大都市政府管理体制改革趋势的启示与借鉴

展示当代国际大都市政府管理体制改革的主要做法和发展趋势的根本的目的还在于，为深化上海政府管理体制改革提供借鉴和启示，使我们的改革既具有本地个性，也能顺应国际潮流，更重要的是，可以从别国的实践中总结经验得失、获得启迪，使我们的改革少走弯路，少犯错误。

（一）继续转变政府职能，正确处理好政府与市场、企业、社会的关系

当代国际大都市公共行政改革一个最重要的内容就是重新界

---

① 李琪主编《中国特大城市政府管理体制创新与职能转变》，上海人民出版社，2010，第 93 页。

定了政府职能的范围，调整了政府与市场和社会的关系，把属于市场和社会的事务交还给市场和社会。政府从竞争性的微观经济活动中退了出来，减少政府对经济活动的直接干预。而对于那些属于政府的事务如保障市场公平交易、维护社会秩序、投资基础设施建设、发展教育文化事业和公共卫生事业、保护城市生态环境等则加大了力度。同时，政府向社会进行更多的分权，发挥市场机制和社会组织的优势，形成了政府、市场、社会三方明确分工而又彼此协作的良性循环，构建了政府、市场、社会"三维共治"的新格局。

近年来，上海在政府管理体制改革实践中，按照发展社会主义市场经济的要求转变政府职能，虽然取得了一定的成效，但从总体上来看，政府职能转变尚未到位，政府职能"缺位、错位、越位"现象还依然存在，社会管理、公共服务等职能需要进一步强化。因此，继续转变政府职能，正确处理好政府与市场、企业、社会的关系，加快把政府职能转变到经济调节、市场监管、社会管理和公共服务上来，更加注重履行社会管理和公共服务职能，应成为未来深化上海政府管理体制改革的主题和重点。

（二）积极探索公共服务供给的新方式，注重引入市场机制

公共管理改革不仅要解决"为谁做""做什么"的问题，也要解决"怎样做"的问题。传统的行政管理理论认为，提供公共服务就是政府的事情，但国际大都市公共管理改革表明，公共服务的供给可以有多个主体、多种途径，可以是政府机关，也可以是私人企业和非营利组织，可以通过合同承包形式，也可以通过公司合作的形式，在这方面，上海可以借鉴国际做法，积极探索公共服务供给的新方式，不断提高公共服务质量。要引入市场机制和竞争机制，主要包括对完全由政府投资的项目，要确定哪些公共产品和公共服务能够被社会化，也就是它们由非政府主体来提供的效率更高、质量更好。政府可通过招投标的过程来形成一种竞争的局面，从而有利于政府站在公共性的立场上进行抉择。对于非政府的投资项目，政府的主要任务是提供一种激励机制和相应的公共服务，通过它们使投资主体和民众形成一种双赢的局面。

（三）改革绩效评估机制，推进政府绩效管理

国际大都市政府在新公共管理理论的指导下，将企业管理的方法引入城市政府管理中，来激活政府管理的活力。如国际大都市政府在公共行政改革过程中采用的以竞争求质量、引进企业家精神、建立社会服务承诺制、将公民当"顾客"、用脚投票等都是通过外部机制来评价政府行为的成效，使传统公共行政重视政府机构、过程和程序转到新公共管理重视项目、结果与绩效。这种方式对提高政府工作有效性，提高社会对政府的满意度和信任度具有重要的现实意义。

上海在深化政府管理体制改革，创建现代化国际大都市进程中，也应大力改进政府绩效评估机制，推行竞争机制求质量，建立服务承诺制，激发政府管理的活力；建立有效的独立的社会绩效评估组织，强化绩效评估的客观性和公正性。同时，在政府绩效评估上，既要关注投入，更要重视产出；既要关注效率，更要关注服务对象的满意程度；始终以不断满足人民的需求为中心，构建服务型的高效政府管理模式。

（四）以能力建设为重点，全面提高公务员队伍的综合素质

国际大都市政府以公务员的能力培养和塑造迎接经济全球化和信息社会的挑战，建立"小而有效政府"的基础和保证。尤其是公务员的能力已被时代赋予了新的内涵，如强化公务员对公民的需求和偏好以及对社会问题进行回应的能力，与社会进行有效沟通和联系的能力，公务员适应环境变化而不断学习、更新知识的能力，公务员要应对突发性社会危机的能力，以及与此相应的规划能力和预测能力等。

上海作为特大型城市，是我国市场经济较为发达、对外开放程度最高的地区之一，站在改革开放的前沿，直接处于经济全球化浪潮之中，这对上海政府公务员能力提出了新的挑战和要求。因此，上海在深化政府管理体制改革进程中，应以公务员能力建设为重点、制度建设为抓手，全面提高公务员队伍的综合素质。

三　推进上海政府管理体制创新的对策与建议

上海市长杨雄在 2013 年 2 月 4 日市第十四届人民代表大会第一次会议的政府工作报告中指出，做好今年和今后五年的工作，关键还是要加强政府自身改革和建设。坚持以人为本、执政为民，更加注重从严治政、高效施政、依法行政、廉洁从政，全面建设服务政府、责任政府、法治政府、廉洁政府。着力转变政府职能，着力提高行政效率，着力提高行政透明度，着力提高法治化水平，着力加强作风建设。

"十一五"以来，上海政府管理体制改革取得了较大成效，政府职能转变迈出了重要步伐，政府组织机构逐步优化，公务员队伍结构明显改善，行政效能有了较大提高。但从更好地适应社会主义市场经济发展和建设社会主义现代化国际大都市的需要，以及建设服务政府、责任政府、法治政府和廉洁政府的要求来看，政府管理还有一些不相适应的地方，与国际同类型的大都市相比还存在着一些差距，主要问题有：政府职能转变尚未到位，社会管理和公共服务需要加强；政府管理方式还有待改进，依法行政能力有待提高，各级干部特别是领导干部管理现代化国际大都市的知识和能力有待加强；政府绩效管理有待强化，行政效能有待进一步提高。针对存在的问题，进一步推进上海政府管理体制创新，应从以下方面着手。

（一）加快政府职能转变，优化政府职能配置

政府职能是政府机关依法对国家政治、经济和社会公共事务进行管理时应承担的职责和所具有的功能。它反映着国家公共行政管理的基本内容和活动方向，是公共行政管理活动的依据和前提，也是推进政府管理体制创新的核心。上海转变政府职能的总体原则，即按照经济社会全面协调可持续发展的要求，以公共性、法治性、服务性和透明性为核心价值取向，加快推进政企分开、政资分开、政事分开、政社分开，把政府主要职能转变到经济调节、市场监管、社会管理、公共服务上来，把公共服务和社会管理放在更加重要的位置，进一步优化政府职能配置，推动政府职能向创造良好发展环境、提供优质公共服务、维护社会公平

正义转变。

1. 科学界定市、区、街镇政府的职能分工

当前经济调节、市场监管、社会管理、公共服务是政府职能的基本内容，但这些职能在不同层级政府那里的分布是非均衡的，即使是各级政府共同担负的职能其实现方式也有所不同。如市政府的主要职责是：（1）处理地方与中央以及与兄弟省市的关系；（2）协调区县之间的关系；（3）提供全市性的公共物品，管理全市性的公共事务，如规划、交通、能源、基础设施、公益性文体设施等。其行为方式以行政立法、制定公共政策和战略规划、协调监督为主，一般不应直接从事具体事务的管理。区政府的职责主要是：（1）结合区域实际，贯彻落实市政府各项决策；（2）处理与邻近区县的关系；（3）负责提供辖区范围内的公共物品，促进区域经济社会全面协调发展。其行为方式兼备决策性和执行性。而街道和乡镇则应逐步弱化招商引资等经济职能，更多的负责具体的社会管理、公共服务、社区管理等工作，行为方式以执行为主。

2. 强化社会管理和公共服务职能

社会管理主要集中在政府通过制定社会政策和法规，依法管理和规范社会组织、社会事务，妥善协调各种利益关系，化解社会矛盾；强化政府促进就业和调节收入分配职能，完善社会保障体系；加强社会治安综合治理，打击违法犯罪，确保公民的人身与财产安全以及其他合法权益的实现；维护社会公正和社会稳定。公共服务主要集中在政府通过提供公共产品和服务，将地方财政投入的重心转向公共基础设施建设、环境保护、基础教育、医疗卫生、社会福利和社会保障等方面，着力保障和改善民生，建立健全均衡发展、广泛覆盖、便民高效的公共服务体系，推进基本公共服务均等化。通过强化政府的社会管理和公共服务职能，实现政府职能向创造良好发展环境、提供优质公共服务和维护社会公平正义的根本转变。

（二）改进政府管理方式，全面推进依法行政

政府管理方式，是政府机关及其公务人员，为贯彻管理思想、执行管理功能，提高管理功效和实现管理目标所采取的必不

可少的方法、手段、技巧等的总称。改进政府管理方式是政府管理体制创新的重要环节，其重点是政府管理方式必须从"管"字当头的控制型管理方式向立足于服务和监督的服务型政府管理方式转变。

1. 树立以人为本的政府管理理念，增强公共服务意识

以人为本作为我们的执政理念和要求，贯彻到经济社会发展的各个方面，同样应贯彻到政府部门工作中，主动为社会和公民提供良好的服务，尤其要为企业发展提供良好的外部服务，比如，通过制定产业发展规划，发布国内外市场动态等信息，为企业判断市场走向，开发新产品提供服务，帮助企业积极拓展国内外市场，为企业尽快提高市场竞争力创造外部环境。努力实现管理与服务的有机结合，在服务中实施管理，在管理中体现服务。

2. 深入推进信息公开，不断提高行政透明度

以公开为原则、不公开为例外，进一步加大主动公开力度。重点推进财政预算、公共政策、行政执法、公共服务等领域的政务信息公开，以及加大审计信息公开力度，切实保障人民知情权、参与权、表达权和监督权。同时，建立依法评定、百姓评判、社会评价的监督评议制度，以及建立一个属于第三方的、中立公正的监督机构，专门受理社会公众对于政府信息公开过程中的各种投诉，打造透明政府。

3. 全面推进依法行政，促进政府行为规范有序

依法行政是现代政治文明的重要标志，政府的所有行为都要于法有据、程序正当。政府机关及其工作人员应严格依照法定权限和程序行使权力，履行职责，学会并善于依法处理经济社会事务，提高运用法治思维和法治方式的能力，以及依法行政水平，切实保证政府公共行政权力的规范运作。

（三）加强政府绩效管理，提高行政效能

行政效能是政府管理体制创新的落脚点，是整个公共行政管理活动追求的目标，更是衡量公共行政管理水平和效果的主要标准。政府管理体制创新是否有成效，最终要看行政效能是否得到提升，是否用最小的行政成本实现了最大的行政产出，人民群众

是否满意。

1. 建立行政问责制度，加强责任追究

行政问责制是现代政府强化和明确责任，改善政府管理，提高行政效能，建设责任政府的本质要求，也是推进依法行政的重要保证。上海市政府和区县机关应按照权责统一、依法有序、民主公开、客观公正的原则，加快建立以行政首长为重点的行政问责制度，并把行政问责与行政监察、审计监督结合起来，有责必问，有错必究，努力建设责任政府。

2. 树立与科学发展观相适应的政绩观，建立科学的政府绩效评估指标体系

绩效评估是引导政府及其工作人员树立正确导向、尽职尽责做好各项工作的一项重要制度，也是实行行政问责制的前提和基础。有了绩效评估的结果，行政问责才有可靠的依据。科学的政府绩效评估指标体系应是一个包含"硬指标"和"软指标"在内的综合指标体系，不仅包括可以通过量化的方式来衡量的经济增长率、收入增长、社会就业率、计划生育控制率、社会治安发案率等"硬指标"，而且包括难以通过量化的方式来衡量的生态环境状况、政府服务质量、食品安全状况、社会文明意识、公民参与状况、社会秩序与安全、社会经济福利水平等"软指标"。要通过建立科学的绩效评估指标体系，引导广大政府机构和领导干部全面发展辖区内政治、经济、社会、文化、环境等各项事业，更好地履行政府职责、提高行政效能。

3. 完善政府绩效评估方式，强化外部评估

在政府绩效评估方式方面，应健全多重评估方式，不仅包括政府机关的自我评估、上级评估、党的组织和权力机关（人大）的评估，还应当包括相关专业的专家评估。更重要的是引进政府管理和服务对象即社会公众的评估，逐步实现官方评估与民间评估并重。这种考核和评价方式通过运用社会调查、民意测验等方法，定期征求社会公众对政府工作的满意程度，最终以此作为对政府绩效评价的依据。这可以使政府机关不仅对上级机关负责，更重要的是对人民负责，形成人民监督和上级监督相结合的效能评估制度，从而建立让老百姓高兴和满意的服务型政府。

（四） 加强公务员队伍建设，提升公务员的素质和能力

公务员队伍是党的干部队伍的重要组成部分，是履行政府职能和开展公共行政管理的载体，在社会公共管理领域和公共行政发展中负有特殊的职责和使命。政府职能的转变、管理方式的改进、服务意识的增强、依法行政水平和行政效能的提高，关键在于加强公务员队伍建设，培养和造就一支政治坚定、业务精通、清正廉洁、作风优良的公务员队伍。

1. **重点抓好三支公务员队伍的能力建设**

应按照中央和市委关于深化干部人事制度改革的目标要求，以公务员队伍作风建设为基础、能力建设为核心、制度建设为抓手，积极探索公务员管理的新思路、新方法，创新机制、完善制度，努力建设一支适应经济全球化和社会主义市场经济发展需要，推进上海政府管理体制创新和建设现代化国际大都市要求的公务员队伍。当前应重点加强三支公务员队伍的能力建设，一是要着力加强市级机关担任处级领导职务的公务员队伍的能力建设，这是公务员队伍中的一支中坚力量，在政府机关工作中起着承上启下的作用，应着重提高他们的政治鉴别能力、驾驭全局能力、分析决策能力、组织领导能力、开拓创新能力和应对国际竞争能力；二是要着力加强行政执法的公务员队伍的能力建设，这是确保社会稳定，维护市场经济秩序，保护公众利益的一支重要力量，在改革开放和现代化建设中起到保驾护航的作用，应着重提高他们的职业道德素质、依法行政能力、适应市场变化能力、应对突发事件能力；三是要着力加强社区管理的公务员队伍建设，这是政府机关开展社会工作，直接反映群众呼声与要求的重要生力军，是公务员队伍中的一支基本力量，在政府联系群众中起到桥梁和纽带作用，应着重提高他们的为民服务意识和公共服务能力、基层行政管理能力、沟通协调能力、化解矛盾能力。通过重点抓好三支队伍建设，以点带面，促进整个上海公务员队伍素质的提高。

2. **深入贯彻实施《公务员法》和配套法规**

应通过深入贯彻实施《公务员法》和配套法规，加强公务员职业道德建设，建立健全公务员的新陈代谢机制、竞争择优机制、权益保障机制、监督约束机制，完善公务员实绩考核体系，从机制上保证公务员队伍的建设和管理规范化、科学化；同时，以创建学习型政府为抓手，以能力建设为核心，创新公务员培训体系和培训方式，加大公务员知识更新和能力训练力度，使公务员队伍的思想政治素质、知识结构、能力结构有较大幅度提高和改善，努力建设一支政治坚定、业务精通、清正廉洁、作风优良的公务员队伍，更好地适应上海建设社会主义现代化国际大都市的需要。

中国社会管理创新路向思考：
基于社会建构的思维方式

李程伟*

一 引言

改革开放以来，中国经济取得了令人瞩目的成就，但与之不相称的是社会发展的相对滞后，经济与社会的脱节和失衡。诸如贫困、失业、社会排斥、贫富差距、犯罪多发、家庭解体、生态破坏、环境污染等问题，都是经济与社会发展失衡的具体表现，这种现象在发展研究上被称为"扭曲发展"①。当前，"扭曲发展"所带来的一系列社会矛盾和问题，已经成为我国经济、社会发展的重大障碍。在此背景下，党中央明确提出加强社会建设与管理的重大目标。2004 年，党的十六届四中全会《关于加强党的执政能力建设的决定》就明确了"推进社会管理体制创新"的目标。2011 年 2 月，中共中央总书记胡锦涛同志在省部级领导干部专题研讨班上的重要讲话中再次强调了新时期加强和创新社会管理的目的和任务。加强社会管理与创新是达成社会稳定与和谐的重要路径，本文借鉴公共行政研究的社会建构途径，力求对当前中国社会管理创新路向问题作一学理上的思考。

---

* 作者简介：李程伟，中国政法大学政治与公共管理学院党委书记兼副院长，教授。本文系北京市哲学社会科学课题（编号：06BaKD0025）的结项成果。

① 詹姆斯·米奇利：《社会发展：社会福利视角下的发展观》，苗正民译，上海格致出版社、上海人民出版社，2009，第 4 页。

二 现代社会管理意涵与价值追求

(一) 现代社会管理的内涵

研究社会管理的前提是明确"社会"的概念。马克思主义政治学认为，社会乃是由众多社会成员个体、组织、团体、群体、阶层、阶级等要素或单元（即社会主体）相互联系、相互作用而形成的一个复杂的关系体系（系统）。这其中，个体的人（"社会存在物"意义上的个人）是构成社会系统的基质。如果说社会是复杂的活生生的有机体，那么每一个现实的人就是它的一个细胞。社会主体（个体的人及其各种组合形式）的各种功能活动构成了政治、经济、文化和社会生活这四大社会子系统或领域。维持社会系统良性运行和发展的前提，是使社会成员处于一定的福利状态和秩序状态，使其具体生活及利益的问题和矛盾得到合理解决，使其基本生存与发展的需求和机会得到满足和提供。在马克思主义的政治学看来，前者（社会整体系统良性运行与发展的维持）就属于广义上的社会管理，它一般包括政治统治与管理、经济调节与管理、文化导引与管理和社会协调与管理这四大方面；而后者（社会成员一定福利状态与秩序状态的维持）则属于狭义上的社会管理。

具体而言，狭义上的社会管理是指政府和民间组织运用多种资源和手段，对社会生活、社会事务、社会单位和组织所进行的规范、约束、协调、服务等活动。[①] 现代社会管理是控制与服务有机结合的过程，不仅是对社会成员一定行为的约束和控制，还是通过组织化的方式对个体社会权利的保障和实现。[②]这与传统的专制社会不对社会成员承担福利（服务）责任，单一满足统治者的秩序诉求是根本不同的。可以说，"控制"和"服务"既是现代社会管理的两个基本功能形态，同时也体现了社会成员对现代社会管理的两大基本价值诉求，即"秩序"与"福利"。

---

① 何增科主编《社会管理与社会体制》，中国社会出版社，2008，第4页。
② 何增科主编《社会管理与社会体制》，中国社会出版社，2008，第46页。

（二）现代社会管理的价值追求

现代社会管理的最终目的是达成社会成员的一定"福祉"或"福利"，亦即社会成员能够处于幸福、满足与富裕的状态。它又包括社会成员的"直接福利"和"间接福利"两个方面。其论证逻辑是：作为个人的社会成员是社会存在物，只有在社会中，他才能拥有个人自由，获得发展其才能的手段，满足生存和发展的需要。在国家和社会的帮助下（再加上本人的努力），具体解决社会成员在现实社会生活中遇到的困顿及问题（如养老、医疗、工伤、失业等），保障其能够过上正常的社会生活，这构成了他的直接福利。同时，作为社会成员各种关系组合的社会，也需要协调与管理，以保持其稳定、有序和再生产。对于社会成员来说，社会关系的秩序及其再生产属于公共物品，它可以为全体成员提供稳定的社会生活环境，使其能够无身份差别地从中受益，这构成了社会成员的"间接福利"。这两个方面的有机结合，就成为现代社会管理的基本价值追求。有国外学者从人文发展的角度，对社会福利所包含的三个要素进行了界定①：（1）社会问题（如犯罪、暴力、失业、环境污染等）得到控制的程度；（2）主体需求（如健康、营养、安全饮用水、住所、社会保障等）得到满足的程度；（3）社会机会（社会成员能力成长与境遇改善的机会）的创造或提供程度。这样一种界定和分析就为社会福利的测度提供了一个较为合理的标准。

不难看出，相对于政治统治与管理、经济调节与管理、文化导引与管理这三大管理领域，社会协调与管理对于社会系统的正常运行具有基础性的保障作用。加强社会管理，对于快速转型中的中国社会而言具有紧迫性和现实针对性。

三　行政学社会建构的思维方式及其意义

在行政学发展历史上，占据主流地位的是逻辑实证主义的思维方式，也可简单地将其称为行政学的"管理主义""功能主义"

---

① 詹姆斯·米奇利：《社会发展：社会福利视角下的发展观》，苗正民译，上海格致出版社、上海人民出版社，2009，第 16 页。

或"实证主义"。这是一类与牛顿科学哲学相契合的研究范式。但是，自1970年代以后，受相对论、混沌理论和量子力学等新物理范式的影响，质疑或批判逻辑实证主义的观点不断出现，行政学的诠释理论、批判理论和非均衡理论日益发展，行政学研究的内容有不断加深和拓宽的现象。① 在此背景下，韩裔美国著名的行政哲学家、海沃德加州大学的全钟燮教授（Jong S. Jun），在吸收融合现象学、诠释学和批判理论等后现代哲学观点的基础上，代表性地提出了行政学的"社会建构研究途径"（The social constructionist approach to public administration）。2006年全教授出版了系统概括和阐释其社会建构研究途径的集大成著作——《公共行政的社会建构：解释与批判》，从而在管理途径、政治途径、文化途径之外，又为行政学研究增加了一个新的研究途径或视角。从学科发展史的角度看，强调公共行政客观外在性的逻辑实证思维和强调主观内在性的社会建构思维始终存在，其不同比重的组合构成了行政学研究管理途径、政治途径、文化途径和社会建构途径的不同特色。

结合相关文献，将行政学研究社会建构思维的特质概括如下。

（一）社会建构思维的起点是"主动—社会性"人性假定

社会建构思维对人性的假定不是孤立的、原子式的自我概念，而是与儒家"个人的道德自主性"相通，是一个与他人和世界相关的自我概念。在这一人性假设下，人是自主的而非被动的受控对象，他拥有追求公共利益或公共性的自主性，公共决策者有责任授能组织成员发展自主意识或自我管理，并促进对价值的共同理解。此即为"公共性的自主概念"。同时，自我也是"社会性建构"的，这就是主观互证的理性交往和相互调适的过程。②

（二）相对主义和主观主义是社会建构思维的方法论基础

行政学的社会建构分析途径受物理学爱因斯坦范式的影响，在方法论上超越了决定论和逻辑实证主义的预设，而坚持行政

---

① 吴琼恩：《行政学》（第四版），三民书局，2011，序言。
② 吴琼恩：《行政学》（第四版），三民书局，2011，序言。

"事实"的多元性、相对性和主观建构性。在认识论上，建构主义认为，任何"事实"都是历史的产物，是在历史进程中被社会、政治、文化、经济和种族等因素来形塑的，而每个人又是在具体的历史、地域、情景和个人经验中体验、感受到"事实"的。这种相对主义的取向使得它认为社会事实并没用绝对的、凌驾一切的真理存在，相反，它主张，在认识过程中，人们是经由主体间的互动、沟通和对话来获得彼此的理解，达成共同的观点。① 同时，面对后现代复杂多元的社会现实，社会建构论认为单向度的思考难以把握复杂的行政世界，人们必须拒绝诸如个人对组织、艺术对科学、行政人员对公民、定性对定量等的"行政现象的二元性"，而充分发展辩证思考和批判反思的能力。②

（三）社会设计模式是社会建构思维的政策主张

依据对"相关行动者的价值体认"与"冲突和问题的解决以及变革取向"这两个维度，全钟燮教授提出了公共行政与政策设计的四种模式：一是危机设计。这一类型的设计，对他人的声音或价值的体认度低，而对冲突决议、问题解决和变革策略往往是被动的回应。二是理性设计。这一类型的设计是理性的经济模型，它假定公共行政依据科学的专业知识即有能力控制所有相关因素，而忽视公民的态度、经验和参与。它偏爱长期的和前瞻的目标建构，因而基本上是规范性的。三是渐进设计。这类设计重视他人的声音，但对冲突和问题的解决以及变革的回应则是被动的。其在行政行为上的表现就是，强调运用有效领导、政治技巧、持续沟通说服，以求相异观点的相互调适。四是社会设计。这类设计对相关行动者的价值高度体认，在组织与社会的关系（和行动情境）中强调诠释、理解、分享与学习，同时对于冲突与问题的解决、学习与变革等采取前瞻性的态度。③ 在社会设计模式看来，行政管理的目的和目标是社会建构的，是从人类的互

---

① 全钟燮：《公共行政的社会建构：解释与批判》，孙柏瑛等译，北京大学出版社，2008，前言。

② 吴琼恩：《行政学》（第四版），三民书局，2011，第46页。

③ 全钟燮：《公共行政的社会建构：解释与批判》，孙柏瑛等译，北京大学出版社，2008，第66~74页。

动、对话和相互学习中发展出来的。"发展促进互动和参与的过程是社会设计的本质属性。当行政管理者、专家、政治家、社会团体、顾客和因特殊议题和问题而联合起来的公民之间建立起社会互动和网络，可行的方案被清楚地表达出来的时候，社会设计过程就被创造出来。"① 与前三类设计相比，这类设计最具开放性和包容性，饱含哲学和社会的思考，较能反映真实的行政世界。

（四）社会建构思维与公民治理的精神实质相契合

人类政治文明的实践已经证明，公民社会的存在是达成社会善治的基础，公民治理是民主政治运行的内在机制。对此，全钟燮提出的"公民社会三角"（civil society triangle）的概念具有启发性。在此概念下，政府、企业与公民社会彼此互依，并持续转换各种关系，以协助发展可行的民主社会。这三角之一若太强或太弱，就有可能发生社会不公正、经济不平等、贪腐和政治动荡。面对后现代愈益复杂的社会问题，政府或企业越来越无法单独面对，这就需要培养公民意识，使之热心参与公共事务，而行政人员则有道德责任去促进共享价值的理解，以公共理性与经济理性、交往理性与工具理性相互弥补，促进民主治理过程中的合作。② 在社会建构思维中，公民是公共事务的参与者、合作生产者，而非仅仅是科层体制下权力驱使的被动受命者，或受企业组织金钱诱惑的利益追逐者。公民社会乃是公民集体行动的场域，公民治理乃是公民社会具体的运行机制，公民社会和公民治理的精神实质与行政学的社会建构思维是紧密契合的。

四　社会管理创新路向审视

缘于政治体制改革滞后、经济与社会发展进程脱节、权贵市场经济的畸形发展，当前中国社会利益结构已呈现失衡、失序和冲突的景象。朝野的有识之士已经认识到政治民主是社会秩序可持续再生产的机制，但由于政治转轨的风险及其不确定性要远比

① 全钟燮：《公共行政的社会建构：解释与批判》，孙柏瑛等译，北京大学出版社，2008，第 75 页。

② 吴琼恩：《行政学》（第四版），三民书局，2011，第 46 页。

经济转轨复杂，于是理性的决策考量便是加强和完善社会控制与服务以实现社会秩序的简单再生产。这种思维毕竟只是权宜之计，如果不能在政治体制改革上迈出实质性的步伐，社会秩序简单再生产的局面恐怕也难以维持。出于对社会形势的上述判断，本文拟借鉴公共行政研究的社会建构思维，对中国社会管理创新路向及对策建议作如下思考。

（一） 转换社会管理思维方式

归纳学界和实务部门对社会管理的不同认知，大致存在着两种不同的思维倾向：一种是强调"自上而下"的以行政为中心的运作逻辑，倚重行政强制力量的作用，注重社会秩序的价值优先性；另一种是强调"自下而上"的以社会为中心和以公民为本位的运作逻辑，倚重公共治理网络的作用，强调秩序的社会内生性和自组织性，注重社会福祉的价值优先性。前者基本属于逻辑实证主义思维的范畴：这种思维方式认同社会管理规律相对于各类社会主体的客观外在性，强调社会管理通则求取的可行性、外部规划设计与干预的合理性，以及社会秩序生成的外力作用机制。而后者则基本属于公共管理研究中的社会建构思维：该思维方式认同社会事实的多元性、相对性和主观建构性，否认绝对的、凌驾一切的社会管理规律或真理的存在，强调主体间互动、沟通、对话、学习和体认的重要性，主张将主体的辩证思考、交往理性、社会建构等能动机制贯穿于社会管理，突出社会管理与发展的开放性、包容性和演化性。

相比较而言，逻辑实证主义的思维只适应于一种稳定的环境，在高度复杂和快速变迁的社会里，其制度结构就丧失了回应和创新的能力。[1] 面对转型期不断涌现的各种矛盾和问题，这类管理思维显然于事无补，而且还会不断制造新的问题。例如，有些地方过于重视公安、司法、综治等强力部门在社会管理中的作用，以"高压维稳"作为行动取向，结果导致越"维稳"越"不稳"。当前，在社会管理实践中从决定论的逻辑实证思维转向主体论的社会建构思维，具有现实紧迫性。

---

① 吴琼恩：《行政学》（第四版），三民书局，2011，第3～5页。

（二）构建城乡社区治理网络

社会管理体现的是共同体横向维度上的互动关系，它是以共同体意志自治和行为自组织为特征的；如若涉及纵向维度上的权力关系，则属于政治控制和政治管理的范畴。从这一角度来看，在广大城乡建构各个利益相关者和行动主体密切互动的理性行动场域，通过网络化的治理方式，解决地域共同体所面临的共同问题，就是社会管理的重心，这是社区治理机制的创新问题。对于社区和社区治理，应当从国际学术界通行的规范意义上去理解，而不能实用主义地界定为城市居委会辖区及其活动。英国行政学者克拉克和斯图尔特（Michael Clarke & John Stewart）认为，广义的社区治理是指社区与国家和市场相结合而形成的一种社会互动方式，它并不排斥政府或国家的作用，但否认政府机构作为社区的唯一权力中心；其他公共组织、社团和私人机构在合作协商与公众认可的基础上，都可能成为社区的权力机构，涉及社区公共事务的各个机构和组织之间存在着权力依赖和资源交换关系；同时，无论政府机构还是以社区为基础的组织都需要遵循或遵守相同的"善治"规则。① 可以说，在政府部门指导、支持和帮助下，通过建设社区公民论坛（如社区管理委员会、社区会议、邻里会议、业主代表会议等形式），对社区治理与发展问题进行交互式辩论和交流，学习倾听、对话、尊重、宽容、相互体认、妥协和理性博弈，培育公民精神和公民资格，这对于社会管理创新具有特别重要的基础意义。

（三）推进重点环节制度创新

从目前的社会管理创新实践看，属于公共政策系统"输出端"的事项比较多，如公共服务合同外包、公私伙伴关系、一门式办公、服务承诺制等，处于政策流程的"下游"；而对政策流程"上游"和政策系统"输入端"的创新，诸如基层治理、服务和社会政策运行中的利益表达、利益汇聚、决策听证、政策质询与监督等，尚显稀少和粗疏。因此，加强政（界）学（界）合

① 高鉴国、高泰姆·亚达马：《社区治理的理论与实践模式》，载田玉荣主编《非政府组织与社区发展》，社会科学文献出版社，2008，第10页。

作，对社会管理中的深层次问题展开有次序的研究，研究透某一方面问题就适时出台相关政策和法规，以推进社会管理的民主化，是十分必要的。例如，迄今中国尚未有一部保障公民结社自由的法律，更无保障新闻和出版表达权利的法律，致使公民社会和公民治理长期处于生长羸弱和不确定状态，窒息了社会建设的活力和社会管理的生机。这种状况应加以改变。再如，对基层社会治理中民主议事、监督机制的建设，公民参与层次的提升，弱势群体和边缘人群的诉求表达等改革议题，目前在各地实践中形式性意义往往大于实质性意义，也需尽快加以改变。在这方面有关地方及其领导人的远见及魄力常常起着很突出的作用，有关方面或力量如能协同推进相关地方立法，其对社会管理、建设与发展将善莫大焉。

（四）重塑基层社会服务机制

从学术分析的角度可以把"管理"与"服务"分开，但在实践中二者就像一枚硬币的正反两面，实际上是很难分开的。一种行为从施动方的角度看可能是管理，从受动方的角度看可能也是服务，反之亦然。既然社会管理的重心在基层，那么在基层治理中施行"寓管理与服务之中"就是正确的路向选择。从社会建构思维的角度看，创新基层社会服务机制也就是创新基层社会管理机制。在学理上，有必要将"社会服务"与"公共服务"稍加辨析。

一般说来，"社会服务"是指针对社会成员所发生的具体困难和问题而开展的帮助、扶助或支持等活动，例如针对灾民的心理危机干预和生活救助等就属于这种情况。这类活动具有人格化、行动指向的特定性和具体性等特点，是因人而异、因人的不同困难而不同的，服务的生产过程与消费过程是同时完成的。而"公共服务"则具有非人格化、非排他性、受益人的非特定性等特点，例如市政设施就为所有人群提供同质性的服务。如果说公共服务着眼于整体人口福祉的提升（不具有身份的指向性和特定性），则社会服务一般聚焦为较微观的问题和项目，强调弱势人群具体需求的满足和困难问题的解决。这显然需要在多元主体互动合作的治理网络中才能实现。就社会服务机制创新而言，应当充分考虑如下几个方面：（1）社会服务界定或决策机制的下移。与私人服务的个体化和市场化决策机制不同，社会服务的决策是一种集体选择。但现在这种选择或界定的层面过高（往往在中央和省级政府），基层社区和利益相关人反倒没有参与权和决策权。在社会服务中，服务对象并不单纯是顾客，他们还是利益表达与评定的公民，同时也是服务的协作生产者，必须从这样"三位一体"的复合视角来看待社会服务决策参与机制的建设问题。（2）社会服务资源的动员和催化。社会服务涉及多元主体和多种资源，除了政府资源，还有各类志愿者和社会财力、物力等。而社会资源是需要动员（这里不是行政动员的涵义）和激活的，资源动员机制的建设对于基层社会服务来说也是必不可少的。对此方面好的经验及做法应及时加以总结和推广。（3）社会服务生产与传递组织的建设。具体生产和传递社会服务的是运作于基层的、各式各类的、功能性的服务组织。从国际经验来看，那些非政府和非营利的民间组织是社会服务行动的主体。对此，党和政府应当有前瞻性的眼光，着力培养社会工作者人才，扶持和培育体制外服务组织，指导和帮助其加强能力建设，使之在社会服务中逐步担当重任。（4）社会服务行动的组织与协调。围绕社会服务会存在着各种各类的行动角色，为了使之有效和有序地开展活动，必要的组织协调机制是必不可少的。例如学生志愿者到社区开展社会服务就需要一定的信息引导、技能辅导和统筹协调，社区政府（街道办事处）和社区自治组织就应当在这方面发挥作用。（5）社会服务监督评议机制的构建。在此方面的突出问题是切实落实和保障基层群众自治组织的法律地位与作用，使之能够代表和组织社区居民对各专业部门条线上的社会服务职能履行状况和服务质量等进行评议和监督，借此将过去那种由街道及区职能派出机构考核评议社区的逻辑彻底颠倒回来，以确保基层社会服务之"公共性"的真正实现。

五 结语

综上所述，社会建设与管理的命题是在改革开放以来我国经济发展与社会发展严重脱节和失衡的背景下提出的。随着经济体制深刻变革、社会结构深刻变动、利益格局深刻调整、思想观念深刻变化，以及现代科技特别是互联网技术的快速发展，社会建设与管理面临着一系列新的课题与挑战。应当说，加强社会管理与创新是达致社会稳定与和谐的重要手段和途径，但这种管理和创新必须是符合现代社会管理的价值追求和行为形态的，即本文从马克思社会系统论所概括出的"秩序"和"福祉"的有机融合与后者对前者的包容性，以及"控制"功能与"服务"功能的辩证统一与后者对前者的优先性。

本文即是以上述认识为起点而展开研究的，较有新意的观点是：（1）在理论上，通过质疑主流行政学逻辑实证主义的思维方式，将行政学最新发展之一的社会建构分析路径的思维方式，借鉴和引入中国社会管理创新路向的思考之中，以求他山之石的攻玉之效。（2）针对现实社会管理严重偏颇化的现象，主张由"自上而下"以行政为中心的管控逻辑，转换到"自下而上"以社会为中心和以公民为本位的治理逻辑，强调社会福祉相对于社会秩序的价值优先性。（3）从本原的意义上，将社会管理所体现的共同体的横向互动关系，与政治控制和政治管理所体现的纵向权力关系相区分，主张在广大城乡应着力建构各个利益相关者和行动主体密切互动的理性行动场域（社区治理网络），切实实现社会管理重心下移。（4）鉴于各地社会管理创新实践多数停留在公共政策系统"输出端"或曰政策流程的"下游"（如合同外包、公私伙伴关系、一门式办公、服务承诺制等），而对政策流程"上游"和政策系统"输入端"的创新（如利益表达、利益汇集、决策听证、政策质询与监督等）则实质性的努力不够，本文提出了推进重点环节制度创新的主张，并给出了具体的政策建议。（5）本文从学理上区分了"社会服务"和"公共服务"的基本内涵，以此为基点具体分析了社会服务在界定或决策机制、组织协调机制、资源动员机制、服务递送机制和监督评议机制等方面的重塑策略，希冀为相关的实践提供一定的参考。

转型期我国社会管理创新面临的十大挑战

肖文涛 *

发轫于三十五年前的改革开放，使我国开始了一场波澜壮阔、快速激变的社会转型。这一社会转型，不仅出现了长时间的经济持续快速增长，而且出现了全面性的结构变迁和社会进步。这种空前的社会变革，在给我国经济社会发展带来巨大活力的同时，也带来了这样那样的社会问题，而且由这些社会问题所引发的社会风险和负面效应也正在逐步累积。因而在这个社会转型的加速期，人们一方面为改革开放以来社会发展所取得的斐然成绩而欢欣鼓舞，另一方面又为日渐凸显的众多社会问题而深感忧虑和困惑。如果把这种变迁视为社会管理创新的基本背景的话，那就意味着，我们过去在计划经济时代形成的用于管理封闭社会、同质社会、凝固社会的一整套理念和做法，已经明显不适应当今市场经济时代的开放社会、异质社会、流动社会的社会生态环境。从这个意义上可以说，转型时期的社会管理创新，其实就是社会管理的现代转型。

概而言之，转型期我国社会管理创新至少面临着以下十个方面的重大挑战。

挑战之一：如何转变社会管理的基本理念，为社会管理创新提供基础和先导。

思维决定行动，理念决定态度。"任何变革都从理念或者价值层面开始，同样，任何不适应都是从理念层面或者价值层面开

---

* 作者简介：肖文涛，中共福建省委党校、福建行政学院应急管理培训中心主任、教授，福建省行政管理学会秘书长。

始的。"① 不同的社会管理理念有不同的决策和行为，从而有不同的社会效果。社会管理创新是一个艰巨且复杂的社会系统工程，只有对什么是社会管理，为什么要加强和创新社会管理，以及怎样加强和创新社会管理等重大理论和实践问题有深刻的理解，与时俱进更新观念，才能为社会管理创新注入新的活力。当前有些地方经济结构和社会结构不平衡、经济发展和社会发展不协调的根本原因，就是许多社会管理者的理念明显滞后于实际，对社会管理的看法、观念还停留在计划经济时期，社会管理的格局、内容、方式、手段依然陈旧，难以适应急剧转型的社会现实。因此，必须在科学发展观的引领下，切实转变传统的社会管理理念，确立新的现代社会管理思维，用理念思路的创新来引领和带动体制机制、管理内容、管理方式和管理手段的创新，为我国社会管理创新提供基础和先导。

牢固树立社会管理的本质是对人的管理和服务的理念，是转变社会管理理念最核心的一点。长期以来，由于管理体制弊端、特权思想严重、为民服务意识淡薄以及忽视人民群众在社会管理中的基础地位和主动性发挥，重管理、轻服务的现象普遍存在。所以，树立以人为本、服务为先的理念就成为新时期社会管理的基本理念和根本要求。必须深刻认识到人民群众是社会发展进步的根本力量，社会发展的根本目标是实现人的全面发展。要切实发挥人民群众在加强和创新社会管理中的基础性作用，并始终坚持群众第一、民生优先、基层重要，把群众满意作为加强和创新社会管理的出发点和落脚点。要寓管理于服务之中，在优化服务中强化管理，努力实现管理与服务的有机统一，通过强化政府的社会管理和公共服务职能，向社会公众提供更多的公共产品和服务。只有多谋民生之利，多解民生之忧，才能不断实现好、维护好、发展好最广大人民的根本利益，才能实现国家富强、民族振兴、人民幸福的伟大中国梦。

转变社会管理理念，当前尤为关键的是要明确并匡正经济建设与社会管理的关系。经济建设创造的财富用于保障和改善民

---

① 李文良等：《中国政府职能转变问题报告》，中国发展出版社，2003。

生，社会管理的投入促进了基本公共服务的均等化，就本质而言，社会管理和经济建设的最终目标都是为了人，都致力于提高人民的幸福感。如今，在经济建设迅猛发展的背景下，有些群众的幸福感不但没有和经济发展同步，反而有下降的趋势，这在很大程度上是经济建设"一手硬"、社会管理"一手软"造成的。经济发展的巨大成就使绝大多数中国人摆脱了缺衣少食的状态，在最基本的生存难题解决之后，公众的需求也开始发生转变，人们期待"学有所教、劳有所得、老有所养、病有所医、住有所居"，而社会建设的相对滞后，导致了教育、住房、医疗、养老、环保、食品安全等民生问题日益突出。所以，保持经济建设与社会管理的协调发展就显得尤为重要，应加快推进以保障和改善民生为重点的社会建设，为人们提供一个改善民生、增进民利、保障民权的社会秩序，让人民尽可能多地享受发展的成果，共享改革的红利。

挑战之二：如何理顺政府主导与多方参与的关系，施行社会事务的协同治理。

20 世纪 90 年代以来，"治理"及"善治"日益成为社会管理的核心概念。治理是相对于传统的管理或统治而言，是以多元主体为核心，各种治理主体在协作的基础上相互拾遗补缺，通过多样化互动模式，形成政府主导下网络式向心合力的互动格局。①它强调通过公民参与使原有的单一治理主体转变为现代的多元化治理主体，从而形成向公民负责的公共管理民主化导向。治理的最高境界是善治，即公共利益最大化的社会管理过程。实际上是"国家的权力向社会的回归，善治的过程就是一个还政于民的过程。善治的基础与其说是在政府或国家，还不如说是在公民或民间社会"。②其本质就在于它是政府与公民社会对公共领域的协作管理，是政府与公民社会的一种新型治理关系。政府作为治理与善治的主导力量，需引导和教育公民社会组织参与社会管理的行

---

① 王美文：《和谐社会视阈下公共治理主体多样化互动模式探析》，《中国行政管理》2009 年第 3 期。

② 俞可平：《治理与善治》，社会科学文献出版社，2000。

为，而公民社会组织也要承担起与国家、市场进行沟通与合作的重要责任。因此，应摒弃政府与公民社会过去"一山不容二虎"的状态，按照政府主导、多元主体共同参与的原则，施行社会事务的协同治理。

从管理或统治转变为治理和善治，是社会管理的一种观念更新，而如何在这种观念更新的基础上建立政府与社会的协同治理是亟须解决的现实问题。从我国社会管理实践来看，实现协同治理至少需要做好三方面的基础工作：一是政府明晰其角色定位。在多元治理主体构成的协同治理模式中，政府是治理与善治的核心主体，是引导其他治理主体的主导力量。政府应该明确其所处的地位和肩负的责任，在遵循协同治理的框架下，转变政府社会管理职能，推动社会管理的全面创新，从而提高政府的社会管理能力，更好地服务并满足公众的需求。良好的协同治理过程，不仅需要依靠政府主导作用的发挥，也需要广大社会主体的参与与合作治理。只有政府与市场、公民社会以及公民之间在社会管理上相互合作、密切配合，才能够发挥巨大的社会合力。二是积极培育公民社会组织并引导其健康发展。在善治背景下的公民社会组织具有自我管理、自我服务、自我协调、自我监督等自主治理的权利和能力，能够分担政府重担。公民社会组织还能通过涉足政府和市场所无力涉足或无法企及的领域，有效发挥其在提供服务、协调利益、化解矛盾等方面的积极作用来填补公共服务的空白。而充分发挥其在社会治理中的作用，就要营造适合公民社会发育的良好环境，并从政策和法律上加以扶持和引导，为他们提供充分的发展空间，同时规制其朝着正确的方向发展。三是政府和公民社会组织之间形成良好的互动格局。在现实社会中，社会管理有两个方面的内容，"一是政府对有关社会事务进行规范和制约，即政府社会管理；二是社会自我管理和社会自治管理。而现代社会管理是以政府干预与协调、非政府组织为中介、基层自治为基础以及公众广泛参与的互动过程"。[1] 政府和公民社会组织之间形成良性的互动合作关系，需要政府和公民社会组织等多元

---

① 邓伟志：《社会管理是全社会的事》，《学习时报》2011年5月16日第6版。

治理主体的共同努力，政府要改变在社会治理中事无巨细、无所不包的形象，"把管理方式变革放在重要位置，坚持适度管理原则，继续推行行政审批制度改革，建设透明和责任政府、廉洁和廉价政府、治理和服务政府"。① 同时要强化公民社会组织的主体角色，扩展其参与治理的路径，并在政府和公民社会组织之间建立制度化的沟通、服务和互动机制，实现政府与公民社会多元治理主体之间相互分立和协同治理的善治模式。

挑战之三：如何建立健全社会管理法律法规，促进社会管理行为的法治化和规范化。

在依法治国、建设法治政府的大背景下，社会管理行为亟须走向法治化。但不容回避的是，有关社会管理的法制建设还比较落后，法治意识淡薄、法治文化缺失、法治色彩不足等现象屡见不鲜，这些都是我国社会管理法治化程度不高的体现。所以，实现社会管理科学化必须加快推进社会管理行为的法治化和规范化。

社会事务的规范管理首先需要通过社会管理立法来进行。由于缺乏规范社会生活、社会组织、社会事务的许多专门性法律，或者尽管在相关方面的立法已经完成，但却缺乏可操作性，无法适应快速激变的社会现实，以致不能有效发挥其应有作用，社会管理难以走上良性发展轨道。为此，要加快社会建设领域的立法，为社会管理行为的法治化和规范化提供制度保障。（1）保障基本民生领域的法律。近年来我国在食品安全、社会保障、劳动就业、收入分配、教育卫生和环境保护等民生领域出现的许多新问题，是人们最关注的，也是立法机关应该给予高度重视的。（2）健全社会组织的法律。我国社会组织的蓬勃发展与有关社会组织立法的缺位形成了突出的矛盾，亟须对社会组织的管理模式、等级体制、监督系统直到运作模式进行法律上的规范，以保障公民通过自己的合法组织展开各种活动。（3）规范网络信息管理的法律。互联网是一个开放的世界，为我们的工作生活提供了

---

① 高小平：《以科学发展观指导转变政府职能》，《中国行政管理》2005年第1期。

很多的便利，但也存在诸如虚假信息泛滥、网络暴力事件层出不穷等问题，容易激化社会矛盾。可以说，互联网一旦出现法律和监管上的真空，国家安全、个人隐私等必将遭受冲击和破坏。（4）保护公民权利的法律。目前公民参与社会管理的行为有失规范、参与程度不高的根本原因，在于公民参与社会事务的法律不多，仅有的一些法律又没有更加详细的规定，缺乏可操作性，往往使公民在参与选举、对话、协商、听证等形式的社会管理活动时，不能很好地表达自己的意愿，失去了公民参与的意义。因此，需要进一步完善相关立法，保障公民参与社会管理的基本权利。此外，法律没有长期僵化不变的，社会管理法律法规还应该顺应社会形势的发展不断加以修订，确保有法可依。

社会管理的规范化不仅需要完备的法律法规体系，还需要社会管理法律法规的有效执行。当前推进社会管理行为的法治化和规范化，应着力做到几个方面的有机统一：依法管理与合理创新的有机统一。必须将各项社会建设、管理和服务都纳入法治轨道，最大限度地运用法律手段来规范社会事务管理，同时鼓励依据社会自身的运行规律进行合理创新，扭转过去传统的社会管理方式方法，尽快适应当前新的社会生态环境，最大限度地激活社会活力，此其一。其二，规范权力与保障权利的有机统一。要突出强调保障人民权利、规范国家权力尤其是行政权力这一法治的核心价值理念，有效规范和制约公权力，确保社会管理权力的规范运行，同时自觉尊重和保障公民的基本权利，确保广大人民群众的基本生存权和发展权。其三，正当程序与透明高效的有机统一。既要求社会管理决策、实施管理行为必须遵循法定的程序，保证社会管理活动的程序规范化、正当化，又要求社会管理的过程公开、信息公开等，明确管理服务的内容、标准、程序和时限，确保管理服务效果的透明化、高效化。

挑战之四：如何在抓好顶层设计的同时鼓励基层大胆探索，形成各具特色的社会管理模式。

加强和创新社会管理是社会领域的一场深刻变革，必须从巩固党的执政地位、维护人民根本利益、保证国家长治久安的高度来考虑和部署，既要加强宏观思考和顶层设计，注重改革的系统性、整体性、协同性，同时也要积极鼓励各个地方因地制宜，大胆试验，创设具有不同特色的社会管理新模式。也就是说，不仅要做好社会管理制度的顶层设计，为基层社会治理创造良好的宏观环境，指明发展方向，确定目标定位，也要鼓励基层不断探索，改革创新，形成顶层设计与夯实基础相结合的"上下配合、整体联动"模式。

常言道："不谋全局者不能谋一域。"社会管理创新作为一项系统工程，必须有总揽全局的魄力、高瞻远瞩的智慧和统筹规划的能力，为社会管理创新指明方向和道路。在新的时代背景下，社会管理创新的顶层设计至少需要突破以下几个关键问题：一是社会管理体制的创新。当前我国正处于发展的重要战略机遇期，又处于社会矛盾凸显期，社会管理领域不断出现的新问题和日渐积累的新矛盾，从根本上说是长期以来社会建设滞后于经济建设，社会管理体制与多元化的社会发展态势不相适应造成的，亟须改革和创新社会管理体制，加快形成党委领导、政府负责、社会协同、公众参与、法治保障的社会管理体制。这一新型的社会管理体制把握住了党委领导的核心作用、政府负责的关键作用、社会协同的支撑作用、公众参与的基础作用以及依法治理的保障作用，其各个主体、各个部分的功能作用都应该得到充分的体现。二是社会管理机制的创新。维护社会稳定与公平正义，促进社会的有序运行与健康发展，需要加快形成源头治理、动态管理、应急处置相结合的社会管理机制。这一社会管理机制的确立，不仅是对改革开放以来我国社会管理实践经验的总结和发展，而且直接决定了社会管理路径的有效性、社会管理成本的可控性，进而从根本上决定了社会管理体系的运行效率。如何加强源头治理、动态管理和应急处置，尽可能防止、减少社会矛盾和社会冲突，及时妥善处理已经发生的社会矛盾和冲突，最大限度地减少不和谐因素，最大限度地维护社会稳定，是顶层设计需要理顺的重大问题。三是推动政府转型和政府职能转变。要按照建立中国特色社会主义行政体制目标，进一步推进政企分开、政资分开、政事分开、政社分开，建设职能科学、结构优化、廉洁高效、人民满意的服务型政府，推动政府职能向创造良好发展环境、提供优质公共服务、维护社会公平正义转变。要解决好政府与市场、政府与社会的关系，深化行政审批制度改革，继续简政放权，将该"放"的权坚决放开、放到位，该"管"的事坚决管住、管好。应当使政府对社会的管理转变为对社会进行宏观调控和监督，并把大量的社会事务交给个人和社会组织，充分发挥它们的自我管理功能，从根本上扭转"全能政府"的做法，进而推动政府向"有限政府"转型，使政府与社会之间不再是命令与服从的层级关系，而是地位平等、彼此协调合作的联动关系。当然，需要明确的是，政府职能的转变不是政府职能的弱化，而是该弱化的要弱化，该强化的要强化，该转化的要转化，做到全面、正确地履行。

社会管理创新既要做好顶层设计更应当鼓励基层大胆探索。基层是社会管理的基础和平台，是当前推进社会管理创新的重要依托。这是因为，社会管理创新的源泉在基层，难点在基层，根基也在基层。随着市场经济发展和社会流动的加速，越来越多的社会成员由"单位人"变成了"社会人"，社区愈益成为人们生活的主要空间。城乡社区是社会构成的基本单元，是城乡居民依法行使民主权利、参与公共事务，实现自我管理和自我服务的平台。推进社会管理创新应该紧紧抓住这个基础平台，以构建和谐社区、平安社区为切入点，在建立新型社区管理和服务体系上下功夫，构建起横向到边、纵向到底的管理新格局。要充分发挥以社区为主的基层自治组织的作用，进一步扩大基层民主，加强民主政治建设，为创设形式多样的基层社会管理实践提供可能。需要特别指出的是，我国现有的社会管理模式往往没有充分考虑到各地的差异性，几乎都在同一种社会管理模式的指导下进行社会管理实践。实践证明，这种试图一劳永逸地将一种模式套用到各地的做法是不切实际的。在推进基层社会管理的探索实践中，必须深入调查研究，认真总结经验教训，在充分考虑各地所面临情况的不同以及所需解决问题的差异的前提下，积极鼓励各个地方因地制宜、因势利导、因类设计，探索适合自身、灵活高效、实际可行的运行机制，满足差异化的基层社会管理服务需求，形成各具特色的基层社会管理模式。

挑战之五：如何统筹现实社会和虚拟社会管理，强化网络时代的社会治理能力。

在当今信息化浪潮席卷全球的新时代，互联网在极大地促进经济社会繁荣发展、方便人们生产生活的同时，也逐渐成为公众的诉求之地、社情民意的聚合之地、不良文化的集散之地、社会矛盾升级异化的酝酿之地乃至违法犯罪的栖息之地。因此，深化对虚拟社会管理的认识，探索虚拟社会管理的有效方式，从而进一步强化网络时代的社会治理能力，是我国亟待完成的一项紧迫任务。

虚拟社会是一个开放的系统，这种开放性既体现在空间上交往的无障碍性，也体现在时间上联系的无条件性，虚拟社会中的成员都可以毫无距离感地于任何时间进行交流与沟通。同时，网络社会中的活动是不以物质实体形式而是以数字化的代码形式为载体来实现的，在网络社会中所有的东西都是数字化的。另外，就像现实社会中人们可以在不同城市、不同国家之间自由地迁徙，网络社会中成员也可以在不同社区、不同网站中自由活动，而受到较少的限制。虚拟社会的这些开放性、虚拟性和流动性特点使人类活动的领域和范围得以扩大，使人与人之间的空间关系得以扩展，使人们的反应能力、情感能力得以提升。但必须正视的是，由这些特点衍生而来的一系列新情况、新问题已不容忽视。诸如，网络犯罪的治理问题。随着虚拟社会与现实社会的联系程度不断加深，造谣、传谣、诈骗、赌博、色情、盗窃等违法犯罪活动屡屡发生，侵犯著作权和知识产权的违法现象大量存在，网络钓鱼、隐私窃取等新型犯罪形态也日益增多。网络空间的安全问题。网络病毒、网络黑客等滥用技术手段破坏虚拟社会环境，导致虚拟社会中信息安全和财产安全遭到极大破坏。垃圾邮件、骚扰信息、低俗信息等干扰了正常的人际交往，污染了虚拟社会环境。网络舆论的引导问题。由于网络对社会舆论的巨大影响，网民的呼声能够成为引导和影响社会舆论的重要力量，极易使网络媒体成为一些别有用心的不法分子散播谣言和虚假信息的工具，冲击现实社会的和谐稳定。大量的事实证明，有些现实社会的事件经过网络传播后，会立即聚焦、催化和放大，容易煽动民众情绪，引发不稳定因素。

有基于此，把虚拟社会管理与现实社会管理紧密结合起来，已然是社会管理创新极其重要的环节。各级党委政府应着力构建与网络媒体的良好合作关系，按照公开管理、依法管理、主动管理的原则，加强对网络虚拟社会的建设与管理，发挥网络媒体的积极作用，遏制网络媒体的消极影响，不断提高应对网络媒体的素质和水平。要加强信息化建设，进一步把现代信息技术引入社会管理领域，健全社会管理信息网络体系，建立规范高效的动态采集机制，及时准确掌握"人、屋、车、场、网、会"等基础信息，加强动态分析和综合研判，打击网络违法犯罪行为，净化网络环境。鉴于网络舆论事件层出不穷的实际情况，尤其需要加强网络舆情引导，形成正确的网络舆论导向。必须用权威的舆论引导公众，疏导网民情绪，整合和形成积极向上、健康有序的主流舆论。政府应在新兴主流媒体的建设上下功夫，无论在政策上还是在资金上都给予大力支持。通过建设权威新闻网站、论坛等渠道，优化主流媒体的服务功能，拓宽舆论阵地，抢占舆论的主动权和话语权，形成一支政府管得住、网民信得过的主流网络媒体正规军，使权威媒体网站成为巩固权威舆论的主阵地和引导网络舆论的主力军。此外，要重视意见领袖或公共知识分子对网络舆论走向产生的影响，可以聘请社会知名人士、资深专家学者到网站做在线访谈、交流和倾听等，帮助提高主流媒体的公信力。还可借助强国论坛、发展论坛及一些网站开辟的高端访谈等权威网络媒体来聚集民意、增进共识，扩大正面舆论的影响力。

值得注意的是，加强虚拟社会管理离不开现实社会管理。虚拟社会虽然与现实社会存在区别，但是网络虚拟社会与现实社会有着莫大的联系。在社会转型期，由于社会大变革、利益大调整引起了社会心态的巨大变化，社会焦虑和心理失衡等问题需要一定的调节，而现实社会中的沟通、发泄渠道并不畅通，使得网络成了人们表达诉求、发泄情绪、调节心理的缓冲器，在一定程度上加大了虚拟社会管理的压力。只有建立健全人们的表达、沟通和发泄的渠道，引导人们积极参与社会事务管理，才不会导致网络成为人们吐槽倒水的主要阵地，才不会对虚拟社会管理构成巨大的压力。同时，虚拟社会作为现实社会的反映，其管理的各个环节需要现实的、真实的个体来进行具体操作，虚拟社会的监管需要社会组织和公民个人的力量，虚拟社会存在的问题也要转移到现实社会来具体落实和加以解决。

挑战之六：如何因应风险社会突发事件频发高发的现实，加强应急管理能力建设。

风险社会已经是当下我国无可回避的历史境遇，而突发事件的频发高发则成为我国处于社会转型风险和全球化风险双重叠加的风险社会的现实反映。现阶段我国突发事件的基本发展态势，一是突发事件的种类日渐增多。进入21世纪以来，突发事件发生的种类和频率都呈明显增长态势，各种自然灾害、事故灾难、公共卫生和社会安全事件屡见不鲜，除传统突发事件外，新的非传统突发事件不断凸显，包括能源紧张、智能犯罪、恐怖主义、贩毒走私、严重传染性疾病、海盗活动、环境安全、经济金融安全和信息安全等。而且，传统突发事件与非传统突发事件相互交织、相互影响、相伴而生，具有明显的互动性，处置起来难度较大。二是突发事件的波及领域日趋广泛。这些年不仅接连发生重大的自然灾害，而且在经济、政治、社会和生态等领域都发生了程度不同的突发事件。在经济领域，有由于"三农"问题突出、移民安置不当、征地拆迁纠纷引起的维权及各种抗争事件；在政治领域，有由于转型期政府职能履行存在偏颇，公共服务不足，加之违法行政、腐败渎职等引发损害政府形象的事件；在社会领域，有由于贫富分化不断加剧造成心理失衡而引起的泄愤事件，各种社会治安案件、个人极端暴力事件增多；在生态领域，有屡屡发生的各种环境群体性事件。在国际上，由领土主权、国家利益和公民人身安全所引发的种种外交危机也时有发生。三是突发事件的危害性日益加剧。各种突发事件都会不同程度地造成物质上的损失或精神上的伤害，都会影响正常的社会秩序，甚至会给人们的生存与发展造成灾难性的后果。特别是社会演进到今天的阶段，后工业社会在创造极大物质财富的同时，也给人们带来难以想象的风险，使得当下的世界变得愈益复杂和难以驾驭。

与上述突发事件的发展态势相比，与广大公众对公共安全的强烈需求相比，当前全社会应急管理能力显然存在诸多缺陷：
（1）事前预警能力不足。虽然突发事件的发生具有明显的突发性、紧迫性，但其发生演变的过程总会有一些端倪可以察觉。从以往应对突发事件的经验教训来看，由于有些应急管理人员危机意识不强，风险识别能力不足，对事件始发状态的信息掌握不准确，未能做到未雨绸缪，从而错失良机，导致危机扩散蔓延。
（2）应急决策能力不强。懂得并善于应急决策，是现代风险社会领导者和管理者必须具备的基本素质和能力。由于受决策人员素质不高、决策缺乏科学手段、决策系统不完善等因素的影响，许多决策者往往不能在第一时间迅速对危机进行判断并提出科学有效的应对策略，使得不少事件不能及时有效地得以化解。（3）社会动员能力有限。长时期以来我国的应急管理过度依赖于政府的力量，而忽视了社会组织和公众的作用，加上社会组织本身也存在诸多方面的不完善，专业性不强，导致突发事件发生时，公众参与意识和素质不高，不能有效地调动各方力量来共同应对，结果难以形成全社会响应、全民参与的局面，无法取得好的应急管理效果。（4）信息沟通能力薄弱。面对突发事件时，人们对信息的需求非常强烈，所以保持信息传播的及时性和真实性是应对危机的关键环节。但在条块分割和部门封锁严重的现行管理体制下，政府内部的信息沟通不畅，不利于突发事件的快速解决，同时政府往往忽略向广大公众披露信息，舆论引导不力，容易造成社会恐慌，甚至引发其他次生、衍生灾害。（5）事后评估学习能力欠缺。从已经发生的事件中汲取经验教训，进行反思，是整个应急管理中的一个重要环节，也是一个重要原则。一个地方、一个单位，面对危机和灾难，需要勇气和智慧去应对，更需要勇气和智慧在事后进行反思和总结，只有这样，才能把一次次危机变成一次次改进工作和提高应急管理水平的契机，真正把危机变成机遇。相形之下，这方面的工作还做得远远不够。

应急管理作为非常态下的政府管理职能，它是社会管理的重要范畴，应急管理能力也是社会管理能力的一种集中体现。尽管这些年来政府应急管理能力有了逐步的提升，但在频繁发生的突发事件中，许多政府的不当作为使其一次次被推到舆论的风口浪尖，辜负了公众对政府权威形象的期望，也引发了公众对政府应急能力的质疑。可以说，能否有效预防和科学处置各种突发事件，已经成为对各级政府及其领导者执政能力的重大考验，同时直接关系到一个地方乃至国家的政治经济稳定和社会和谐安宁。

挑战之七：如何加强社会工作专业人才队伍建设，提升社会管理的专业化水平。

在加强和创新社会管理实践中，发挥社会工作者的专业优势，能够帮助有需要的个人、家庭、群体、社区和组织，整合社会资源，协调社会关系，防范和化解社会问题。大量的事实表明，社会工作人才已经成为现代社会管理和公共服务的一支重要力量，对于增强社会管理的针对性和实效性，提升社会管理的专业化水准等具有重要的战略意义。

从目前情况看，我国社会工作专业人才在发展规模和功能作用上十分有限，具体表现在：一是从业人员数量不足。社会转型以及社会的多元化发展，使得社会工作部门承担着繁重的社会管理与服务工作，不仅工作种类繁杂细致，而且工作量大。与大量的社会工作需求相比，社工从业人员明显不足，尤其是一线社会工作服务人员严重不足。二是专业化和社会化程度不高。目前在职在岗的社会工作者绝大多数未接受过专业学习，知识结构和能力水平跟不上社会发展的需要，专业化程度较低，以至于难以提供令人满意的服务，难以满足社会工作需求，更无法有效解决工作中遇到的各种问题。加上我国专业社会工作刚刚起步，社会工作者不仅社会地位较低，而且还不被社会所广泛认同和接受。当社会不理解社会工作者这个行业的时候，工作就会很难开展。三是结构不合理、人员不稳定。反映在地域分布上，社会工作者主要集中在省会城市等一些大中型的发达城市，而在更需要社工的广大农村，几乎为空白。反映在岗位设置上，大部分社会工作者隶属于国家机关和事业单位，而社会组织却很少有社工。反映在工作领域上，社区建设、社会福利、社会救助等领域的社会工作人员比较多，而教育辅导、医疗卫生、司法矫正等领域的人员则相对较少。此外，由于社会工作者的整体收入较低，且社工的升职和自我提升空间较小，很多人并不愿意从事这样的工作。四是面临着体制性障碍。基于行政和事业单位用人制度改革相对滞后、各类社会组织不够发达、各级财政投入不足等因素的影响，社会工作人才得不到体制的保障，甚至还要面临社会上的种种歧视，得不到应有的尊重。这也决定了只有少数社会工作专业的毕业生找到了专业对口的工作，有的即使得到工作，却也得不到应有的地位和福利。

我国社会工作人才队伍建设中出现的这些问题，与资金投入严重不足，社会认可度较低，人才引进机制不灵活、人才培养机制不完善和人才管理机制不健全，以及政府的干预过多等有直接关系。当前在全世界许多国家和地区都重视加强和发展社会工作的氛围下，推进社会工作人才队伍建设需要全社会的共同关注和大力支持，保证社会工作人才队伍建设向制度化、规范化和专业化方向发展。首先，营造良好的社会氛围，增强社会工作人才队伍的社会认可度。通过网络、电视、报纸等媒体宣传和报道社会工作人才队伍的工作，弘扬社会管理理念，提高人们对社会工作的认知和认可，并从国家、社会层面对社会工作者给予高度的重视和肯定，确保社会工作的持续发展。其次，加大政府扶持力度，为社会工作人才队伍建设提供资金保障。社会工作人才队伍建设和发展的资金一般都来源于公共财政的支持，各级政府应该在财政支出的预算中划拨一定的经费用于社会工作人才队伍建设。再次，加强教育培训，提高社会工作专业化服务水平。要提高现有从业人员中的专业社工比例，加强社会工作人才继续教育，加大与高校社会工作院系合作，快速培养一批具有社会责任感和敬业精神的社会工作专业人才充实到各类社会服务组织中。最后，完善激励保障制度，激发社会工作人才队伍的活力和积极性。明确社会工作者在社会工作中的权利义务关系，保障社会工作人才的合法权益，并制定能体现社会工作人才价值的激励机制，充分调动广大社会工作人才的工作热情和积极性。

挑战之八：如何有效化解改革发展中的突出矛盾和问题，维护社会和谐稳定。

毋庸讳言，当前我国进入了改革发展的关键时期。这个时期是社会结构和社会机制的大转变、大调整时期，它往往蕴含着诸多可能引发社会矛盾和问题的新特点：一是社会生活的复杂性。社会转型中新旧体制的基本原则、运行规则以及据以规范的社会秩序难免产生剧烈的摩擦与碰撞，在旧体制深层次矛盾充分显露且难以立即消除的同时，新体制运行初始的不完善带来新的矛盾，由此导致经济、政治、文化、社会生活呈现纷繁复杂乃至某种紊乱的态势。二是利益格局的变动性。社会的急剧转型，必然影响到整个社会利益关系和利益格局的调整。在利益的重新配置和博弈过程中，每一个阶层、群体作为利益主体，总是力图争得更大的利益份额，特别是那些掌握着较多社会资源的强势群体，由于获得了过多的利益，他们与弱势群体之间的利益冲突不断加剧，从而造成不同利益主体之间的矛盾和冲突。三是社会机制的残缺性。改革进程中原有的体制已经被打破，与过去计划经济时代相配套的社会控制机制也失去了作用，而与现代市场经济相适应的体制、机制的确立和完善需要一个过程。于是，体制运行与政策执行中的许多漏洞经常被某些人所利用，加剧了有些方面秩序的混乱，导致各种矛盾和问题比其他时期更趋多样化和多发。四是社会焦虑的弥漫性。快速的社会变革，使许多人对自己的未来前景充满着一种不确定的感觉，引起了一系列的心理负荷加重和心理震荡现象，特别是那些利益受损或地位下降的人，已经产生了明显的受挫感、危机感、不安全感甚至强烈的被剥夺感，形成了一种剧烈的社会精神阵痛，进而使整个社会弥漫着焦虑不安的情绪和浮躁的心态。在这种社会焦虑的背景下，容易产生大量的越轨行为和无序现象，体现在社会心理层面，往往会放大人们对某些社会问题的感受，加剧对某些社会现象的不满。①

综观古今中外历史，许多大国和强国的崛起与兴盛，都有一条值得借鉴的经验，那就是在谋求外部环境安全的前提下，推进国家在健康与和谐基础上的不断发展。而与此同时，我们还会发

---

① 肖文涛：《着力化解影响社会和谐的矛盾和问题》，《福建日报》（理论版）2007年3月13日。

现，历史上一些大国的衰败和没落，基本上与其内部社会矛盾的持续累积和社会冲突的过分尖锐密切相关。我国改革开放以来的经验也表明，没有和谐有序的社会环境，不可能有今天改革发展的大好局面。同时必须清醒地看到，我国现存的各种社会矛盾和不和谐因素正处于一个异常敏感和复杂的阶段，要想在短期内基本消除它们，显然是不可能的，但如果对这些矛盾、问题熟视无睹，不加防范与缓解，则可能会出现一个累积、扩散、爆发的失控的过程，进而使整个社会陷入动荡、混乱的境地，最终贻误整个现代化建设大业。因此，当前全党面临的一个重要课题就是，如何正确认识和妥善处理我国发展起来后不断出现的新情况新问题。① 必须制定并实施有效的对策措施，努力防范和缓解那些突出的社会矛盾和问题，把它们给和谐社会建设带来的消极、负面影响控制在最低限度。

挑战之九：如何完善官员政绩考核指标体系，推进社会管理科学化。

党的十八大明确把经济建设、政治建设、文化建设、社会建设和生态文明建设并列为中国特色社会主义事业的总体布局，它实际上蕴含着对现代社会发展的规律性认识，那就是必须坚持以人为本，树立全面、协调、可持续的发展观，促进经济社会和人的全面发展。现代社会发展应当关注各个方面在质态上的彼此适应、在量态上的比例合理、在功能上的相辅相成。诚然，经济的快速发展虽然能够创造出满足人的多方面需要的物质基础，但经济发展本身并不能保证随着经济总量的增加，人的各种需要会自然而然地得到满足。因而在发展进程中，应把提高生活质量、增加教育机会、广开就业门路、扩大社会保障面、保护生态平衡、实现社会公平、搞好社会服务和社会治安等社会目标，同增加经济总量、提高居民收入水平等经济目标，置于同等重要的位置，从而实现社会各方面的统筹兼顾、协调发展。

上述科学的发展观需要正确的政绩观加以保障。而确立正确

---

① 《习近平在中共中央党校建校 80 周年庆祝大会暨 2013 年春季学期开学典礼上的讲话》，《人民日报》2013 年 3 月 3 日第 2 版。

的政绩观，就必须制定一套科学合理的政绩考核指标体系，用以规范官员的施政行为。作为衡量和考核政府官员的重要手段，政绩考核指标无疑是一个高高的指挥棒，有什么样的政绩考核指标，政府及其官员就有什么样的目标追求和施政行为。因为政绩指标虽然是政府工作业绩的事后考核指标，但政绩指标一旦确定就会成为政府追逐的目标，直接影响着领导班子和广大公务员的政绩观，从而对政府施政行为产生导向作用。①

毋庸置疑，长期以来我国政府绩效考核指标体系带有明显的经济建设型政府的特征，"过分强调经济领域而忽视社会发展领域是现行考核的普遍缺陷"。新加坡国立大学邓永恒教授的一项调查充分解释了这种情况存在的原因。他在搜集了中国 283 个中小城市的市长和市委书记 10 年的政绩和升迁结果后，得出分析结果：如果市委书记和市长任期内的 GDP 增速比上一任提高0.3% 的话，升职概率就将高于 8%，如果任期内长期把钱花在民生和环保上，那么他升官的几率是负值。② 这项研究结论一针见血地戳中了现行干部选拔制度的积弊，即重 GDP，轻民生；重发展，轻环保。官员升迁主要与 GDP 高低存在因果关系，"绿色官员"升迁难！

要革除官员政绩考核的突出弊端，当务之急就在于建立一个全面反映经济、社会、生态和人的全面发展的政绩考核指标体系，实现政绩考核指标由一维向多维转变。这些多维指标包括：（1）经济发展指标。经济发展固然重要，但对经济发展指标的考核不能再一味地追求发展速度，还要考核经济发展的质量。（2）社会发展指标。应增加基本民生方面指标的权重，使加快以保障和改善民生为重点的社会建设成为各级地方政府的重要任务。（3）生态保护指标。要有效扭转经济快速增长大多是以牺牲生态环境为代价的不当做法，应明确将绿色 GDP 作为

---

① 王茹：《建设"美丽中国"关键是要改变政绩考核指标》，《中国经济时报》2013 年 1 月 24 日。

② 惠铭生：《"绿色官员"升官难戳中干部考核积弊》，《理论学习》2013 年第 5 期。

官员政绩考核的重要参数。（4）人的发展指标。人的发展是人的自身建设的过程，它包括人的需求的满足、人的素质的提高和人的潜能的发挥等方面的内容。要将人的生活质量是否得到改善及改善的程度作为衡量社会是否有发展及发展程度的最高尺度，将公众的满意度作为评估一切政策、措施和实践活动得失成败的最高标准。总之，要通过改进和完善官员政绩考核指标体系，引导更多的人力、物力、财力等公共资源向社会管理领域倾斜，建立健全基本公共服务体系，提升人民幸福指数、社会满意度和安全感。

挑战之十：如何借鉴国外社会管理的最新成果，构筑具有中国特色的社会管理体系。

每个国家的社会管理都与其特定的历史阶段和经济发展状况相联系。20 世纪 70 年代在西方主要发达国家悄然兴起的"新公共管理运动"，促使公民社会随着市场经济和民主政治的发展而迅速崛起，并对社会管理产生了日益重大的影响。我国与西方发达国家在政治制度、经济基础和历史文化等方面存在的巨大差异，决定了我国的社会管理创新不能照搬西方国家的模式，必须在学习和借鉴的基础上从国情出发，构筑具有中国特色的社会管理新体系。它具体涵盖以下几个方面。

（1）以中国共产党为领导的社会管理。中国共产党是中国特色社会主义事业的领导核心，毫无疑问也是社会管理的领导核心。这是中国社会管理的最大优势，也是区别于西方政党制度的重要方面。基于此，建设中国特色的社会管理体系，作为执政党的中国共产党及其各级党组织必须充分发挥其在加强和创新社会管理过程中总揽全局、协调各方的领导核心地位，将党的纲领、路线和政策贯穿于社会管理的全过程，保证社会管理的社会主义性质和方向。

（2）以政府为核心的网络式的社会管理。社会管理是以政府为主导的包括其他社会组织和公众在内的社会管理主体，对社会公共事务进行组织、协调、服务、监督和控制的过程。当代公共事务和公共问题的复杂性，行政环境的动态性和多元性，使政府无法成为唯一的治理者，而需要建立参与式和网络式的公共管理体系。① 这就需要政府在明确自身职责和管理边界的基础上，为社会组织和公众让出足够的空间，充分发挥它们在社会协调、公共治理中的积极作用，从而建立起政府与其他各类主体之间的相互联系、相互协商、相互合作的协同治理格局。

（3）以民为本的社会管理。社会管理科学化的根本目标，在于让人民更多的享受改革发展和社会稳定带来的成果，保障人民生活更加幸福。因此，在管理过程中要始终坚持以民为本，在关注民生、惠及民利、维护民权、保障民安上做文章，把管理寓于服务之中，在管理中提高服务能力，在服务中提高管理水平，真正让人民在社会管理创新中感受到服务便捷、管理有序和社会和谐。

（4）透明公开的社会管理。透明公开是社会管理的基本要求。透明公开的社会管理就是要让社会公众拥有知情权、参与权、表达权、监督权，不断满足社会公众对公共信息和服务的需求，积极回应社会公众对权力运行、治理方式的关切。通过透明公开，能够最快平息争议、消除误解，并发动各方面力量把矛盾解决好。

（5）公平正义的社会管理。公平正义是评价社会管理的首要标准，也是创新社会管理的核心理念和基本价值取向。在社会管理中必须立足公平正义，改革和完善各项制度，打破各种社会不公，切实协调好利益各方的关系，维护公平正义，实现社会的安定和团结。因为只有公平正义，才能使社会公众心情舒畅、社会生活井然有序、社会局面和谐稳定；也只有公平正义，才能增进人民的幸福感，筑牢社会管理的根基。

（6）具有回应力和负责任的社会管理。时刻关注民意风向，积极听取和回应公民诉求，是政府不可推卸的责任；着力解决公民最需要解决的紧迫问题和影响社会和谐稳定的源头性、基础性问题，也是政府应该担当的职责。通过切实回应诉求，有效解决问题，提高服务满意率，才能为公民提供安全、公正、便捷、高效的管理和服务，促进社会和谐。

---

① 张成福、董克用：《公共管理的制度创新》，《人民日报》2003 年 7 月 11 日。

（7）讲效率和重绩效的社会管理。高效的社会管理既包括对人、财、物等硬资源的利用，也包括对制度、理念、文化等软资源的应用和开发，只有提高社会管理效率，注重社会管理绩效，才能增加公共服务的效率和活力，进而提高社会管理的绩效。从一定意义上说，社会管理也是一种经济行为，应当合理有效配置公共资源，努力降低管理成本，提高公共服务质量，力求以较小的投入获取较大的收益，达到社会管理行为的高效化。

多元共治视角下城市社区管理模式创新问题研究

——以济南市历下区燕山街道办事处为例

马树颜　李光耀　郑莹莹*

济南市历下区燕山街道办事处位于风景秀丽的燕子山脚下，闻名遐迩的燕子山住宅小区内。街道东起燕子山路，西至山大路，南起经十路，北至益寿路，辖区面积 3.2 平方公里，1.5 万余户、4.2 万余人，下设燕子山社区、燕山路社区、益寿路社区、燕北社区、燕南社区、燕文社区、和平路社区共 7 个社区居委会，辖区法人及产业单位 1300 多家。近年来，燕山街道办事处围绕加强社会管理，化解社会矛盾，为民办实事，创新社会管理概念和思路，不断优化服务环境，拓展服务手段，提升服务水平，完善服务领域，构建了一整套人民满意的街道服务体系，促进社区建设和社会管理水平不断提升，开创了辖区和谐稳定的良好局面。

一　城市社区构建多元共治型社区管理模式的思路与举措

近年来，燕山街道在中央和省市相关文件精神的指引下，围绕历下区委关于推进社会管理创新的相关部署和要求，在充分利用现有优势资源的基础上，坚持党委政府主导下的社会管理创新，积极解决发展过程中面临的各种难点和问题，优化服务环境，拓展服务手段，提升服务水平，完善服务领域，为民多办实

* 作者简介：马树颜，济南市委党校讲师，硕士；李光耀，济南市历下区燕山街道办事处主任；郑莹莹，济南市历下区燕山街道办事处副主任。

事，化解社会矛盾，着力构建人民满意的街道、社区管理服务体系，社区建设和社会管理工作不断上水平。经近年来的不断努力发展，辖区环境进一步优化，社区氛围更加和谐，逐渐发展成为历下区乃至济南市各项工作都走在前列的规范化、精品化、品牌化的宜居宜业街道。总结这些年加强社会管理创新的主要思路如下。

（一）转变发展观念，树立多元治理的社区管理创新理念

街道在近年来的发展过程中，逐渐确立了"五位一体"的发展思路，即坚持以信息化、品牌化为特征的基层党建工作为龙头，以发展税源经济为街道工作的生命线，以加强长效化、精细化、数字化的城市建设管理为重要职责，以保障和改善民生为重点的社会管理创新为永恒主题，以提高预防和处置突发事件的能力建设为主要内容的基层维稳为重要政治任务。在以上五项重点工作中，以改善民生为重点的社区管理创新作为街道工作中的一个重要方面，一直被作为街道工作的永恒主题，这也充分体现了街道对社区管理创新问题的高度重视。

在此基础上，街道及时转变发展思路，逐渐树立了更加科学、合理的社区管理创新理念。首先，实现了社区管理理念和思路的三个转变。街道先后总结完善了"兜底服务""普惠服务""文化服务""超前服务""应急服务"等服务方式，把全机关的党员干部和社区工作者撒到群众中，了解老百姓的需求，提前着手制定工作计划和预案，初步实现了"三个转变"，即由注重解决基本生活需求向提升思想文化素养转变，由注重满足居民普遍需求向满足多层次、个性化需求转变，由注重解决眼前困难的应对服务向超前长远服务转变。其次，明确了创新社会管理的主题是服务群众。因为创新社会管理归根结底是要做群众工作，做群众工作先要为群众搞好服务，我们始终把服务群众作为永恒的主题，不管如何管理、如何创新，都把民意、民需、民盼放在首位。再次，进一步强化了社会管理创新队伍的社区意识、共建意识、服务意识。街道党工委、办事处、机关各科室和社区党组织、社区居民委员会、社区群团组织等各司其职，相互配合，强化社区意识、共建意识、服务意识，发挥自身优势，共同推进社会管理工作。

（二）推进共建共享，积极探索多元化的社区服务管理新机制

街道积极探索社区服务管理新机制，相继出台了《街道社区网格化管理实施意见》和《街道关于社区服务管理机制创新的意见》，两个《意见》都是以深化社区服务管理机制创新为动力，大力推进和谐社区建设，逐步形成"党委领导、政府负责、社会协同、公众参与"和"共同建设、共同享有"的社会管理新机制、新格局。同时，在社区服务管理机制创新中，坚持以社区党组织为核心，以社区居委会为主体，以社区服务站为依托，扎实推进"一委一居一站"建设；同时以业主委员会、物业公司、社会组织、驻区单位四方为支撑，推动社区资源共建共享，从而形成"3＋4"多元治理的社区服务管理新机制，做到"一强五化"。"一强"，即社区党组织领导核心地位得到加强，注重社区党建创新，着力构建全覆盖党建组织体系，统筹推进区域化党建。"五化"分别为：社区建设多元化，即整合社区资源，调动一切社会力量，实现社区共驻共建、资源共享；社区自治民主化，鼓励社区根据居民服务需求的差异性，自主发展若干个特色委员会，引导居民参与公共事务管理，建立社区"三会一评"制度，即社区事务联席会、社区民情恳谈会、社区民意听证会、社区群众现场评议，扩大社区自治和民主监督；社区管理网格化，按照"一人多岗、一专多能，分片包干、责任到人，资源整合、信息共享"的原则，根据社区实际，将自然小区、楼栋划分成若干个网格，纵向到底、横向到边，实施网格化管理；社区服务品牌化，推行"一居一品牌"，围绕"为民、便民、富民、安民、育民、乐民"，打造社区服务品牌，推进社区服务"功能化""特色化"；社区矛盾预警化，完善矛盾排查预警和风险评估机制，在社区建立"民意诉求站""社区恳谈室"，推行领导干部"社区走访日"，畅通民意诉求渠道，协调解决社会矛盾。

（三）整合辖区资源，形成社区管理创新的共建合力

街道的社会管理创新工作中，在健全完善"党委领导、政府负责、社会协同、公众参与"和"共同建设、共同享有"等社会管理新机制的基础上，积极发挥街道党工委、办事处、机关各科室和社区党组织、社区居民委员会、社区群团组织等力量在社区管理创新中的主导作用，完善激励机制，不断探求创新，共同推进社会管理工作。

街道坚持把培育发展社区社会组织作为构建和谐社区的切入点，充分发挥社区社会组织在社会服务管理中的组织引导、协调整合、示范带动和排忧解难功能，充分发挥其在反映利益诉求、规范社会行为、化解社会矛盾、扩大公众参与、提供公共服务、增强社会活力、促进社会发展等方面的积极作用。近年来，共发展了诸如社区治安巡防协会、群星艺术团、志愿者协会、帮老助困服务队、养犬自律会等 100 余个社区社会组织，参与人数近万人。

此外，燕山街道坚持把文化建设作为凝聚人心、培育文明的重要抓手，指导建立了红歌艺术团等 30 多支文体队伍，经常组织开展群众喜闻乐见的文体活动，使燕子山小区公园成了社区传播先进文化的主要阵地，形成了独具特色的广场文化，使居民走出小家庭，融入大社区，初步打造了让陌生的人熟悉起来，让劳累的人轻松起来，让疏远的人亲近起来，让困难的人得到关心，让奉献的人受到尊敬的社区人文环境。

（四）扎实推进"为民办实事"，确立多元共治型社区管理模式的着力点

街道扎实推进"为民办实事"，各社区均建立了便民缴费服务站，居民足不出社区便可方便地享受水费、电费、暖气费、手机话费、宽带费缴费及预订车票、物品配送等服务；成立了街道社区爱心快速配送服务中心，通过向社区老年人提供上门快速配送服务，让老年人足不出户享受各种生活便利；建成"我的兄弟姐妹阳光家园"，开通残疾人心理咨询热线，与山东师范大学心理学院达成共建协议，为辖区残疾群体提供心理咨询服务，受到残疾群体的广泛欢迎；针对辖区老年人不断增多的情况，建立了"投资多元化、运作市场化、管理规范化、对象大众化、服务人性化、队伍专业化"以及"专业服务与志愿者服务相结合"的"六化一结合"的居家养老服务体系，对辖区老人实行无偿、低偿、有偿服务，把居家养老优惠政策真正落到实处；为促进就业，对已毕业及面临毕业的社区大学生，建立了燕山地区大学生就业创业见习基地；对下岗失业人员，做出了"只要您不挑不拣，保证您24小时快速就业"的承诺；对自主创业人员，提供小额贷款；针对辖区特困群体，筹资设立燕山地区爱心救助基金，对低保、特困户进行救助；针对环卫工人劳动量大、没地方吃饭的现象，新建了街道环卫保洁员食堂，使环卫工人吃上干净、卫生、放心的热饭，为上百名环卫工人解决了生活上的后顾之忧，调动了环卫工人的积极性，辖区保洁上了新水平。另外，2012年，办事处自筹资金，成立燕山地区爱心救助基金，进一步拓宽救助范围，扩大救助病种，为困难群众争取更大的救助力度，推动了燕山地区救助工作的规范化、科学化和常态化。

（五）依托信息化、网格化，积极构建多元、高效的社区管理创新平台

近年来，随着网络信息化不断发展，人们的需求也越来越多元化，为满足人们不同程度的需求，燕山街道办事处按照"以社区信息化建设为重点，创新基层社会管理服务"的工作思路，以"政府主导、企业参与、贴近实际、和谐发展"为指导思想，以便民利民为宗旨，以提高街道公共服务的自动化、现代化为目标，不断加强信息化建设和现代信息技术的应用。街道先后投入180万元，建立了涵盖教育、管理、服务、互动、监控5大功能板块的社区信息化平台，为居民群众提供"零距离、不间断"的服务，初步实现了党员管理信息化、教育形式多元化、社区服务亲情化、社区管理数字化；打造网上"十分钟生活服务圈"，将康洁洗衣、金德利快餐等40多家单位的19项服务整合上网，居民群众轻点鼠标，各项服务就能"送货"上门；联合北京赛普智成科技有限公司，成立了济南燕山家政服务网络中心，整合了100多家服务单位资源，为社区居民提供家政、生活百事、社区导购、养老、医疗、人才招聘、法律等12大类服务；构建了集服务资源、服务需求、服务组织、服务方式于一体的街道社区服务数据库，将群众对各个领域、不同层次的服务需求与服务资源紧密联系在一起，全方位满足居民的多种需求，实现了服务科学化、专业化、亲情化。

另一方面，积极推行社区网格化管理。街道积极出台了《街道社区网格化管理实施意见》，以实现辖区精细化管理、人性化服务为目标，根据社区实际，将社区、楼栋划分成若干个网格，纵向到底、横向到边，实施网格化管理，为各社区统一制作了便民服务卡、网格工作证和网格化平面图，配备网格便民服务包，方便网格化工作的开展。在此背景下，积极发挥社区力量，对社区管理实行网格化，实时采集网格内居民家庭情况，对网格内的居民实行动态管理和服务，通过入户调查、摸底登记，对辖区内的困难群体、特殊对象和重点人员的基础信息，做到及时更改，掌握民情、民意，全面获取社区动态，真正实现社区居民有效互动，构筑社区共同参与、共同管理的新模式。

二 城市社区构建多元共治型社区管理模式的成效与启示

（一）构建多元共治型社区管理模式的主要成效

近年来，燕山街道把社区群众满意度作为工作的出发点和落脚点，通过加强以民生为重点的社会管理创新，变管理为服务，变领导为引导，整合辖区资源，完善体制机制，带动街道经济社会快速推进，实现了各项工作的全面发展。而且创新社会管理的举措得到了社区居民和驻区单位的广泛支持，赢得了社会的广泛关注和肯定，主要体现在以下几方面。

1. 辖区经济社会发展水平加快推进

街道在社会管理创新过程中，坚持以服务群众、改善民生为出发点和立足点，以街道、社区力量为主导，发挥党员代表、社区志愿者、辖区公众、社区组织、驻区单位等多元社会力量的主体作用，积极探索社区管理体制、机制改革与创新，不断推进社区各项工作迈上新台阶。

2. 辖区社会氛围更加和谐有序

近年来，随着辖区经济发展水平的不断提高，城市管理水平的不断改善，民生投入力度的不断加大，街道社会治安管理水平不断增强，辖区的社会氛围也更加和谐有序，社区呈现了文明、祥和的良好氛围，社区居民群众安居乐业、社区家庭邻里和睦、一方平安，有力地促进了和谐社区创建。具体表现在：街道、社区居委会干部与社区居民的关系更加和谐，干群关系得到明显改善，群众对街道、居委会各项工作的信任度、支持率快速提升；街道、社区的居民之间、邻里之间的关系更加和谐，各类社会矛盾纠纷化解率明显提高；街道、社区与驻辖区的单位之间的关系更加和谐，共驻、共建、共享取得了更为突出的成效，共同推动了辖区的和谐有序发展。

3. 居民群众幸福感、满意度明显提高

创新是为了发展，发展是为了惠民。燕山街道在近年来的社会管理创新中，紧紧围绕人民群众最关心、最直接、最现实的利益问题，坚持优先发展民生，进一步加快社会事业发展，做到发展成果由人民共享。街道、社区通过创新社会管理的一系列新方法、新机制，通过一些实实在在的举措，真正为群众办实事，解决了老百姓最关心的问题，真正维护了人民群众的权益，做好了群众工作，让群众感到我们的社会是公平正义的，让辖区居民生活在燕山都感到安全、自豪、幸福。

4. 社会广泛关注、领导充分肯定

燕山街道多年来一直把实现好、维护好、发展好人民群众的根本利益，作为一切工作的出发点和落脚点。街道每年都承诺办理一批社会关注度高、资金需求量大、项目惠及面广的实事，先后完成了环境综合整治、社区便民服务建设等 30 多个实事项目，得到了辖区群众认可。而且，经过街道、社区多年来的努力，辖区经济实力不断增强，社区治安环境有了明显改善，社区氛围更加和谐有序。以上这些工作和取得的巨大成就受到了社会各界的关注和社区群众的广泛好评，受到来社区视察工作的各级领导同志的高度评价，并先后荣获"全国和谐社区建设示范街道""全国充分就业再就业示范社区""全国文化先进社区""山东省青少年零犯罪社区"等荣誉称号。

（二）构建多元共治型社区管理模式的几点启示

近年来济南市燕山街道在坚持政府主导，多元社会力量共同

参与治理的基础上，使街道的社区社会管理创新不断取得新突破，可以总结出以下几点启示。

（1）党建引领、政府主导是创新社会管理的根本。加强和创新社会管理，关键在基层。基层创新社会管理必须立足于中国传统和转型期的社会现实，坚持党委政府主导下的社区民主自治。政府要管好该管的事，负起该负的责，关心每一个公民；密切党群关系，赢得民心，夯实执政基础，建立起具有基层特点、燕山特色的社会管理新机制。

（2）公众、社团组织等社会力量对社区公共事务的广泛参与是创新社会管理的动力源泉。社会管理的主体是多元的，群众组织和社会组织是重要的主体，同时也是基层社会管理的基础力量，发挥着减震器、黏合剂的作用。培育、发展、壮大社区社会组织就是创新载体，深化社会管理服务，实现社区和谐稳定的必由之路。

（3）以人为本、民生优先、服务群众，是创新社会管理的出发点和落脚点。创新社会管理必须以人为本，提供最优的公共服务，在服务中实施管理，寓管理于服务之中。创新社会管理还必须为群众办实事、办好事、解难事，真正维护群众利益，密切党群关系。

（4）一整套公平公正的长效化、精细化制度设计是创新社会管理的根本保障。制度建设是创新社会管理的根本。燕山街道探索建立了一套现行体制下重心下移、加强基层基础工作的制度体系，通过制度保障了公平与公正，取得了很好的成效，受到了群众的欢迎。

创新社会管理　打造"南村"模式
——广州市番禺区南村镇创新社会管理工作调研报告

广东省行政管理学会课题组[*]

　　乡镇是政权的"基石"，是组织建设的"末梢"，是社会管理的"桥头堡"。广州市番禺区南村镇作为广州市的中心镇、特大镇，正处于加快转型升级，加速迈向新型城市化发展道路的关键时期，面临的社会问题日趋复杂，社会矛盾日益凸显，稳定和发展的任务日渐艰巨。加强社会建设，创新社会管理尤为迫切和重要。如何加强和创新社会管理，探索和总结南村社会管理新模式，进而达到有效维护南村社会和谐稳定，促进南村繁荣发展之目的，广东省行政管理学会在 2011 年面向全省广泛开展了镇域社会管理与公共服务现状调查，受南村镇党委、政府委托，课题组对南村镇社会管理工作进行了深入调研，先后走访居民 71 户，调研社会组织 10 个，组织省内考察 3 次，召开各类座谈会 16 次，查阅相关资料 43 份，填写调查问卷 90 余份。在此基础上，认真分析总结了南村镇社会管理工作的基本做法及存在的不足，吸收借鉴省内外、国内外先进经验，提出了相应对策建议，为南村镇进一步做好社会管理服务工作提供参考。

一　南村镇社会管理的基本情况

（一）南村镇社会管理的基础条件

　　南村镇坐落于广州市番禺区"心脏"地带，位于"华南板

---

　　*　课题组成员：高小平、李克章、余贞备、卢炎安、马超、邓雪萍、林小璇、王鹏、郑莉等。执笔：余贞备、邓雪萍。

块"的中心区域。其西部是万博商务区，东部是广州国际创新城，主干道番禺大道周边是食、住、游、购、乐"五位一体"的美食集聚区，地理位置得天独厚。交通网络四通八达，以"三纵三横"为核心的网络化、便捷化交通体系已基本形成。镇域面积47 平方公里，辖 8 个居民委员会、16 个村民委员会，居住人口23.7 万，其中户籍人口 6 万，外来人口 17.7 万。近年来，全镇经济迅猛发展，第三产业一枝独秀，电线电缆、食品加工、机械制造、服装加工为四大支柱产业，在番禺区乃至广州市占据重要一席。财政收入连年增长，经济发展势头强劲。村（居）民人均纯收入稳步提升，幸福指数处于相对较高水平。

（二）南村镇社会管理的基本做法

南村镇在抓好经济建设的同时，以保障和改善民生为着力点，通过转变政府职能，突出社会管理，完善为民、利民、便民服务举措，切实推进社会建设，取得了明显成效。其基本做法概述如下。

一是强化社会管理职能。南村镇以"简政强镇"为契机，优化"三中心"职能（综治维稳中心、政务服务中心、家庭综合服务中心），充分发挥各自的统筹、协调、组织作用。坚持"服务、管理、执法"三位一体原则，整合城管综合执法、计生、流管、安全、整规、食安、消防等执法管理部门力量，组建南村镇社会综合管理大队，明确责权、强化服务、靠前管理、规范执法，不断提升管理效能。实施"两违"高压打击态势以来，城乡环境得到持续改善，两年内拆除违法建筑 224 宗，处理违法用地 15 宗。建立、完善安全监督网络，巡查企业 11772 家次，发现并整改安全隐患 16385 家次，责令停业整改 268 家次。推行企业安全生产标准化建设，番禺电缆等 17 家企业成功创建为安全生产标准化企业。探索建立食品药品安全保障体系，检查经营单位 952 家次，实行"一企一档"管理制度，已对企业建档 237 案。

二是改善社会治安综合治理。近年来，南村镇开展"红棉剑锋 11""粤安 11"和"清网"等专项行动，严厉打击违法犯罪，社会治安形势稳定良好。为减少并化解基层矛盾，南村镇不断创新创优大调解机制。开展"领导干部基层大接访"等活动，听民声、体民情、解民困，使接访案件的办结率达100%，基层社会矛盾得到有效化解。防邪工作持续实现"三零"（零进京、零插播、零聚集）目标，顺利完成"三无"（无非法公开聚集事件、无重大恶性反宣传案件、无规模性团伙活动）任务。安置帮教、社会矫正体系不断完善，高危人群得到有效控制。

三是拓展社会公共服务网络。南村镇全面加强医院软硬件建设和社区卫生服务站建设，医疗服务水平不断提升，基本形成15分钟健康服务圈。向居民免费提供9大项28小项基本公共卫生服务项目，为居民建立健康档案85839份，建档率达67%。社会保障渐趋完善，全镇参保企业达1101家，参保人数不断增加，覆盖面不断扩大。扶贫助困取得实效，2012年镇内189户农村贫困户、468名扶贫对象均达到人均年收入8000元的脱贫标准。镇妇联组织积极引导基层妇女推进"妇女之家"工作规范化运作，建立健全"妇女之家"服务制度，使坑头村等被列为省"妇女之家"示范点。

四是构建计生流动服务体系。运用信息化手段，推进流动人口信息管理系统和"数字化计生"系统建设，在管理方式上实现了从控制型管理向服务型管理转变，从多头分散管理向信息化集约管理转变。同时，加强计生专业人员技能培训，全面开展出生缺陷干预工程，严厉打击"两非"（非法鉴定胎儿性别和非法选择性别引流产）行为，使南村镇连续14年被评为区人口计生工作先进单位。全镇以推行"一证通"为载体，实行一证多能，将实有人口公共服务和社会保障逐步纳入居住证体系，新办居住证33260个，超前超额完成番禺区下达的推行居住证任务。另外，针对南村镇部分区域地处城乡接合部且房屋出租较多的实际情况，实行房屋出租备案制，房屋租赁登记备案率达100%，为进一步完善流动人口管理公共信息平台提供了数据支撑和基础保证。南村镇坑头村、华南碧桂园社区作为番禺区出租屋安全星级管理试点村（居），还使用智能手机开展出租屋日常巡查，使租住人员的信息登记率和办证率有了显著提升。

五是推进品质示范社区建设。镇有关部门着力提高社区居民生活质量，精心打造特色社区、精品社区，建立住宅小区基础数据库。其中，锦江社区获评"广州市十大幸福社区"，星河湾东区、锦江社区、雅居乐社区被评为广州地区花园式居住小区，华南碧桂园社区、雅居乐社区被评为减灾防灾示范社区。全镇还面向社区逐步建立现代社会工作制度，社工＋义工社会服务新模式初见成效。投入 250 万元建成的南村镇家庭综合服务中心，由南村镇政府购买＋番禺区民政局监督管理＋太和社会工作服务中心提供服务的"1＋1＋1"模式运行顺畅。服务中心设有个案辅导室、家庭辅导室、长者日托室、儿童活动室等 20 多个工作室。以当地村（居）民的服务需求为依据，从多重角度、有针对性地开展工作，凭借完善的设备，专业的手法，本土化的服务及丰富的社区资源解决社区问题，提高了居民的生活品质，得到市、区两级政府的一致肯定。

二 南村镇创新社会管理面临的问题

课题组通过问卷调查、集体座谈、个别交流、现场考察、文献阅研等方式，就南村镇当前社会管理存在的不足及面临的问题进行了梳理。

（一）社会管理方式有待创新

南村镇在社会管理方面进行了积极探索，做了大量工作，成效显著。但面对社会管理工作出现的新情况、新问题缺乏战略规划，在考量经济建设与社会管理同步协调发展上有待加强。社会管理方式有待创新，社会组织、公民参与渠道有限，人民群众在社会管理中的主体地位和主动性尚未得到很好发挥。整合社会管理资源，综合运用社会力量的机制尚待健全，社会管理效能尚待提高，多元化、科学化的管理方式尚待建立。如社会管理方面通常以巡查为主，通过警力、治安、城管施行管理，有时易出现"强制型""高压式"管理现象。

（二）社会管理服务体制有待调整

南村在调整机构职能上已迈出可喜的一步，但在政府社会管理机构整合方面缺乏综合考虑，相关职能较为分散，责权不相匹配，在一定程度上影响了管理与服务效能的整体发挥。政府职能有待由领导性向服务性转化，管理重心有待由上层面向底平面转移，管理手段有待由单一性向多元性转变。部门依法行政水平还有待提升，不该管、管不了、管不好的职能也有待转移给社会组织。

但南村镇社会组织发育目前较为缓慢，除政府机构和社工组织外，较少有民间组织参与社会管理。现有的社会服务组织数量少且结构不合理，仅以中介机构为主，而权益类和服务类社会组织较为稀缺，使相关服务难以延伸到村落社区。而南村是一个典型的城乡结合镇，镇域面积大、人口多，流动人口就已经突破17万，并呈快速增长势头，而且工业化、城镇化的推进，对城镇容量、资源环境造成更大的压力，就业、教育等方面的矛盾十分突出。政府提供公共服务的数量及质量，也难以满足广大人民群众的需求。如就公共医疗服务而言，至今没有一家功能完备、满足多层次需求的综合性医院；就外来人口保障性服务而言，尚未能让他们充分享受到当地提供的医疗、就业、社保、子女入学等公共服务。因此，政府在提供均等化公共服务方面，显得心有余但底气不足。

（三）公共财政投入有待优化

公共财政支出结构不够均衡，一些社区服务项目未能纳入政府财政预算，即使纳入了资金也难以保证。而社会管理工作需要财政作保障，如网格化管理作为一种很好的管理手段，不仅需要良好的硬件设施，还需要完善的软件系统，这就需要资金支持。另外，随着各类社会问题的出现，南村镇社会管理所需的各类人才缺口大，对社会管理、社会服务及社区建设的制约较为突出。加大投入推进社会工作人才队伍建设，培育专业人才，提高社会工作者素质，已刻不容缓。

（四）网络虚拟平台有待健全

受大环境影响，南村面临网络舆情新问题，如何发挥网络管理平台作用，通过网络将镇与村（居）委、企业、小区、居民紧密联系起来，畅通多向交流、互联互通、民意疏导、意见表达、事务公开、问题回应的渠道，是南村面临网络虚拟社会应考虑的一个新课题。

三 创新南村镇社会管理的对策建议

（一）树立科学管理理念，创新社会管理方式

镇域社会管理是一项系统工程，其成效直接影响政府的执行力和公信力，关系到党的执政根基及事业兴衰。社会管理工作要真正做到"管得到、管得住、管得好"，全镇上下必须解放思想，统一认识，坚持正确的管理理念。

一要坚持以人为本，服务为先的理念。镇党委、政府必须进一步转变观念，转换角色，变"管理者"为"服务者"，寓管理于服务之中，进而打造南村管理模式，营造南村人文魅力。

二要坚持联系群众，依靠群众的理念。"干部有限、民力无限"，始终依靠人民群众，是做好社会管理工作的法宝。因为一切社会管理过程都是做群众工作的过程。创新社会管理，必须在思想上尊重群众，感情上贴近群众，工作上依托群众，以人民群众利益为重，以人民群众期盼为念，只有这样，才能把人民群众的意愿、需要和智慧融入社会管理的全过程。

三是坚持相互协作，共同治理的理念。社会管理要发挥社会力量的推动作用，由社会各方联手，相互协作、共同管理，这是业已形成的普遍共识。镇党委、政府既要发挥好主导作用，又要最广泛地动员和组织公民参与社会管理，发挥群众性自治组织、各类专业组织、社会组织和企事业单位的攻坚协同作用，最大限度地兼顾不同的利益诉求，包容不同的价值观念，尽可能以民主、协商、疏导的方式取得共识，达到解决问题、化解矛盾、促进和谐、共同发展之目的。

在创新管理方式上，建议按照"环节最少、程序最简、时间最短、效率最高"的原则，推进社会管理从粗放性管理向精细化管理转变。将政府提供公共服务的职能延伸到社区，与村（居）民自治组织自我管理、自我服务功能相结合，向村（居）民提供就业、保险、医疗、住房、人口、计生、优抚、人民调解、信访接待、社会治安及政策咨询等综合服务，实现"进一道门、办百件事"的效果。同时，充分利用互联网、物联网、云计算等信息技术，进一步整合社会资源，搭建社会管理服务信息化平台，完

善集人、地、物、事、组织于一体的网格化社会管理服务模式，实现网格化社会管理服务全覆盖。

（二）编制科学发展规划，夯实社会管理基础

社会规划是社会建设与发展的龙头，是社会有序运行的基础框架。要科学制定社会发展规划，充分发挥规划的引导、协调、控制功能。科学规划土地、人口、产业、基本公共服务等要素，提前布局，使南村镇城区发展与新农村建设相结合，进一步提升城区功能和定位，促进城乡一体、互促共进的区域集约化发展，让"城中村"加快融入城区；科学规划"居住、产业、交通、公共设施"四大项目之间的用地比例；科学规划"优化开发、重点开发、限制开发、生态保育"四类主体功能区，做到分期规划、分类规划、专项规划相衔接。强化集聚效应，建好生态屏障，优化人口结构，为社会有序运行提供科学合理的空间及人口、产业布局，为从源头上化解社会问题，促进社会发展奠定扎实的基础。

（三）改革社会管理体制，综合设置服务机构

在不增加人员编制的前提下，有效整合政府社会管理、公共服务职能，实行综合协调管理，建立公共服务统管机构，统一调配、管理、使用在编人员及聘用人员，形成管理与服务的双重合力。

设立社会事务综合服务办公室。该机构职能和人员由原经济服务办、食安办、招商办、统计办、政务服务中心、安全巡查中队、国土资源管理所、规划国土建设办、三旧改造办、社会事务办、城市管理综合执法中队、出租屋外管服务中心、房管所、劳动和社会保障服务中心、计生办、爱卫办、农合办等部门整合组成。综合服务办公室下设运行指挥中心、综合服务中心、综合执法中队、巡查中队，并建立与公安、工商等有关职能部门联动的机制，充分发挥各自及联动职责。

运行指挥中心职责：协调指挥全镇社会事务管理工作，负责社会事务信息的综合收集、统计、任务派遣、处理反馈、核实结案和考核评价等。人员由整合部门的内勤工作人员组成，实行集中办公，可有效监督案件的派遣、处置和反馈等流程工作，提升工作效率。

综合服务中心职责：将涉及民生的管理、服务事项全部整合到综合服务中心，公章、手续一并进入服务中心，以弱化审批管理职能、简化审批事项程序，使该中心成为南村镇各办、站、所、分局及其他职能部门统一面向村（居）民服务的窗口，为村（居）民提供"一站式办公、一条龙服务、一次性办结"的便捷服务。

综合执法中队职责：集中执法力量，统一行使对城镇管理、环境卫生、交通运输、水利设施、计划生育、流动人口及出租屋、安全生产、食品安全、市场秩序、劳动监察、文化市场管理等方面违法违规行为的调查、处置权。

巡查中队职责：主要以巡查方式，负责对社会管理中存在问题的发现、收集及告知工作。巡查中队可将辖区内所有村居划分为片区，每个片区设一个巡查分队，实行网格化管理。网格管理员直接下沉到村居巡查，既负责宣传方针、政策及惠民举措，让村（居）民第一时间知晓和受益；又动态采集更新计生、社保、低保、党建、重点人群、出租房屋、流动人口及矛盾隐患等基础信息；开展日常网格巡查，填写巡查日志，排查化解各类矛盾隐患，准确掌握网格内特殊人员的基本情况和实际表现，了解掌握社情民意和不稳定信息，并及时向巡查中队、运行指挥中心和有关部门报告。在每个网格区域内的醒目位置，设置网格区域管理图和服务指示牌，公布网格管理服务工作人员姓名、联系方式、工作内容、监督电话。相关公益服务场所要设置网格区域平面图和网格划分全景图，自觉接受社会和群众监督。

设立监察审计委员会。其主要职责是：负责对各部门、单位进行政务监督和绩效评价；负责建立健全社会管理工作责任制度和考核制度，综合运用多种督查手段，强化督促落实；负责引入政府绩效管理，制定符合实际的绩效评估指标体系，实行以结果为导向的目标绩效管理。同时，该委员会负责党风廉政建设、反腐倡廉教育和党员干部的审计监督工作；负责对涉及镇财政项目的预算执行、决算、效益情况进行审计，对财政收支情况进行监督；负责监控、检查镇内的招投标工作等。

合理界定社区公共服务站职能。社区公共服务站是为社区村（居）民搭建的"一门式"公共服务基站。其职能定位是：镇政府延伸到社区的公共服务平台，协助政府及其职能部门在社区开展公共服务。设立该平台旨在减轻社区居委会的行政事务负担，让村（居）委会回归本位，主要从事村（居）民自治工作。其体制和人员安排是：原则上采用"一居一站"模式，使社区公共服务站与社区居委会形成交叉任职、合署办公的社区管理体制。社区公共服务站负责人由社区居委会主任兼任，3000 户以上社区根据实际情况，建议增加 1~3 名专职工作者。服务站的主要职责包括：一是代理、代办政府面向社区的公共服务；二是组织开展社区公益服务；三是组织开展便民服务；四是培育和壮大社区公益性服务组织；五是了解反映社情民意；六是定期向镇政府、社区党组织报告工作，接受社区居委会和村（居）民群众的监督。根据社区服务站的职责任务，建议服务站进一步深化服务功能，设立服务中心、社区文化活动中心、社区老人日间照料中心、社区工作坊等"六位一体"的社区综合服务网点，以提升为民服务质量，拓宽服务渠道。

（四）强化社会管理职能，健全公共服务体系

以发展社会事业和解决民生问题为重点，把人力、物力、财力等资源更多的向社会服务倾斜，形成惠及全民的社会服务体系。

一要建立网格化社会管理体系。以村（居）委为单位实行横向到边、纵向到人的网格划分。各个村（居）委所辖区根据工作人员数量划分成与人数相匹配的若干片区（5~8 个为宜，全镇共划分为 120~150 个片区），对各个片区实行分片包干，按照就近组合、大户带小户、强户联弱户的方式，细化管理服务网络，每 30 户组合为一个网格，实现治理结构网络化。各片区配备辖区民警、志愿者、纠纷调解员、维稳信息员、联防队长各 1 名，由村（居）委干部负责，建立分片包干责任制，实行"1＋1"群众工作法，即由 1 名离退休党员或威望较高的村（居）民担任联络员，对应联系 1 个网格，宣传落实各项政策法规，掌握网格内人员及其家庭信息、思想动态，帮助网格内群众合法反映诉求，并通过"代访""陪访"方式协助群众依规信访。同时，充分发挥网格化社会管理体系作用，进一步建立各类指标数据库，实现"人进户、户进房、房进格、格进图"的工作目标。

二要建立多元化公共服务体系。社会服务主要依靠社会力量，政府只是社会服务的组织者。明确由非营利组织及营利组织来承担服务任务，这是进一步发展、完善社会服务的趋势所在。

建立村居联络员工作机制。联络员作为镇—村（居）—联络员—村（居）民社会服务平台的重要支撑，承担着"不是干部的干部"的职责任务。为发挥好联络员的桥梁纽带作用，要制定相关工作制度，联络员每月对网格内住户联系不少于 1 次，村（居）委、镇社会事务综合服务部门定期检查评估。镇（村）每月给予联络员一定的补贴，并对工作成绩突出的给予表彰奖励。同时，通过培训、督促和管理，对其工作进行评价考核，做到有业务指导、有检查跟踪、有整改反馈、有资金帮扶，使其工作落到实处，从而使村（居）的服务更加到位。

建立政府购买服务常态机制。健全制度，扩大政府购买服务的范围，在法律服务、社会福利服务、公共卫生服务、文化体育服务及公共安全服务等领域实施政府购买服务。社会组织能够提供同类同质服务的，政府优先向社会组织购买，并按照"费随事转"的要求，以项目管理或委托协议的方式运作，形成"购买法制化、运作市场化、监督社会化"的常态购买机制。同时，以镇财政所为主导，会同社会事务综合服务部门制定政府购买服务年度目录，并结合部门年度预算申报制度同步编制。在目录指引和预算控制下，完善政府购买服务工作流程，具体包括项目申报、确定购买规模、组织实施、资金结算、绩效评估等环节的规程建设。明确将列入政府购买服务年度目录的项目纳入集中采购通用类目录，由镇政府组织采购部门统一实施，并全程实行网上公开，确保规范、高效运作。

三要建立特色公共服务体系。建议因地制宜，推出一些差异化的公共服务，满足村（居）民的不同服务需求。例如，对老年人偏多的小区，侧重组织开展丰富多彩的康乐活动，实现老有所为、老有所乐；对外来务工人员集中的厂区，设立"打工者之家""心理咨询室""爱心救助站""法律援助中心"等服务站点，增强其归属感和安全感；对流动人口聚居的小区，加强治安保障和文化联谊性服务，提供"一证通"保障，让持"居住证"者享受包括职业技能培训、社会保障、传染病防治、积分入户、子女入学、儿童免疫等公共服务。让不同社区、不同人群都感受到公共服务的阳光，进而孕育出更多诸如"康乐型""低碳型""学习型""温馨型"等不同类型的精品社区，让南村更文明、更安全、更友爱、更和谐。

四要培育发展社会组织。降低门槛、简化程序，大力推进社会性、服务型、公益性社会组织发展。建议重点扶持、培育公益慈善类（如志愿者协会、社区困难救助帮扶协会）、福利服务类（如社区老年人服务中心、社区托老中心）、医疗服务类（如残疾人康复中心、心理矫正和辅导中心）社会组织，以及贴近、服务村（居）民的文体组织、科普组织。政府相关部门应积极引导、帮助其开展服务，并在场地、资金等方面予以支持，使社会组织步入良性发展轨道，成为社会管理的"助推手"和社区公共服务的主力军。

（五）拓宽社区建设路径，促进社区自建自治

坚持政府行政性与社区自治性相结合，探索社会工作制度化、专业化途径，吸引多元力量参与社区建设。

一要明确社区管理职能。理顺政府部门与社区的关系，明确政府部门与社区的角色定位和职责分工，属于政府和职能部门依法承担的行政性工作，由政府职能部门完成，不得转移给社区居委会。为此，应建立社区行政事务准入机制，保障社区居委会自治组织的法律地位，清理不属于社区承担的事项，对于确需社区协助或承办的事项实行申报核准，并遵循"权随责走、费随事转"的原则，为社区提供工作经费及政策指导，或采取政府购买服务的形式委托社区承办。

二要加强社区党的建设。按照"把党员培养成骨干、把骨干发展成党员"的社区党建思路，推行党员在社区登记制度，实行单位和社区对党员的"双重管理"，以推动党员更好地参与社区事务，成为社区事务管理的能手及小区业委会的骨干力量。进一步动员热心公共服务的党员，通过在社区建立"党员会客厅""党员责任楼"等，带头为社区提供义务服务，并适时在业委会建立党支部，更好地发挥党组织在社区自治中的战斗堡垒作用。

三要健全社区自治体系。在发挥好社区功能及社区其他组织、村（居）民小组、小区业委会、小区楼（栋）长作用的基础上，建议完善社区议事协商及监督机制，健全社区议事协商委员会、社区监督委员会。健全社区议事协商委员会议事—社区居民代表大会决策—社区居委会执行—社区社会组织协助—社区监督委员会监督的社区自治体系，健全社区网议事—业主委员会决策—物业公司及楼长执行—社区服务站协助—业委会监督小组监督的小区自治体系。同时，确立村（居）民提议—议事会商议—居民代表大会（业主委员会）决议—监督委员会（监督小组）评议的社区"四议"运作规程，使议事、决策、执行、监督组织各负其责，协调运转。

四要探索社区监督方式。推进社区民主选举、民主管理，组织村（居）民开展"门栋自治""居民论坛""社区对话""社区听证""居民说事""民评官、民评民"等民主治理活动，创建"邻里值班室""楼道互助会""民主议政日""矛盾纠纷会诊室"等工作载体，增强居民参与意识，实现居民自我教育、自我矫正，构建社区民主自治新格局。同时，依托社区网站、内部刊物、宣传橱窗等载体，实行"居务、财务、事务、服务"四公开，接受社区村（居）民的民主监督。

（六）深化农村综合改革，推进城乡公共服务均等化

抓实抓细农村综合改革，推进村居管理体制改革，让农村居民、外来务工人员及其家属与城市居民一样，享有相对均等的公共服务和同质化的生活条件。

一要深化农村管理体制改革。围绕"政经分离"这个核心，突出抓好村党组织、自治组织、集体经济组织的梳理工作，为实现农村基层组织选民资格分离、组织功能分离、干部管理分离、财务资产分离、议事决策分离"五分离"提供指导性意见，真正做到"村民事、村民定、村民管、村民监督"。同时，探索镇财政及村集体经济共同承担村干部报酬机制，完善村干部补贴激励制度和离任村干部生活补贴制度，通过经济手段，加强对村干部的管理和监督。

二要深化村居管理体制改革。突出农村社区公共服务平台建设和社会管理阵地建设。实施"便民服务直通车"工程，推进特大村"六个一"工程建设（公共服务站、综治信访维稳工作站、家庭服务中心、健康计生服务中心、小广场小公园、文体活动中心），增强社会平台的向心力、凝聚力和村（居）民的归属感。

三要深化公共产品供给改革。加大投入力度，推进公共财政向农村覆盖，分阶段、分步骤将农村集体经济负担的公共事务开支逐步移交地方公共财政。改善农村生产生活环境，切实推进城乡基本公共服务均等化，逐步建立城乡居民统一的低保、养老保险、医疗保险制度。

（七）加快电子政务建设，完善社会服务网络平台

加强电子政务建设，建立社会管理信息共享机制。制定南村社会管理信息化建设规划，充分利用网络媒介和现代信息技术，整合现有视频监控资源，扩大图像监控网络覆盖面。完善南村门户网站，建立社会管理网络平台，逐步建成村（居）组织网、法律服务网、矛盾化解网、帮教解困网、治安防控网、民生服务网、流动人口管理网、一企一档管理网等，形成"多网并举、互联共享"的网络信息共享平台，建成南村新型社会管理网络服务体系。同时，建立基础数据采集、使用、更新制度，及时发现、及时汇总、及时处理、及时反馈、及时评价"五及时"制度，以便更好地发挥信息的时效性。建立社区门户网站、社区QQ群、QQ警务室，建成镇、村（居）、社区、小区四级开放式信息交流平台，全天候传递、交流信息，24小时掌控网络舆情，提升网络资讯利用及管控水平。

（八）优化财政支出与队伍结构，提高公共服务效能

适应社会建设发展需要，均衡、合理配置教育、文化、卫生、体育、社会保障等公共财政支出，将有限的公共资源合理地投放到社会管理工作中去，以进一步提升社会公共服务水平和管理效能。

一要加大社会公共服务设施投入。为使社会公共服务设施规划与村（居）民需求相适应，应在新建、改造村（居）民小区时，按照小区大小、居住人口规模和服务半径，集中建设兼顾公益性项目和经营性项目的社会综合服务设施。同时，增加社会服务硬件投入，对以前社会服务设施缺少的社区，进行调查摸底，研究解决措施，落实社区配套和公共服务用房。

二要加强社会公共服务经费保障。将社会公共服务项目资金纳入政府财政预算，建立健全社会服务项目评估机制，强化对社会服务资金使用的监管。同时，设立社区建设和社区发展专项资金，并采用政府购买、项目资助的方式运作管理。对社会建设、服务项目实行公开招标，提高资金的使用效益，为社区发展提供原动力。

三要充分凝聚社会志愿服务精神。政府要利用各种途径，倡导中介服务、民间互助和志愿服务相结合的理念，引导村（居）民与社区驻地机关、学校、部队、企事业单位开展共建，建立村（居）民个体、单位组织和社会各方面共同参加的社区志愿服务队伍，并提高社会志愿服务组织化程度，建立慈善、文体、科普、环保、应急救助等多种类型的志愿团队，推动社区各志愿组织协调配合、相互补充、整体发展。

四要加快农村社工义工队伍建设。借鉴新加坡、我国香港等地经验，科学设置社会工作岗位，合理配置社会工作人才，培育职业化社工队伍。进一步确立不同性质单位的社会工作者的岗位性质、经费来源、人员招录管理办法和工资待遇等，强化教育培训、推广交流力度，不断完善社会工作者薪酬保障机制，吸引包括高校毕业生在内的热心人士加入社会工作者队伍，为南村社会管理创新注入新鲜血液。建立健全现代社会工作制度，完善社区综合服务站 + 社工 + 义工的"1 + 1 + 1"服务模式，融合社会力量以服务更多的群体，提升村（居）民的幸福指数。

（九）建立竞争激励机制，健全社会工作考评体系

加强社会管理工作，应建立竞争激励机制，在构建考核导向机制、科学评估机制、奖惩制约机制、经费保障机制的基础上，完善绩效考评体系。

一要建立指标量化体系。将社会管理考核内容分为"基层党建、社会管理、综治维稳、加分项目"四大类，细化队伍建设、作风建设、科教文生、就业保障等若干子项目，并将指标逐一量化，形成考核体系（具体指标另行制定）。

二要推行双向考核制度。成立以镇党委书记为组长、镇长为常务副组长、监察审计委员会负责人等为主要成员的社会管理考核工作领导小组。由考核领导小组制定、推行双向考核制度，"上对下""下对上"双向考核，并与各村（居）委、村（居）小组签订《社会公共服务目标管理考核责任书》，层层抓落实。此项日常工作由监察审计委员会负责。

三要突出重点考核指标。科学设定指标，合理确定分值，适当提高医疗保障、计划生育、社会维稳、环境保护、国土资源、禁毒三打等指标分值，设立专项工作增减分条款。

四要落实责任奖惩制度。对年度社会管理目标责任制落实情况进行考核，奖惩兑现，并注重考核成果运用。把考核结果作为评价社区、村（居）民小组班子实绩和镇机关、村（居）委干部选拔任用的重要依据，以增强社会管理工作的荣誉感和责任感，激发干部群众的参与性、积极性和主动性，从而更好地塑造南村执政为民、创新服务的良好政府形象，为南村更快步入新型城市化道路夯实基础，提供新的引擎。

重庆市直辖以来强县扩权的总结与思考

戴志颖　陈文权*

重庆直辖市有着特殊的市情，辖区面积是中等省规模、运行机制是直辖市体制、发展实际是大城市大农村并存，直辖以来简政放权改革围绕这一特殊市情进行制度设计。历届市委、市政府高度重视强县扩权改革工作，将其作为转变政府职能、优化投资环境、理顺管理体制的重要抓手大力推进，积累了很多经验，取得明显实效，有力推动了全市经济社会发展。2010 年，重庆市被国务院行政审批制度改革工作部际联席会议办公室列为全国 6 个行政审批制度改革工作联系点之一。在新形势下，还要遵循合法、合理、效能、责任、监督的原则，以建设高效服务型政府为目标，以推动政府职能转变为核心，以投资领域、社会事业领域、非行政许可审批领域简政放权为重点，以强化区县行政服务中心和四级行政服务体系建设为主线，大力推进以放权有序、过程规范、运行科学为特点的新一轮改革。

一　改革启动阶段：理顺体制机制

在直辖之前，重庆作为全国第一批计划单列市，简政放权改革已经在实践中开始探索。直辖之初为应对各种突出矛盾，强县扩权改革重点围绕理顺体制机制，建立起新直辖市的管理架构。

直辖之初，为适应行政管理体制的变化，市委、市政府对简政放权改革进行了初步探索。1997 年，在对四川省和原重庆市的

---

　* 作者简介：戴志颖，重庆行政学院公共管理学教研部讲师，管理学硕士；陈文权，重庆行政学会副会长，重庆行政学院公共管理学教研部主任，二级教授。

法规规章进行全面清理的基础上，废止了一批不适应直辖市发展需要的规章，保留原涪陵、万州和黔江地区的部分审批权限，同时取消和调整了一批许可审批项目。1998 年，市政府出台了《关于进一步规范政务管理改善投资环境的决定》（市政府令第 39号）及其六个配套文件，核心是规范市级部门、区县以及原涪万黔地区的行政审批权限设定。2000 年，应对西部大开发战略，市委、市政府推出了连续三年实施的发展环境综合整治"十个一批"行动，明确提出清理、废止一批行政审批项目，并将其列为首位。2000 年 4 月，市委市政府撤销原涪万黔对部分区县的代管权限，直接管理 40 个区县，一方面提高了管理权限，另一方面也为日后放权给中心城市埋下伏笔。

二　改革发展阶段：对六大中心城市进行放权

新重庆是中等省级行政区幅员，先后经历原三县八区、20 世纪 80 年代合并原永川地区成为九区十二县、直辖后合并原涪万黔地区形成 40 区县，以及 2012 年区县合并形成现行主城九区、一小时经济圈 21 区县和一圈两翼 38 区县格局。为应对这一实际，重庆市向区县放权改革的发展基本围绕向涪陵、万州、黔江、永川、合川、江津六大中心城市进行。这一思路是重庆直辖市地理、经济、历史沿革和提高行政效率等客观需求决定的。

经过直辖后重庆快速发展，各区域性中心城市有了很快发展，在规模、交通枢纽、经济总量、服务功能、辐射范围等方面有了显著提升，辐射带动功能凸显。从 2006 年开始，按照建立"权责一致、分工合理、决策科学、执行顺畅、监督有力"的目标要求，六大中心城市积极探索建立地方政府与垂直管理部门相互配合、统筹协调的机制，探索性地让市级行政事业单位在六大区域性中心城市设立分中心，如食品药品监管分中心、质量技术监管分中心、会计委培分中心、人事人才培训考试分中心、人才交流分中心、环境监测分中心、驾培分中心、建设岗位培训分中心等，同时赋予分中心行使市级许可审批和监管权力，以提高六大区域性中心城市行政效率和统筹协调能力。2010 年市委、市政府密集出台正式文件对中心城市放权，先后出台《关于加快把万州建成重庆第二大城市的决定》（渝委发〔2010〕16 号）、《关于加快涪陵区经济社会发展的决定》（渝委发〔2010〕37 号）、《关于加快把黔江建成渝东南地区中心城市的决定》（渝委发〔2010〕36 号）、《关于加快江津、合川、永川经济社会发展的决定》（渝委发〔2011〕24 号）等文件，对六大中心城市放权 250 项以上，力度之大，前所未有。通过对文件分析解读，我们看到，重庆市基本上做到了除涉及维护市场秩序、生态环境保护、公共安全、有限资源开发利用和重大基础设施建设等需要全市统筹管理的外，审批权大多下放中心城市政府行使。

三　改革全面铺开阶段：进一步全方位强权扩县

党的十八大前后，从中央到地方进行了一系列简政放权的改革探索。在中央层面，2013 年上半年国务院出台改革意见，共计取消和下放行政审批权力 117 项，极大地激活了地方法规改革的积极性。在地方层面，上海市、南京市、成都市等直辖市和副省级城市开展了一系列向区县放权的探索，其中南京市从行政事务、经济发展、统筹城乡、干部人事等方面最大程度向区县（园区）放权，引起了广泛关注。重庆市的简政放权改革正处于全面铺开阶段，着力向所有区县放权，并体现出合理有序、夯实基层和优化公共服务的特征。

一是合理有序。重庆市的有序全面向区县放权始于 2006 年，围绕"完善直辖体制、提高行政效能"和"改善发展环境、促进区县发展"两大重点，按照"合理分权、适度放权"的原则，先后实施了五次区县扩权改革。截至 2013 年 7 月，市级部门共计向所有区县放权 200 项以上，涉及经济发展、社会管理、城市建设、环境资源等四个方面。较之其他城市，重庆在放权的同时还注重有序和监管，按照"总体规划、先易后难、试点先行、分步实施"的工作思路，推进对 38 个区县行政审批全过程监督，出台《重庆市行政审批监察绩效量化测评办法》，主要从政务公开、审批流程、监督检查、办理时限、收费情况、廉洁行政、服务态度等 7 个方面对行政审批各个环节进行测评。

二是夯实基层。在向基层简政放权的同时，重庆市按照"夯实基层、优化服务"的思路规定扩权强县和扩权强镇同步进行，旨在最大程度让改革真正能服务基层。2006 年市政府出台《重庆市人民政府关于改革乡镇执法监管强化公共服务试点工作的决定》（市政府令 198 号），从总体上确定了乡镇"执法监管"和"公共服务"两大主体职能，清晰界定乡镇政府具体的法定行政执法职责 24 项，可以委托乡镇政府执法事项 14 项，依法履行的协助执法义务 15 项。部分区县结合实际将行政权限向乡镇下放。如合川区将由区级部门行使的 18 项行政审批权项和 23 项行政执法权项委托下放给各镇街实施；永川区将区级部门行使的 59 项行政权项委托给镇街行使，并以授权方式将区级部门行使的 43 项行政权项下放给镇街行使；江津区将区级部门行使的 8 项行政执法权项和 6 项行政审批权项委托给各镇街实施。

三是优化服务。重庆的简政放权改革从启动阶段就注重向优化公共服务延伸，让人民群众切实享受到改革带来的便利，从深化行政审批制度改革、优化发展和投资环境、促进政务公开的角度出发，大力推进行政审批服务中心建设。截至 2013 年 5 月，具有行政审批服务职能的市级部门基本实现了一个窗口对外，18 个市级部门建立了审批服务大厅；全市 38 个区县陆续成立了行政审批服务中心，总入驻行政审批和服务事项 10000 项以上，平均每个区县 300 项左右。部门办事大厅和区县行政服务中心基本实现"一站式办公，阳光下作业"的目标，探索了即时办理制、承诺办结制、首问负责制、联合审批制、并联审批制、全程代办制、一表受理制等快捷高效的服务模式。服务职能逐步向基层延伸，全市正在形成市级部门、区县、乡镇（街道）、村（社区）四级行政服务网络体系。

四　重庆市直辖以来扩权强县改革的评估

重庆市的扩权强县经历了直辖以来的快速发展，初步形成了合理、精简、高效、科学的管理体制，得益于这一改革，重庆的县域经济社会发展积极性得到激活，呈现良好的发展态势。直辖至今，重庆市所辖 38 区县经济发展基本都保持了两位数的增长态势，基础设施建设、社会事业发展等方面也取得了突飞猛进的进步，有力地支撑着重庆在西部率先实现全面小康目标。但同时也要清醒地看到，改革的推进还存在一些问题，亟需在下一步的改革中提早进行谋划。

一是放权的思路还需优化。直辖以来的放权基本是围绕"六大中心城市——一般区县"轴线进行，这一思路已经不适宜新的发展形势，如江津区受主城辐射已经部分性地融入主城、黔江区在渝东南和武陵山区辐射效应逐步减弱，原有的六大中心城市布局不适宜于新的功能区划发展思路。同时一般区县对于放权不断释放出强烈需求，课题组问卷调查数据表明，尽管经历了五次放权，近九成区县政府对经济发展自主权仍具有强烈需求。因此从提高行政效率角度来说，应逐步考虑围绕"市级部门—所有区县"轴线推进改革。

二是放权的节奏还需调整。重庆的扩权强县改革的节奏在2010年后突然加速，市级部门和区县政府在短短两年半时间内尚未完全适应，做到无缝运转。不单是重庆，全国其他兄弟省区市都需要对放权的节奏和尺度进行审慎思考、严谨推进：如果节奏过快，势必缩短改革过程中对体制机制运转的磨合期，带来各种问题，如影响到区域发展一盘棋思路，出现各自为政、恶性竞争；如果节奏过慢，又会影响到区县发展的积极性，使改革的效果大打折扣。因此扩权强县改革既要有纵向的时间表，又要有横向的尺度杆，在统一计划表中建立起逐步放权的体制机制，有序推进改革进程。

三是放权的监管还需加强。强县扩权不是强县让权，每一项权力下放都要有相应的监管机制。课题组调研发现，权力下放后，极少数区县存在权力运行不当现象，如在经济发展领域，对房地产项目和园区建设大干快上，影响到了区域可持续发展；在社会发展领域，不顾发展实际片面提高社会福利水平，影响到全市统一部署，带来区域之间的不平衡。因此，在权力下放过程中要同步建立起权力运行全过程的跟踪机制和出现问题的纠错机制，进一步规范在改革过程中的权力流转。

五　重庆市进一步推进扩权强县改革的思考

重庆直辖以来的改革取得了巨大成就，但也要直面改革还存在的问题。郡县强则国家强，郡县治则国家治，进一步科学合理地对区县进行简政放权，不但是重庆下一步改革发展需要谋划的重点，也是其他省区市需要探索的重要课题。基于重庆的实际情况，课题组认为重庆推行强权扩县改革还需要在以下方面进行探索。

一是继续清理、精简和下放管理权限。对全市正在实施的经济管理、社会管理、公共服务等行政管理事项进行一次全面清理，力求摸清底数，准确掌握情况。重点加强对区县自主决定投资、社会事业、非行政许可审批三个领域和教育、医疗卫生、文化等直接服务人民群众领域的行政审批事项的清理和调整力度。在全面清理各区县行政审批事项的基础上，建立下放区县行政审批事项的通用目录，市级部门需要对目录事项的名称、要件、办理程序、办理时限等进行统一规范，确保放权能统一推进和有效监管。

二是加强放权监管，规范区县自主用权的程序。权力下放后要进行必要的监管，加强对市和区县两级审批目录动态管理，建立起权力下放区县后的全程监控体制，对放权后影响行政效率的情况予以严肃处理。完善行政审批电子监察系统，实现电子监控系统自动生成各部门行政审批绩效情况，并定期在网上进行通报；对取消审批后仍需监管的事项，制定新的管理办法，积极运用规划、协调、指导、事中检查和事后监督等手段，实施有效的后续监督，防止监管职能"缺位"；健全社会监督体系，强化政务公开，设置群众意见箱，对外公布举报投诉电话，开通网上投诉信箱，畅通群众监督渠道；健全行政审批责任追究制度，对超越职权审批、不按规定实施审批、不依法履行监督职责或监督不力造成严重后果的，要严格追究审批部门负责人和审批责任人的行政及法律责任。加强审批前置中介服务管理，建立健全中介服务规范，建立中介服务信息平台，公开中介服务项目、程序、时限、依据、业务规程和收费标准，促进中介服务优化办事程序，提高服务质量，缩短服务时限，规范服务和收费行为。推进联合办理和并联审批，对涉及两个以上单位审批的事项，实行联合审查、联合勘察、联合年检、联合发证，逐步开展投资项目、工程建设、工商登记、房产登记、国地税登记等领域的并联审批。

三是加强公共服务体系建设。扩权强县改革一方面是要激活区县对经济社会发展把控的能力，另一方面还要注意到在改革过程中方便和服务群众的重要性，扩权强县改革促进经济社会发展和完善公共服务是不可分割的统一目标，进一步完善市、区县、乡镇（街道）、村（社区）四级行政服务体系是下一步改革应当推进的重要内容。要在市级部门进一步完善"一个窗口对外"工作模式，推动各级政务服务工作纵向对接，方便群众办事；在区县加强和规范区县行政服务中心建设，打造政务服务体系建设的平台和基础；在乡镇（街道）建立便民服务中心，将劳动就业、社会保险、计划生育、社会救助、社会福利、农用地审批、新型农村合作医疗及涉农补贴等纳入其中公开规范办理；在村（社区）设立便民代办点，为公众提供免费代办服务，把改革带来的正效应延伸到基层。

四 专项改革

如何把政府的公共权力关进制度的笼子里

顾 杰[*]

　　"把权力关进制度的笼子里"，习近平同志提出的这一新的命题，已成为全党上下认同的经典名句，它既生动形象又深刻鲜明地表达了新一届党和政府领导层、决策层推进制度建设，加强权力监督的决心和勇气，对执政党及各级政府官员如何用好权、掌好权，坚持用制度管权提出了更高的要求，为当前全党深入开展群众路线教育，从制度上解决领导干部不愿、不会、不能联系群众的问题，遏制"四风"蔓延提供了新的视角和思路，同时对理论研究也提出了新的课题。

一　把权力关进制度的笼子里是建设人民满意政府的必然选择

　　"把权力关进制度的笼子里"，是一个复合、叠加的命题，其关键词在"权力"和"制度"，这里所讲的"权力"，显然不是统指包括老百姓个体在内的一切权利，而是指作为执政党及其

* 作者简介：顾杰，武汉科技大学副校长、博导、教授，湖北省行政管理学会会长。

政府和各级官员手中拥有的公共权力，是公权不是私权，是人民群众通过法定程序赋予政府的权力；这里所讲的"制度"，显然不是指一般意义上的制度，不是停留在写在纸上、贴在墙上、说在嘴上的那种制度，而是能够真正把权力关进去的"铁笼子"式的制度，也就是习近平所强调的"要加强对权力运行的制约和监督，把权力关进制度的笼子里，形成不敢腐的惩戒机制、不能腐的防范机制、不易腐的保障机制"。

把权力关进制度的笼子里，对于建设人民满意的政府而言，不是你高兴不高兴、乐意不乐意的选择，而是必须如此、别无他路的必然选择。同时还需要我们从新的历史起点上来认识这种紧迫性，也可以说是我国政府面临的三大工程。

其一，是"民心工程"。即提出把权力关进制度的笼子里，让人民群众对根治公共权力腐败看到新的希望，有利于缓解人民群众的强烈不满，以赢得民心，取信于民。

众所周知，中国的改革开放至今走过了 35 年的历程，所取得的成就是令世人瞩目的，我国的经济总量已位于世界第二，已进入世界中等偏上国家的收入行列，公共财政收入超过 10 万亿元，是 1978 年的三十多倍。毫无疑问，在当今世界经济发展中，中国开出的是一列"特别快车"。但与此同时，我们的政府却不得不面对一个令人担忧、令人焦虑、令人尴尬的现实，那就是，伴随着经济的高速增长，中国的社会却进入了高风险时期，整个社会处于"亚健康"状态。目前中国社会出现了三个"最"：一是官民关系处于新中国成立以来最紧张的时期，群众说干部不像话，干部说群众不听话，琴弦绷得太紧就会折断，尤其是形式主义、官僚主义、享乐主义、奢靡之风这四股歪风的蔓延，严重损害了党群关系、干群关系；二是贫富矛盾处于新中国成立以来最突出的时期，中国的基尼系数实际已超过了 0.4 的国际警戒线，甚至高于某些发达国家；三是群体性事件处于新中国成立以来最频发的时期，并且速度越来越快、规模越来越大、主体越来越多元化、偏激程度越来越高。民众中蔓延着对"两化"不满和"两仇"的情绪，所谓"两化"即指腐化和分化，前者产生贪官，后者产生富豪；所谓"两仇"即指"仇官"和"仇富"。这甚至可以说是现阶段中国社会最突出、最纠结的矛盾，而探究其根源，"仇官"情绪和干群关系紧张实际源于公众对权力滥用、以权谋私、以权压民、以权致富的不满。而要缓解这种不满情绪，以取得群众的信任，仅靠道德的说教和号召是远远不够的。提出把权力关进制度的笼子里，燃起了人民群众对根治权力腐败的新希望，看到了党和政府的决心和勇气，"为政清廉才能取信于民，秉公用权才能赢得民心"。为民务实清廉正是此次群众路线教育的总要求，如果能把权力关进制度的笼子里，就能极大地提高政府的公信力和人民群众对政府的满意率。

其二，是"攻坚工程"。即提出把权力关进制度的笼子里，透射出治国理政已进入制度建设的攻坚时期，有利于构建制度体系以更有效地制约和监督公共权力。

有权必有责，用权受监督，没有监督的权力是绝对腐败的权力。时至今日，没有人会对此有异议。可为什么现实中还存在着大量的对公共权力不敢监督、不能监督、不会监督、不想监督的现象呢？也许会有人认为是因为没有制度，这种看法也不完全准确，因为经过这些年的努力，我们先后出台了大量的制度，中国已告别了"无法可依""无制可行"的时代。目前的主要矛盾或重点并不在推出更多的制度，而是解决"有法不依""有法难依""执法不严""违法不究"和"有制不行""有制难行"的问题。提出把权力关进制度的笼子里，表明中央对制度建设达到新的认识水平，释放出对制度建设新的要求和目标。一是要求增强制度改革的紧迫感，使权力运行在科学的制度的轨道上。纵观目前制约党科学执政、政府依法行政的障碍，大多源于体制方面。许多公共权力被滥用，由官僚主义、形式主义而导致的决策浪费，由享乐主义、奢靡之风而导致的公款挥霍，却得不到有效的制约和监督，这不完全归咎于无制度，而是源于制度缺乏科学性，是制度的改革和创新不到位，甚至陷入徘徊不前、摇摆不定的"胶着"状态而导致的。如官员财产申报制度已实行多年，之所以效果不佳，就因为它没有严格的审核制度保障。有申报无审核，就无法甄别其财产合法与否，不仅申报制度徒有虚名，而且还会导致官员对其财产的瞒报和少报，反腐败的决策也会失去科学的依据。所谓"把权力关进制度的笼子里",并非说要把权力关起来,固化起来,使它动弹不得,而是要把权力纳入制度的轨道中来,并且是科学的行之有效的制度,走科学的制度治理之路。二是要求增强制度顶层设计的大智慧。虽然人们很认同制度管权、管人、管事,但能否管用、管住、管好,还要取决于决策者是否拥有对制度的顶层设计和总体规划的智慧和本事。为什么形式主义、官僚主义、享乐主义、奢靡之风这四股歪风久治不愈,甚至愈演愈烈?为什么跑官、要官、买官、卖官的吏治腐败有禁不止?为什么"发展着并同时腐败着、腐败着并同时提拔着"和"带病提拔"的案例不断上演?为什么"三公"经费的公开对于百姓始终是雾里看花,是一笔说不清、道不明的糊涂账?在很大程度上是我们制度设计存在缺陷,在顶层设计上出现"缺环"和"漏洞",尚未实现无缝隙的"闭环"的管理。尤其是存在着"三重三轻"的缺陷:重制度"要素"轻制度"体系",即存在着大量的制度建设的"孤岛"现象,制度资源缺乏有效整合,被分割,出现制度"碎片化",各项制度之间缺乏呼应、对接和配套。比如,"审计风暴"之后如何问责,问责之后的官员能否"东山再起"?以什么程序和条件重新任用?类似这样的问题解决必须注重制度的体系建设。重制度"形式"轻制度"内容",即存在着制度建设中的形式主义,有些制度从表面上看似乎很严谨、很全面,但内容却很虚很空,有名无实,哗众取宠,并不管用,特别要谨防在当前开展党的群众路线教育实践活动中,用新的形式主义反对老的形式主义,如规定超标的车一律不准上路,军车一律不准停在酒店,而这些资源就这样闲置起来,又是多大的浪费?有的地方提法貌似新颖:"文不隔夜,事不隔日,会不超时",这能做到吗?对制度的设计首先要保证它的内容是有针对性和可操作性,不能用花招、虚招、假招反对原有的形式主义。重"潜规则"轻"明规则",这是目前制度建设中最难克服的弊端,是破坏公平正义,挫伤广大干部和群众积极性的"惰性制度"。比如,对于公开制度、民主集中制度、政府采购制度、招投标制度等,背后起决定作用的往往是那些"只能意会不能言传"、大家心知肚明的"潜规则"。虽然明规则是常委分工制,常委票决制中每个常委包括书记也只是一票，但实际上"一把手"的这一票起决定作用，至于政府中的省长办公会或市长办公会等都如此。因而，制度管权必须下力气清除或控制"潜规则"的作用，净化制度环境。

其三，是"预防工程"。即提出把权力关进制度的笼子里，传递了党和政府遏制各级官员的特权思想，打击各种特权现象的决心，有利于为各级政府及官员构筑一道防止权力滥用的"防火墙"。

把权力关进制度的笼子里，一是为了遏制权力游离于制度之外，不受"笼子"的约束而产生的特权思想和特权现象。"法律面前人人平等""党纪国法面前没有例外"，这些提法掷地有声，没有人敢质疑它的真理性。可在法律面前不平等、党纪国法面前有例外的现象在现实中仍然严重存在，最可怕、最令人担忧的是特权思想已渗透、延续到一些"官二代"的身上，过去是父母"恨铁不成钢"，而今都是"恨爹不是刚"。当李某作为大学生在校园开车撞到人时，面对执法人员他喊出了"我爸是李刚"，就因为其父是某公安分局的副局长，这一事件迅速在网上疯传，对政府的形象造成极大的破坏。习近平同志在 2013 年 1 月召开的中央纪委会议上重申了党章的规定："中国共产党党员永远是劳动人民的普通一员。除了法律和政策规定范围内的个人利益和工作职权以外，所有共产党员都不得谋求任何私利和特权。"并且强调这个问题是涉及党和国家能不能永葆生机活力的大问题。因为特权思想会让掌权者远离普通人，并无视普通人的疾苦，从而丧失为普通人分忧解难的价值追求和使命感。有特权思想，行特权之势的人，是不会用平等、公道、公正的态度对待社会公众的，他们会有意或无意地损害人民的尊严，撕碎人民的体面，而这往往是激化干群矛盾的导火索。特权使社会主义制度拥有的最大优势——社会公正，受到威胁和破坏；使党和政府与人民群众的血肉联系、鱼水关系恶化为"油水关系""水火关系"，而要远离这种危险，就必须把权力约束在制度的笼子里。二是为了把对权力的监督和制约转化为能长期管用的"机制群"，也就是习近平总书记所说的"不敢腐、不能腐、不易腐的保障机制"。解决"不敢腐"，主要靠建立健全惩戒机制，对一些社会影响极大、造成重大损失的大案、要案，以及与民生紧密相关的权力腐败，要从重、从严、从快，使那些"想腐败"甚至"能腐败"的人面对高压线，不能越雷池半步。在新加坡甚至对腐败分子施"鞭刑"，要让腐败分子在政治上身败名裂、经济上倾家荡产、思想上后悔莫及。解决"不能腐"，主要靠对权力实施有效的监督和控制，实现行政权力的下移、外移，如减少行政审批权，权力没有了，想腐败也腐败不了，这也叫压缩权力腐败的空间，减少腐败的概率。解决"不易腐"，主要靠制度的严谨性和完整性，减少漏洞和空缺，权力到哪里，监督就到哪里，权力只有当它遇到阻碍时才会停止扩张和膨胀，这也是权力的本性。有了制度的障碍，即使想腐、能腐也不容易腐；解决"不想腐"，主要靠内在的因素，这就是理想和信念及教育，这是一种自觉的境界，也是相比"不敢腐""不能腐""不易腐"更为艰巨的防治工程。可见，把权力关进制度的笼子里，是保护、爱护干部，使其"安全才能回家"的"安全工程"，起到"预则立，不预则废"的警示作用。

这三项工程实施好了，党和政府在人民群众中的形象就会好起来，建设人民满意的政府的目的就能实现了。

二 把权力关进制度的笼子里需要对公共权力进行全面的梳理和界定

把权力关进制度的笼子里，不仅需要决心和勇气，还需要智慧和能力。当前对公共权力至少应着眼在五个方面加以梳理和界定。

第一，坚持权力的"有限论"，对公共权力进行依法"确权"，划定权力的范围和边界。

在以往的行政改革中，在强调政府职能转变时，人们大多是主张我们的政府不应是全能主义政府，应当是有限责任政府，实际上我们政府职能的错位，之所以承担了"无限责任"是因为它包揽了"无限权力"，争权、揽权、扩权成为政府的顽症。把权力关进制度的笼子里，首先必须对行政权力的边界进行清晰的划分，防止越权。一是对现有的政府权力进行规范和清理。把权力关进制度的笼子里，最高的层面就是关进法律制度的笼子里，把政府的权力限制在法律范围内，依据法律对现行的行政权力逐一加以清理和确定，使其由多到少，由无序到有序。如湖北省监察厅于2012年根据省政府的要求，对省级行政权力和政务服务事项进行了认真清理和严格审核，将各部门申报的7012项权力，审减为5213项，核减了1799项无法律依据的权力。2013年6月又完成了省级行政权力第二轮清理规范工作，建立了行政权力目录。二是锁定行政权力的边界，严格限制政府权力的盲目扩张。重点是围绕着政企分开，减少行政权力对企业、市场过多的干预，坚持凡是市场能够解决的，政府绝不代劳，保证企业真正成为"四自"主体，即自主经营、自负盈亏、自我发展、自我约束。目前我国出现严重的产能过剩，钢铁、汽车、水泥等过剩率均已超过30%，从深层次原因看，与政府对市场过度干预、调控乏力有着内在的联系。政府一味要求把某些产业"做大做强"，结果是"做垮"，"优胜劣汰"的市场规律被行政手段变为"劣胜优汰"。因而，必须督促各级政府及其部门划清自身与市场、企业的边界，从过多、过细的微观事物的管理中解脱出来。李克强总理在国务院关于转变政府职能和加快机构改革电视电话会议上，讲到渔船命名都要报国务院审核，类似这样的微观政府管理必须取消。

第二，坚持权力的"下放论"，对公共权力进行充分的"放权"，加快行政审批制度的改革。

把权力关进制度的笼子里，重点和难点之一就是深化行政审批制度改革，简政放权，压缩行政权力膨胀的空间。在近10年来的行政审批制度改革中，国务院分六批共取消和调整了2497项行政审批项目，占原有总数的69.3%，各地方政府也不断加大改革力度，从而有力地促进了政府职能转变、促进了依法行政、促进了反腐倡廉、促进了行政效率的提高。应该说，行政审批制度改革，起到了重要的龙头和杠杆作用，可谓功不可没。但放小不放大、放虚不放实、明放暗不放的"空放"现象仍然存在。各地在开展群众路线教育活动中，群众和企业对此意见仍然很大。

行政审批制改革如果不到位，行政权力就难以被关进制度的笼子里。一是实现由多到少的审批，要制定减少审批的硬性目标任务。李克强总理在十二届全国人大一次会议举行的记者会上指出，目前国务院各部门行政审批事项还有 1700 多项，本届政府下决心要再削减 1/3 以上。各地政府都应向中央政府看齐，拿出时间表和量化指标。如成都市政府在推进服务型政府建设中，先后九次大规模清理减少行政审批项目，目前保留的行政许可项目由原来的 1166 项减少到 100 项，减幅达 91%。非行政许可审批项目由原来的 1006 项减少到 194 项，减幅达到 80.7%。成为全国同类城市中行政审批项目最少的城市之一。二是实现由少到优的审批。最少不等于最优。湖北省政府加大行政审批制度改革，省级行政审批事项目前仅保留 312 项，在成为全国行政审批事项最少的省份的基础上，提出要从最少向最优提升，在优化审批项目的结构上做文章，重点要减少和下放投资审批事项，取消与企业生产经营活动直接相关的审批事项。减少行政管制，不仅能减少权力腐败、权力寻租的几率，而且可以降低创业门槛，释放市场主体的积极性，解决就业难的民生之本问题。同时，应着眼于"放权"与目前大部制改革的关联度，与职能转变的融合度，只有职能下放了，权力才能真正地下放。

第三，坚持权力的"阳光论"，对公共权力进行公开的"晒权"，让权力在阳光下运行。

没有公开就无法监督，权力也就无法关进制度的笼子里；没有公开就没有威慑力，制度就会形同虚设；没有公开就失去公众的信任，制度就会降低其公信力。把权力关进制度的笼子里，必须坚持在群众有怀疑的地方，撒下信任的种子；在群众认为是黑暗的地方撒下光明的种子；在群众失望的地方撒下希望的种子。一是要推进办事公开制度，完善党务公开、政务公开、司法公开等办事公开制度，增加其程序或流程的透明度，特别要谨防打着"公开"旗号的"假公开""伪公开"，或"假程序""伪流程"，如干部提拔、招投标等活动中存在着大量的"假公开"，用最民主的形式保证了最不民主的内容。二是要深化财政公开体制改革，完善"三公"经费公开制度，这是行政权力公开的重点、热点，也是难点。中央部门已率先晒"三公"，并推出了全国晒"三公"的明确目标和时间表，即 2015 年以前市县政府必须实行"三公"经费的透明化、阳光化。但晒"三公"不仅要全覆盖，而且要细化为标准，进行分类，要让普通百姓看得清、看得懂。三是要加大政府信息公开力度，并且要有信息公开的监督和保障机制，对政府信息公开工作有评议考核，防止信息公开的随意性，不能想公开就公开，不想公开就不公开。坚持公开是原则，不公开是例外。四是积极稳妥推进官员财产申报公开制度，要进行顶层制度的设计，如先试点后铺开，还是一步到位直接铺开；是采取老人老办法新人新办法，先公开新提拔官员的，还是新老官员一同公开；是采取自上而下先公开高级官员的，还是自下而上先公开县处级以下的；是所有党政官员一并公开，还是先公开特定系统如纪检、司法、监察、审计部门的。此外，对财产公布的范围，归属权的认定等，都需要加紧调研、论证，制定法规，提出可操作性的方案。

第四，坚持权力的"责任论"，对公共权力进行有效的"责权"，实现权力和责任的对等。

行政问责制，是把权力关进制度的笼子里的一把"铁锁"，因为只要把权力和责任捆绑在一起，权力就必然受到了约束。一是要强化权责一致的制度体系建设，真正做到权力到哪里，责任就到哪里，权力大一分，责任就大一分，有权必有责，二者是对等的、成正比的、不可分割的，尽快改变"权力是个人的，责任是集体的"负盈不负亏的权力责任相分离的现状。特别要合理划分党委和政府之间、政府部门之间、机构与岗位之间的职责权限，对谁主管、谁协管，如何分工不分家、补台不拆台、用权不越权、放权不放任等，应建立权责一致、边界清楚、责任明确、严谨严密的权责体系。二是要推动治庸问责的长效化、常态化的机制健全，把治贪与治懒、治散、治软、治庸、治慢有机地结合起来，把克服精神之庸与克服责任之庸、能力之庸结合起来，提升履行责任的能力。坚持问题导向，严肃查处行政不作为、慢作为、小作为、乱作为。三是完善网络问政、电视问政的新平台，在现有成效的基础上，要向节目播出常态化、问题整改透明化、成果运用科学化方向推进，而不是停留在吸引"眼球"，或官员作秀的层面上。

第五，坚持权力的"热炉论"，对公共权力进行严厉的"制权"，提高制度的公信力和执行效率。

人的生命在于运动，制度的生命在于执行。要想把权力真正关进制度的笼子里，这种笼子必须是"铁笼子"，让权力得到严厉有效的制约。

所谓"热炉论"，是源于西方管理学的一种管理法规，意指一种法规或制度犹如一个烧得滚烫的火炉，其特点有：（1）它是预先有警告的，炉子烧红了摆在你面前，你是知道碰了后是要被烫的；（2）它是对人平等的，炉子烫人是不分亲疏贵贱的，制度面前人人平等；（3）它是贯彻到底的，只要碰到热炉无论任何时候都会被烧伤；（4）它是即刻的，说到就做到，热炉烫人绝不是用来吓唬人的，只要你敢碰它就会烧伤你。

"热炉理论"对我们有着重要的启示作用。公信力源于执行力，制度的科学化又源于制度的公信力，公信力愈高，其科学化水平愈高。人民群众之所以对某些制度不信任、不信赖、不认可，原因之一就是它缺乏可行性、可靠性，没有制度的诚信度。因此，我们必须把更多的注意力放到制度的落实环节上，提高制度的执行力，降低制度的成本和风险，尽量减少那些费了九牛二虎之力才出台却又无法执行的制度。实践证明，推出只能写在文件里但无法落实的制度，或管不住坏人却教坏了好人的制度，不仅是形式主义的翻版，而且在一定意义上比没有制度还可怕，因为它使坏人做坏事、权力滥用成为"合法"。

总之，群众路线教育最终是要解决人民群众最关心、最直接、最现实的问题，而实现这一目的的实招、硬招之一就是把权力关进制度的笼子里了。

行政区划改革路径研究

——基于城镇化结构失衡的背景

刘淑春[*]

城镇化是实现现代化的重大战略选择^①。目前，城镇人口已超过农村人口，突破 7 亿，城镇化率达到 52.57%，未来一段时期的城镇化仍将保持高速。但也要看到，城镇化结构日益失衡，城镇化发展速度与结构、质量之间不协调、不平衡，如此下去城镇化难以持续。加快城镇化发展绝不能光看华丽的数字，更要透过这些表象剖析城镇化结构是否合理、质量是否提高。只有建立在结构优化基础上的城镇化才能确保质量并可持续发展^②，也只有城镇化健康、协调、可持续发展，才能更长远地为促进投资、拉动内需、城乡统筹发展提供动力支撑。

一 结构失衡的城镇化亟待转型升级

城镇化发展不协调、不健康、不可持续，不仅体现在一味追求发展速度上，更体现在结构失衡上。改革开放以来，中国采取了系列政策加快"城镇化"追赶"工业化"。从当前城镇化年均一个百分点的增速以及近千万城镇人口的年均增量来看，城镇化发展异常迅速，与此同时城镇化结构失衡，这是城镇化继续推进迫切需要破解的一大难题。

---

* 作者简介：刘淑春，杭州万向职业技术学院讲师。

① 李克强：《协调推进城镇化是实现现代化的重大战略选择》，《行政管理改革》2012 年第 11 期。

② 李克强：《关于调整经济结构促进持续发展的几个问题》，《求是》2010 年第 11 期。

（一）当前城镇化发展的突出矛盾是结构失衡

从中外城镇化比较来看，主要差距已经不在于规模和速度，关键在于质量，核心在于结构。中国城镇化发展质量不高，大、中、小城市和城镇发展失衡，呈现比较明显的"马太效应"。首先，横向结构失衡。东、中、西部的城镇化不平衡，沿海和内地的城镇化发展不平衡，[①] 地区之间的城镇化水平不平衡。2012 年，上海城镇化率最高，达 89.3%，西藏仅 22.7%。如果排除直辖市，广东城镇化率最高，达 66.5%。其次，纵向结构失衡。大、中、小城镇发展的差距与日俱增。大城市超常规发展、过度集聚，而中小城镇发展滞后、无序，不仅规模小、层次低，而且结构不合理、功能不完善、竞争力不强，与大城市发展差距越来越突出。再次，城乡结构失衡。"人口城镇化"赶不上"土地城镇化"，大量农村土地特别是大片"城中村"被"城镇化"，但农村的经济发展水平、产业结构、生活方式等与城市相距甚远，而且产生了大量失地人口，这是城乡二元差距加剧、基尼系数突破警戒线、社会矛盾凸显的一个重要根源。最后，城市内部结构失衡。城镇化内部差距不断拉大，特别是在城镇居住 6 个月以上的被统计为城镇人口的大规模流动人口，没有真正实现市民化。近 3 亿农民工仍被屏蔽在城市社会保障制度之外，他们无论在工作地位、权益保障上，还是在居住生存、心态感受上，都被城市边缘化。

表 1　城镇规模梯度分布

年　份	400 万及以上	200 万~400 万	100 万~200 万	50 万~100 万	20 万~50 万	20 万以下
1995	10	22	43	192	373	
2000	13	27	53	218	352	
2005	13	25	75	108	61	4
2010	14	28	82	110	51	2
2012	14	31	82	108	49	4

注：按城市市辖区年末总人口分组。2005 年之后仅指地级市数。数据来源于历年中国统计年鉴。

---

① 国家发改委课题组：《我国城市群的发展阶段与十大城市群的功能定位》，《改革》2009 年第 9 期。

（二）新时期城镇化发展的方向是新型城镇化

城镇化道路选择应结合经济发展水平、人口规模、资源环境承载力等国情，特别是要充分考虑农村人口基数庞大、城镇化与耕地保护矛盾突出、城镇人口就业压力大等现实问题，走适度紧凑、集约发展的新型城镇化道路。特别是"十二五"城镇化突出矛盾已经从传统粗放的量扩张转向有机集约的质提升，必须致力于从结构失衡向均衡转变的新型城镇化迈进。新型城镇化不同于传统城镇化，不是人口迁移形态的城镇化，也不是户籍形态的城镇化，而是生活方式、文明形态、结构布局等并重，集城市现代化、产业集群化、城市生态化与县镇城镇化"四化一体"的城镇化。在布局上看，是"梯形分布状"城镇化。既要避免"哑铃形"结构，也要避免"倒金字塔形"结构；既要避免"摊大饼"式的遍地开花，也不能过度集中，特别是不能仅仅依靠大城市来承载日益庞大的城镇人口，而是要着力构建梯形分布形态的城镇化，即以大城市为核心、周边中等城市为依托、小城市和广大城镇为主体的网状、多层、辐射型结构，实现大、中、小城市和小城镇协调发展。在内质上看，是"水乳交融式"城镇化。不仅要推进基本公共服务均等化，还要实现所有公共服务的均等化；不仅要强化高端要素向大城市集聚，还要实现所有要素在城市体系内畅通无阻、双向流动，促进要素最优化配置；不仅要保障市民权益，还要保障农民工的合法权益，促进进城农民工市民化，实现农民工与市民融为一体发展。在宗旨上，是"天人和谐型"城镇化。不仅要通过户籍制度等改革，推动人口向大城市集聚，还要充分考虑城市的人口容量、治理成本以及资源环境承载能力；不仅要加快城市基础设施建设，更要优化城市人居环境，提高城市生活幸福指数，实现健全的城市功能、优美的人居环境以及高效的城市经济的协调统一。

（三）新型城镇化发展必须着眼于突破城镇化结构失衡

长期以来，中国城镇化滞后于世界平均城镇化水平，更远远滞后于发达国家城镇化水平，同时也滞后于自身工业化发展水平。因此从长远看，城镇化加速发展是必然趋势。但只有建立在结构优化基础上的城镇化才有坚实的发展基础，才能可持续发展。城镇化三十多年的发展，在结构上已经累积了很大的弊病。如果不在结构上下功夫，任由城镇化盲目膨胀，必然会出现"泡沫城镇化"，新型城镇化发展也将成为一句空话。应围绕优化城镇化结构，找准结构失衡的症结，着力破解"重土地城镇化、轻人口城镇化""重大中城市发展、轻小城市和城镇发展""重市民权益保障、轻流动人口特别是农民工权益保障""重城镇化指标、轻城镇化质量"等"四重四轻"矛盾，加快县（县级市）和中心镇城镇化（以下统称为"县镇城镇化"）发展。

二 县镇城镇化是破解城镇化结构失衡的重要途径

县镇是连接城市和农村的纽带和节点，是实现城乡统筹和城镇化协调发展的关键一环。长期以来，作为"城乡结合部"的县镇处于"不农不城"的弱势地带，既不能有效集聚资源，吸引农村剩余劳动力转移就业；又不能发挥辐射作用，带动周边农村地区加快发展，成为制约城乡一体化发展的瓶颈所在，更是城镇化发展结构失衡的一个重要原因。因此，必须加快县镇城镇化发展，以此破解城镇化结构失衡。

（一）县镇城镇化是破解城镇化纵向结构失衡的着力点

城镇化协调发展应坚持"双轮驱动"：一方面要继续加快建设地级及以上城市和大都市；另一方面要着力发展中小城市和城镇。这些年来，大城市包括333个地级市，特别是4个直辖市和15个副省级城市的发展非常迅猛，规模不断扩大，功能不断强化，但大部分县镇的发展却十分缓慢、滞后。要从根本上破解城镇化结构纵向失衡，必须在继续发展大城市的同时，科学规划、重点发展一批具备一定条件的县镇。特别是在二元户籍制度难以全面取消的情况下，以放宽县镇户口为突破口，加快农村人口向县镇集聚，不仅能有效缓解"大城市病"，也有利于加快县镇发展，从而实现大中小城市和县镇协调发展。考虑到我国县镇众多，包括374个县级市、1464个县、19522个镇，所以不能盲目、粗放、无序地城镇化，应从中选择一批具有一定发展潜力的县镇，特别是根据经济基础、公共设施和就业容量、产业关联度等条件，选择一些在工业、商贸旅游、交通枢纽、历史文化等方面有特色优势的县镇作为重点。这样既可以进一步打实城镇化的基础，又可以避免到处大兴土木搞"土地城镇化"。

（二）县镇城镇化是破解城乡结构失衡的突破口

城乡结构失衡是城镇化结构失衡的重要原因之一。在城乡二元差距加大的背景下，靠大都市、特大城市、大城市发展来吸纳大量农村人口和实现高度城镇化，无疑会进一步加大城乡差距。特别是长期以来的"重城市、轻农村""重大城市、轻县镇""重土地城镇化、轻人口城镇化"导向，已经引发了"城市病""县镇产业空心化"等诸多社会问题，导致城乡结构失衡的问题凸显。减少农村人口是实现城乡一体化的根本途径，县镇城镇化是农村人口城镇化的最便捷、最可行的路径，应将推动县镇发展作为城乡一体化的重要驱动力。这样可避免大规模农村剩余劳动力在城乡之间"钟摆式""候鸟式"频繁流动，减少庞大的农村人口涌入大城市从而带来的种种冲击，更重要的是为农村剩余劳动力转移提供了缓冲带，促使他们到县镇就业和市民化，从而实现城乡一体化。

（三）县镇城镇化是破解城镇内部结构失衡的重要举措

当前名义城镇化率是 52.5%，但城市户籍人口仅 35.3%。这说明统计到城镇化率中的人口并没有真正城镇化，这部分人口既包括 1.45 亿左右在城市生活 6 个月以上却未能与市民同权同利的农民工，也包括 1.4 亿在镇区生活但务农的农业户籍人口。① 城镇化的核心是"人的城镇化"。城镇化发展要优先让这 3 亿人口，特别是新生代农民工从"半市民化"走向市民化。实现这一目标的关键是走市民化路径。大城市进入门槛高、生活成本高、就业成本高的"三高"压力导致通过大城市来大规模吸收新生代农民工的道路难以行得通。与大城市相比，农民工在县镇定居生活的"门槛"要低得多。所以逐渐放开县镇的

---

① 简新华、何志扬、黄锟：《中国城镇化与特色城镇化道路》，山东人民出版社，2010，第 34~35 页。

户籍限制，鼓励具备一定条件的新生代农民工到县镇落户，不仅能够加快县镇城镇化发展，更重要的是可解决"半城镇化"状态下的农民工难以真正融入城市的社会问题，促使城市健康、均衡发展。

（四）县镇城镇化是破解城镇化质量不高的有效途径

高质量的城镇是建立在可持续发展之上的合理有序、自我更新、充满活力的城市生命体，是资源环境友好、产业集约高效、社会公平有序的城市综合体。但城镇化在创造文明成果、促进社会发展的同时，也产生了交通拥挤、房价高涨、环境恶化、资源紧张、幸福感下滑等很多问题。根据国际经验，城镇化率在50% ~ 70%是"城市病"发作阶段。而我们现在已超过50%，所以未来一段时期"城市病"可能进一步凸显和蔓延。"城市病"的根源在于城市发展不均衡导致人口过度涌入少数大城市。特别是大城市作为区域发展高地，集聚了几乎所有的高端服务（如金融、高校、科研院所、商贸中心等）和高端要素，必然吸引大量人口集聚；相反，大多数县镇发展远远滞后，不少县镇连最基本的公共服务都无法提供，必然面临要素流失。因此，将资源和政策向县镇倾斜，既有利于加快县镇发展，又能抑制大城市人口过快增长，这是破解"大城市病""小城镇空心化"的双赢之举。

三 县镇城镇化的区划瓶颈

行政区划体制决定资源在空间上的配置，影响生产要素的空间流动，对县镇城镇化发展具有重要作用。[1] 现行的"五级半"行政等级制是计划经济的产物，[2] 存在较高程度的"职能同构"，导致资源配置日益失衡和城市发展差距不断扩大，特别是对县镇城镇化发展形成了极大的阻碍。要破解城镇化结构失衡这一症

---

① Reeitsu Kojima. Introduction：Population Migration and Urbanization in Developing Countries, *Developing Economies*, 1996 (4) .

② 胡鞍钢：《论新时期的"十大关系"》，《清华大学学报》（哲学社会科学版）2010 年第 2 期。

结，必须以区划改革为切入点，加快县镇城镇化发展。

（1）现行区划管理体制下的城市等级化资源配置影响县镇城镇化发展。地级市及以上城市既要管理人口密集的城市核心区域，又要管理下辖的农村区域，导致城市功能定位模糊不清，容易顾此失彼致使农村发展边缘化。这种等级化的城市管理体制决定资源自上而下的分配流向，等级高、规模大的城市自然成为重点，而县城以及最基层、数量最庞大的小城镇仅是农村的区域行政中心或小规模商品集散地，缺少产业支柱、要素支持和人才支撑，发展活力难以释放。而且资源在自上而下传递过程中，上级城市对下级城市拥有资源分配控制权，更多资源被用来满足更高级别行政辖区的城市建设需要，如占全国人口29％的地级市及以上城市掌控着62％的生产总值（见表2）。更有甚者，上一级城市基于本级政府的本位利益，将发展重心放在本级城市建设上，在财税分成、基建投资、项目规划等方面优先考虑本级，甚至利用行政权力支配上级政府分配给县镇的资源。与此同时，县镇的资源通过财税体制或市场机制向上级政府所在地转移，特别是市场自发形成的"回波效应"，促使地位优先的大城市从不发达的县镇地区吸收资本、劳动力等生产要素，这两种渠道导致大城市集聚效应显著、扩散效应微弱，叠加起来导致县镇缺乏要素特别是高端要素支撑。长此以往，城镇化结构出现极大差距，一些地方甚至出现严重的"大城市过度膨胀、小城镇过度萎缩"的马太效应。

表2　地级城市及以上城市的资源集中度

单位：%

年　份	2002	2003	2005	2006	2007	2008	2009	2010	2011
人口集聚度	25.6	26.5	27.8	28.0	28.2	28.3	29.1	29.0	29.5
发展集聚度	61.4	64.9	59.9	62.7	63.0	62.0	61.0	61.3	62.0
财政集聚度	60.1	58.8	61.1	59.3	27.5	27.5	58.3	28.7	28.5

　　注：三种集聚度分别表示地级城市及以上城市人口、生产总值、财政收入占全国比重，并且不包括所辖行政县，均为市辖区。表中数据根据历年中国统计年鉴有关数据计算而得。

（2）行政区竞争格局下的中心城市过度极化影响县镇城镇化发展。当前"行政区经济"特色比较明显，经济竞争格局很大程度上体现为省域经济实力的较量。各地特别是中西部为扩大省域经济实力，大多重点发展"中心城市"或"省府城市"。随着这些城市的发展壮大，近年来关于中心城市直辖的言论不绝于耳。单纯从大城市自身发展而言，"增设直辖市"的作用毋庸置疑，[①] 有利于最大化地方行政权力资源和地方官员晋升；[②] 减少行政管理层级，增强管理权限和发展自主性；获得更多的政策和财政支持。[③] 但增设直辖市是否有利于整个区域经济长远发展呢？中心城市是行政区经济结构中的"核"。如果"核城市"脱离省域经济发展圈，那么其龙头作用就丧失，节点之间的网络功能弱化，最终会波及整个区域经济，不利于周边地区发展。因此，增设直辖市与否，还要看是否有利于省域经济布局和地区协调发展，以及是否存在足可替代的"副核城市"。在省域范围内，"多核"发展型城市比较少，如果是单核型发展模式，例如陕西西安、湖北武汉、河南郑州、安徽合肥等城市（见表3），直辖后省域经济就会失去辐射中心，导致更激烈的地区竞争和更大的城乡差距。

表3　各省区的"核城市"数量及比重

单位：%

单核	山西［太原（0.22）］、安徽［合肥（0.18）］、江西［南昌（0.25）］、河南［郑州（0.17）］、湖北［武汉（0.34）］、湖南［长沙（0.24）］、广西［南宁（0.18）］、海南［海口（0.32）］、四川［成都（0.33）］、贵州［贵阳（0.25）］、云南［昆明（0.30）］、西藏［拉萨（0.36）］、陕西［西安（0.33）］、甘肃［兰州（0.29）］、青海［西宁（0.44）］、宁夏［银川（0.47）］

---

① 史宇鹏、周黎安：《地方放权与经济效率：以计划单列市为例》，《经济研究》2007年第1期。

② 徐现祥、王贤彬：《晋升激励与经济增长》，《世界经济》2010年第2期。

③ 王贤彬、聂海峰：《行政区划调整与经济增长》，《管理世界》2010年第4期。

双核	河北［唐山（0.20）、石家庄（0.17）］、辽宁［沈阳（0.25）、大连（0.25）］、吉林［长春（0.40）、吉林（0.19）］、黑龙江［哈尔滨（0.34）、大庆（0.26）］、山东［青岛（0.14）、烟台（0.11）］、广东［广州（0.22）、深圳（0.21）］、新疆［乌鲁木齐（0.23）、克拉玛依（0.15）］
三核	内蒙古［包头（0.21）、鄂尔多斯（0.19）、呼和浩特（0.18）］、江苏［苏州（0.22）、无锡（0.15）、南京（0.13）］、浙江［杭州（0.22）、宁波（0.18）、温州（0.12）］、福建［泉州（0.25）、福州（0.22）、厦门（0.15）］

注："核城市"为经济发展水平最高的城市。小括号内为城市生产总值占所在省区的比重。表中数据是根据中国统计年鉴有关数据计算而得。

（3）"重治标、轻治本"的建制城镇化影响县镇城镇化发展。实行财政"省直管县"及未来全面"省直管县"，地级市必然丧失管辖范围，这实际上助长了"县改区"改革，是1980年代后期"县改市"的变形延续。无论是"县改市"还是"县改区"，都是一种追求空间扩张的"建制城镇化""土地城镇化"和"房地产化"，表面上城镇化率提高了，城市面积扩张了，但城市质量没有提高。"县改区"是中心城市膨胀的加速器，是拓展空间的便捷路径。作为县域经济改革的尝试，"县改区"的初衷是动用城市资源支持农村地区发展，减少城乡发展差距，但一些地方却将政策异化为中心城市"跑马圈县"，这导致城市管理失序、"城市病"丛生、"城中村"征地拆迁矛盾频发，不仅降低了县市发展的独立性、自主性，而且更多资源被用在中心城区改造上，边缘城区的农民生活状况反而恶化。大城市发展以牺牲边缘城区为代价，使"县改区"偏离了改革初衷，改区后的县丧失了独立性，大量资源被吸引集聚到中心城区，原有优势反而丧失。特别是改区后从事农业劳作的"新市民"，既没有享受到与中心城区市民一样的待遇，也失去了国家的各种惠农政策，成为两头不受惠的"赤脚市民"。

（4）"城乡合治模式"下的地级城市发展导向影响县域城镇化发展。在行政级别、行政权力与发展资源直接挂钩的情况下，要素和政策通过市场机制和城市等级两条通道向地级城市集聚和倾斜，其结果导致地级城市与县镇发展失去平衡。特别是在"城乡合治"体制下，地级市这一级扮演的"双重角色"有所冲突，首先代表的是本级和城区利益，然后才是所辖县域的利益，在公共资源稀缺的条件下，必然是更多资源被配置在市这一级上，弱化了县域经济对资源的支配能力，缩小了县域经济发展空间，导致县域经济发展滞后和城乡差距扩大。20 世纪 80 年代初期推行的"市管县"，初衷之一是利用地级市的"先发优势"，实现"市县镇村"四级协同发展，从而推动城乡一体化。这种模式加速了地级城市建设，但带来了更大的问题，行政层级增加制约了行政效率提高，更严重的是大量要素和资源从县域流出，影响了县域经济发展，形成"核心区—边缘区"两重天的景象。因此，"城乡合治模式"下，地级城市一元导向以及县镇主体地位和发展权的相对弱化，是城乡二元差距扩大的原因之一。尽管这是城镇化向均衡化发展的必经阶段，但地级城市"集聚有力、辐射乏力"，特别是以牺牲外围县镇发展为代价，是城镇化进一步发展不得不解决的突出问题。

四 加快县镇城镇化的区划改革步伐

加快县镇城镇化必须进一步突破区划管理体制障碍，着眼于建立健全责权相配、结构合理的县镇区划管理体制，推动多级管理向扁平管理模式转变，特别是要赋予县镇更大、更自主的发展权限，调动基层积极性，以区划改革推动县镇城镇化发展。

（1）推进"省直管县""市辖区不辖县"，进一步扩大县域自主发展权。"省直管县"改革是突破"县域经济发展悖论"的关键之举。沿海地区如浙江，民营经济、县域经济发展迅猛的一个重要原因就是多次强县扩权，[①] 特别是 2002 年大面积推行"省直管县"，赋予县更自主的经济管理权限。各地兴起效仿浙江之风，探索实行"省直管县"模式。初步统计，目前已有 24 个省

---

① 袁建军、金太军：《"省管县"体制改革研究——以经济管理体制改革为研究视角》，《政治学研究》2010 年第 5 期。

（区）通过不同方式进行了类似的改革尝试。要继续深入推行"省直管县"改革，逐步取消直辖市、省会城市、副省级城市以及地级市的辖县权力，并将重点放在发展城市经济上；取消县（县级市）对地级市的依附关系，实现市县同级同权、不同分工，县的发展重点放在县域经济和农村经济上。通过简化管理层级、强化县级政府权力，赋予县更大的财政支配权、行政审批权、事务管理权等，进一步强化县域经济主体的相对独立性和自主性。设区市不再辖县，对于与中心城市产业关联度高、一体化程度深、功能衔接性强的县可考虑"撤县改区"，改区后仍可渐进探索"区财省管""省直管区"等改革，其他情况下特别是对于产业关联度不高的农业县应实行"省直管县"。

（2）推进强镇改革，突出中心镇的培育和发展。"镇级体制、县级任务、市级要求"是一些中心镇发展的体制隐痛。要摆脱这种体制羁绊，必须进一步提升镇的经济社会权限，这是客观需要也是必然趋势。当前地方有两种创新模式：一种是浙江、广东、山东等地推行的下放经济社会管理权模式；另一种是改革行政区划模式，如安徽巢湖市将桐炀、柘皋、黄麓、槐林列为副县级镇，赋予地方更大权限。通过"扩权强镇"改革，要强化乡镇这一级的行政管理权力，特别是县域经济比较发达的地区，要将经济增长点深入更为基层的镇。这有赖于对城镇进行科学规划，在市场机制作用下合理配置发展核，推动镇域经济进一步发展。同时制定和实施"中心镇培育计划"，把区位条件优、经济实力强、发展潜力大、纽带作用强（承接大城市辐射同时带动周边农村发展）的镇定位为中心镇给予重点培育，使之能与县域经济共同作为区域经济发展的引擎。

（3）科学规划"镇并村"，为中小城镇的集约化发展奠定基础。城镇化发展的"一大乱象"是规划无序、短视、同质，为此不少城市付出了沉重代价。[①] 大多数城镇已认识到这个问题，在新区建设之前反复论证，尽量避免粗放扩张。但又往往将重点放

---

① 汪在满：《大困境——中国城市危与机》，山西人民出版社，2012，第 41 ~ 42 页。

在城镇上，忽略了村镇的统一规划。事实上，今天的村镇将来很可能连点成线、成面，发展成中心镇或小城市。如果规划不从长远考虑，将来城镇化发展又会向城郊蔓延圈地，形成大量"城中村""村中城"，导致城市混乱失序。这是城镇化过程中频频发生的现象，甚至引发不少征地拆迁的血案。对此，我们要汲取教训。要合理借鉴日本"町村合并、合村进镇"的做法，通过自然村向行政村集中、行政村向乡镇集中、乡镇向中心镇集中，避免因村落分散带来的公共设施建设对农地的占用，还可以"二次复垦"镇并村后的农村建设用地，促进农村人口就地城镇化，不失为一种良策。

（4）按照区别对待原则，协调配套、分类推进区划改革。行政区划改革要充分考虑各地实际，因地制宜选择不同的改革时机和路径。东部经济发达、公共服务机制健全、城镇化水平高、基础设施完善，可率先渐进推行"省直管县""市管区不管县""强县强镇"等改革。同时可将有条件的中心镇培育成为中小城市，与大城市有序分工、优势互补、功能集成。中西部省区条件尚不成熟，要着力发展县城为主体的中心城市，在条件具备时再试行进一步改革。在"省直管县"改革上，区划改革仅是一个突破口，还要处理好区划改革与经济管理体制、行政管理体制、财政管理体制以及人事管理体制改革的关系，处理好县镇扩权与省、市职能部门放权的关系。只有通过各子系统的集成改革、协同推进，才能真正理顺机制体制，激发县镇城镇化发展的动力活力。另外，还要从国家和省级层面制定实施县镇城镇化发展专项规划，统筹衔接各层次、各领域规划，力避盲目圈占土地的空壳城镇化、强制城镇化倾向，确保城镇化稳步有序健康推进。

（5）强化体制机制保障，将城乡二元差距作为行政绩效考核的硬性指标。优化城镇化结构，说到底还是要靠政策安排和行政力量来实现，因此需要在政府层面构建起激励约束机制。通过设立行政约束性指标，定期考核地方政府优化城镇化结构的政策绩效，对地方政府行政行为形成强制和约束。在约束指标选取上，城镇化率、城市规模和数量无法准确反映一个地区的城镇化结构,① 必须建构更为切合实际的指标。一般而言,城乡二元差距与城镇化结构之间呈现高度相关性,即城乡二元差距越小,城镇化结构越合理。而且城乡二元差距不只是一个经济指标,还是一个社会指标,能够反映城乡一体化进程。要通过城乡二元差距反映地方政府的城镇化取向,探索把"城乡居民收入之比"作为硬性考核指标,促使基层政府更加重视推进县镇城镇化,提高城镇化质量,实现城乡统筹发展。

① Oded Stark, David Levhari. On Migration and Risk in Less Development Countries, *Economic Development and Cultural Change*, 1982, 31 (1).

社会管理创新背景下内蒙古自治区信访问题研究

丛志杰 吴松阳*

近年来，中国经济社会发展进入了"黄金发展期"和"矛盾凸显期"的重叠阶段，社会矛盾和问题通过信访渠道不断涌现，并且呈现多发、易发、高发态势，其择机性和对抗性也越来越突出。2012 年全国信访总量达到了 740 万件（人）次；大量疑难复杂信访问题虽然得到了解决，但社会发展过程中涌现的新矛盾、新问题层出不穷；损害群众利益的现象依然存在，反映在信访问题上表现为群众坚持上访、重访，甚至重复非访……如何妥善解决信访问题已日渐成为从中央到地方各级政府所面临的重大现实课题。

自党的十六届四中全会首次提出社会管理创新这一概念之后，党的十七大、十八大均对社会管理创新提出了明确要求，特别是党的十八大报告明确提出要开创"党委主导、政府负责、社会协调、公众参与、法治保障"的社会管理创新格局。[①] 作为社会管理创新重要触角和前置力量的信访工作，也越来越引起中央高层的重视。中央政治局常委会、国务院常务会议研究信访重大问题的会议就有 10 多次，中央政治局各常委对信访问题的批示达千余次。

内蒙古自治区是中国共产党在少数民族地区成立最早的民族

---

* 作者简介：丛志杰，内蒙古大学公共管理学院教授、副院长；吴松阳，内蒙古大学公共管理学院硕士研究生。

① 胡锦涛：《坚定不移沿着中国特色社会主义道路前进 为全面建成小康社会而奋斗——中国共产党第十八次全国代表大会报告》，《人民日报》2012 年 11 月 18 日。

区域自治地，成立 60 多年来，经济社会发展取得了巨大成绩。特别是进入 21 世纪以来，经济增长速度位于全国前列，形成了"内蒙古模式"，即政府主导，投资拉动，资源支撑，机遇牵动。这种模式在短期内充分发挥自身优势，使经济发展实现"起飞"。随着内蒙古自治区经济社会的快速发展，社会矛盾和问题逐渐增多，信访量高位运行，直接影响到祖国北部边疆的稳定及自治区经济社会的健康发展。

一　内蒙古信访问题的现状

在经济社会快速发展的过程中，社会阶层的日益分化、利益分配机制的不完善、政策执行的偏好性、社会转型压力等多种原因的聚合，使大量的社会矛盾和问题通过信访途径涌现出来，这突出表现在自治区信访群体类型多样、信访诉求多样、信访总量高位运行、信访问题多发易发等方面。

（一）信访量指标

当前，内蒙古自治区的信访情况在量上与全国的信访状况相比基本趋同，长期处于高位运行状态。从信访总量、重信重访、集体上访、非正常上访等重要指标上看，第一，信访总量连续三年呈现逐年下降趋势，但总量始终高位运行，全年盟市两级信访总量在 10 万人次左右。第二，重信重访量大幅下降，尤其是 2012 年，自治区通过强力措施，加大特殊疑难信访资金的投入，加大督查督办力度，进一步强化工作力度，重信重访量实现大幅度下降。第三，集体访量有上升趋势。由于涉及人员较多且利益诉求趋同，导致有串联迹象的集体上访呈上升趋势，如复转军人群体、十多年前大中专毕业生等。第四，非正常上访尤其是进京上访仍然持续发生，内蒙古自治区地域面积辽阔，东部地区的赤峰、通辽等由于距首府呼和浩特市较远，群众多选择直接进京上访；中部地区乌兰察布市、锡林郭勒盟等部分旗县距北京较近，群众选择进京上访受地缘因素影响较大，这直接导致进京上访量不断增加。

（二）主要信访类型及重点隐患

当前自治区信访问题主要反映在以下方面。

（1）"三农"问题类信访事项中返乡农民索要土地、草场征占牧民利益受损要求提高补偿标准等问题构成此类信访问题的主体。

（2）城乡建设类信访问题主要集中在城镇拆迁标准低甚至强拆等方面。

劳动社保类信访问题主要反映在社会保险、工资福利、培训就业、劳动权利保护、劳资纠纷、离休退休等方面。

（3）组织人事类信访问题中，复转军人群体、机构改革提前退休人员、十多年前大中专毕业生群体近几年异常活跃。选拔任用、招录辞退、工资待遇等信访问题也日益成为该类型信访事项的重要内容。

（4）交通环保类信访事项伴随着自治区经济的迅速发展逐步产生，如交通运输、环境污染等。

（5）国土资源类信访事项主要反映在土地资源的使用和征用两个类别上。

（6）民政类信访事项的主要内容有优抚救济、救灾募捐、复退安置、基层选举等。

（7）水利林业类信访事项主要涉及水利水电、移民安置、林业管理等几个类型，并且与农牧问题相互交织，问题较为复杂。

（8）三跨三分离类信访事项主要有户籍地与事发地相分离，对接处理难度较大，地方保护主义迟滞了问题的解决。压力型体制下的中央通报机制通报双方，存在"一刀切"的倾向。从户籍属地看，自治区也没有足够的财力、人力去事发地疏导稳控，即使投入大量精力仍无助于事情的解决。

（9）在历史遗留问题方面，许多历史遗留问题时间跨度较长，部分信访事项时间跨度达到数十年甚至上百年，解决起来缺少政策依据，调查取证十分困难，但信访人持续上访，甚至常年非访。

（10）涉法涉诉类信访问题从今年起随着中央高层的重视，陆续移交到政法部门，但仍存在后续解决不当导致持续信访的危险。

自治区当前重点信访隐患群体则主要集中在农民工群体、十多年前大中专毕业生群体、复转军人群体、乡镇机构改革提前退休人员、农牧民群体等五个方面，涉及人数众多，范围广泛，形成了群体性事件的潜在威胁，对经济社会发展的和谐稳定构成了巨大的压力。

（三）发展趋势

今后一段时期，随着经济发展方式的转型，自治区享受资源发展红利的时间已经不多，单纯依靠资源和政府主导投资所导致的负面影响将会进一步增加。经济下行压力、通货膨胀、繁重的民生建设任务、转型期的矛盾凸显、生态安全风险……这些令自治区全面建成小康社会的道路尤为艰难。其一，尽管自治区经济社会发展取得巨大成就，但部分群体或者说弱势群体的利益并没有得到有效维护，各方利益的博弈关系将更为复杂，随着公众权利意识的日益复苏，在利益平衡或协调不足的情况下，弱势群体通过信访活动维护自身权益的行为将会持续增加。其二，无论是中央政府还是自治区政府都一再强调要进一步畅通群众诉求表达、利益协调、权益保障的渠道。按照这一要求，盟市及旗县两级信访、涉访部门在开门接访、办访方面都有实质性进步，尽量做到"问题不上行，矛盾不上交"。这造成对群众信访活动的事实性诱导。其三，当前在全区范围内全面推行的用群众工作统揽信访工作，在一定程度上刺激了群众的信访热情。其四，国内外敌对势力或煽动部分群体积极上访，意图造成不良影响，对自治区政府造成巨大压力。总之，自治区在今后一段时间内，信访总趋势呈现逐步增长的态势，在较长一段时间内，这种趋势并不会从根本上得到扭转。这也越来越考验自治区政府的执政智慧和能力。

二　内蒙古信访工作存在的问题

就信访定义而言，信访活动的内容主要是反映情况，提出建议、意见或者投诉请求；解决信访问题的责任主体是有处理权的机关或单位等。[①] 在自治区用群众工作统揽信访工作的过程中，

---

① 王学军：《中国当代信访工作制度》，人民出版社，2012。

信访部门被赋予了指导协调、交办转办、督促检查、直接办理、情况通报和责任追究等六大职能。从信访的本质功能看，其根本无法完成各类社会资源的重组和权力的有效整合，造成了信访功能事实上的弱化。但将信访工作置于经济社会发展大背景下的前置维稳触角看，其地位和功能必须要在事实上有所强化，这也构成了特殊时期信访功能的主基调。

（一）信访总量始终高位运行

自治区 2012 年信访形势呈现稳定向好态势，实现了"四下降一好转"① 的良性循环，但信访问题的高发、多发、易发导致自治区、盟市两级信访总量始终高位运行，再加上旗县市区一级的信访数量以及乡镇苏木（街道办事处）的协调解决量，这个数字的基数相当庞大，构成了自治区当前的"信访洪流"。

（二）压力型体制的负效应

所谓"压力型体制"指的是一级政治组织（县、乡）为了实现经济赶超，完成上级下达的各项指标而采取的数量化任务分解的管理方式和物质化的评价体系。② 同样，推广到盟市一级，尤其是进京赴区访量较大的一类盟市，压力型体制负效应表现尤为明显。

第一，压力型体制导致信访困境。无论是中央政府还是自治区政府，在发生进京上访或进京非访行为时，首要考量的问题是通报、责任追究，其次才是督查，解决问题，尽管当前国家信访局也在尝试改革通报机制。旗县一级在面临此类问题时不得不采取各种方式，甚至用非常规手段来消解层层下压的责任追究。一方面疏导安抚和管制并重以求平稳过渡，但问题并没有彻底解决，留下后续隐患；另一方面采取"花钱买平安"的做法，以求一劳永逸地解决问题。但这又助长了部分信访人在获取利益后的得寸进尺，形成了事实上的信访困境。

第二，压力型体制加剧了对维稳政绩的考核。压力型体制加

---

① 即信访总量、集体上访量、重信重访量、非正常上访量四下降，信访秩序进一步好转。

② 荣敬本：《从压力型体制向民主合作体制的转变：县乡两级政治体制改革》，中央编译出版社，1998。

剧了地方政府对于维稳的投入。地方政府之间的竞争归根结底要反映在经济社会发展的指标上，最终反映在对官员政绩的评估之上。"发展是第一要务，稳定是第一责任"的指挥导向作用致使各地不断强化维稳工作，自治区同样也不例外，自上而下地出台了严厉的信访工作责任追究制度，明确书记是第一责任人，界定分管领导、包案领导、职能部门的相关责任，压力之大前所未有。

（三）信访部门疲于应付

近年来，自治区不断强化信访工作力量，无论是在人力、物力、财力的支持上，还是在政策规范、涉访部门配合等方面都有质的飞跃和提高。尤其是在全区全面开展用群众工作统揽信访工作后，信访、涉访部门的力量整合日趋完善，接访、办访工作有条不紊地推进。但与当前高位运行的信访总量相比，信访部门疲于应对的局面并没有明显改观。干部队伍结构不尽合理，部分旗县甚至无法满足现行工作需要；信访部门职能定位模糊，没有刚性制度保证其直接办理的权力，涉访部门的敷衍塞责加剧问题的严重性；基层反映问题渠道不畅、问题解决机制僵化造成矛盾层层上交，问题上行；重点群体的维稳投入巨大，效果并不明显；等等。这些问题导致了信访部门疲于应对，且无助于事要解决。

（四）部分信访工作制度流于形式

自治区某些信访工作制度存在流于形式的风险。如领导包案存在"只挂帅不出征"的现象，挂名包案，并不真正解决问题；基层基础建设薄弱，大量的信访群众越过嘎查村（社区）、乡镇苏木（街道办事处）这两个层次，直接赴市、赴区上访；信访终结制度不完善，一些信访案件的终结信访人并不知晓，终结缺乏必要的外在监督；社会稳定风险评估机制不健全，地方政府为推动经济发展，某些项目未经社会稳定风险评估，或者评估未经群众参与直接上马，埋下重大隐患；当前推行的用群众工作统揽信访工作机制的经费、人员编制并没有落到实处，某些地区仅仅改变了一下称谓；虽然近年来逐步强化了信访功能的"三项建议权"①，但受自身职能和定位限制，责任追究更多的成为一种潜

---

① 即完善政策解决问题建议、给予行政处分建议、责任追究建议等三项权力。

在尝试，付诸行动的并不多见。

（五）信访问题导致党和政府形象受损

在某些地区接访过程中，躲访、怕访、推访、哄访、骗访等行为导致政府公信力下降；踢皮球似的工作作风与自治区改进工作作风的二十八项具体规定相抵触，引起群众的普遍反感，信访群众对信访机构并不信任，甚至直接要求见主要领导；管制性手段的运用导致强烈的民意反弹，盯梢、截访、强制稳控甚至拘留、劳教等手段虽在短时间内能够形成强大的威慑力，但却极易埋下重大社会隐患。

（六）信访对于依法治国的消解作用日趋明显

信访对于我们当前建设法治社会的消解作用日趋明显。其一，聚众堵路、拉条幅、围堵党政机关大门等行为的对抗性较强，信访群体往往抱着"法不责众"的心态参与其中。这正如勒庞所言，"孤立而负责的个人因为担心受罚，不得不对它们有所约束。而当个人进入了群体之后，尤其是和许多不同的人在一起时，感情的狂暴往往会因为责任感的消失而强化"[①]。尽管这些人形成了事实上的非访，扰乱正常信访秩序和社会秩序，但从现实角度看，却不能把所有人都依法处置，助长部分人挑战法律权威且免于惩戒的侥幸心理。其二，现行信访制度更像一种救济制度，领导批示对司法独立形成事实上的挑战。而信访人往往将领导批示作为"护身符"不断向政府要价加码，并以某些信访人的事实获益为基准，大有"不达目的，誓不罢休"的态势。最后，地方政府在对待信访人时，往往以案结事了，息诉罢访作为主要目标，容易导致无限放纵和强制惩处两类极端做法，这两种行为均损害到司法权威，而司法权威的损害直接挑战社会公平正义的最后底线，对我们构建和谐自治区构成实质威胁。

三 内蒙古信访工作的主要制约因素

当前，自治区所面临的信访形势复杂多变，原因亦是错综纷杂的。经济社会发展利益分配的不合理是导致信访活动的根本原

[①] 古斯塔夫·勒庞：《乌合之众》，戴光年译，新世界出版社，2010。

因，社会管理创新滞后造成了大量信访问题积压，社会监督缺乏加剧了不透明的趋势，敌对势力的破坏使自治区信访形势更加严峻。

（一）主体因素

1. 政府社会管理创新滞后

"我们进行社会管理创新的目的不是为了加强权力对社会的全面控制，而是要真正的改善人类的生存状况。"① "从目标和任务上看，社会管理是为了化解社会矛盾、解决社会问题、应对社会风险、减少社会内耗、控制社会冲突、弥合社会分歧等。"② 当前，在进行社会管理创新活动时，政府职能部门仍然是"管理"多于"服务"，并没有真正理解社会管理创新的目的和要义所在。公共政策的制定、执行、监督、评估、反馈及真正惠民利民的效果并没有得到直观体现，一旦在政策执行中公众利益受损则将矛头直接指向政府，加剧对政府的不信任感，渐次形成不信任政府的社会环境。社会管理滞后致使经济社会发展中大量的矛盾纠纷长期得不到解决，进一步增加了刚性社会的稳定负重。

2. 经济社会发展不平衡导致社会矛盾日益增多

经济社会发展不平衡导致社会贫富差距拉大，由此而造成的社会不公、仇富心态日益滋长，使社会中弥散出一种危险信号。自治区社会转型已经进入利益格局重新调整的阶段。在这一过程中，分配不公成为社会矛盾产生的重要推动力量。当"只有少数人甚至是极少数人才能拥有巨额财富时，必然会带来社会矛盾的积聚与频发"③。

3. 司法公信力不足导致大量人群转向信访活动

司法体制的逐步改革和完善是社会转型的重要着力点之一。司法公信力不足直接反映出社会公平正义的缺失；司法程序的冗长是普通公众在求助无门后转向信访活动的最主要原因；司法不

---

① 孙立平：《走向积极的社会管理》，《社会学研究》2011 年第 4 期。
② 郑杭生：《社会建设与社会管理研究与中国社会学使命》，《社会学研究》2011 年第 4 期。
③ 吴家庆、王毅：《中国与西方治理理论之比较》，《湖南师范大学社会科学学报》2007 年第 2 期。

公或司法腐败导致了公众对司法的不信任，对社会公正的法律底线不再信任，直接转向信访活动；司法部门本身并不愿过多立案，直接将调处作为化解矛盾的重要助推力量，成为群众转向信访活动的外在诱因。

4. 信访体制导致信访洪流周而复始

部分信访群体陷入了"持续信访—引起重视—转回属地—问题不决—持续信访"的恶性怪圈循环。在当前社会中低阶层的农民维权已进入"依法维权"、工人维权进入"以理维权"的背景下，① 现行信访体制在解决问题或保障群众权益不足的情形下，必然会加剧社会的抗争情绪。依法或依理维权不能为社会中低阶层带来实质性收获时，冲破信访体制的行为将会有日趋增加的风险。

（二）客体因素

1. 社会进步促进了公民权利意识的复苏和觉醒

一是随着社会的进步，公民的话语权逐步增强，依法维权已成为广泛的社会共识，信访活动成为利益诉求表达的首要选择。二是公民意识的觉醒和提高使信访群众逐步对社会形势有充分的估量，尤其是"大闹大解决、小闹小解决、不闹不解决"的管制逻辑普遍为信访群众所熟知，通过信访表达利益诉求不仅是社会进步民意复苏的重要显现点，同时也表现为部分群体向政府施压的畸形利益表达。

2. 传统的清官情节加剧民众的信访参与

信访群体对信访制度的不信任导致其希望通过各种途径使地方长官甚至是"一把手"知晓自身的利益诉求，寄希望于领导重视以期解决问题。普通民众内心的这种清官情节根深蒂固，进一步加剧了公民的信访参与。

3. 社会监督不力加剧了外界对信访活动的批评

当前，自治区的信访活动始终处在信访群众和信访部门、事权部门之间，外界对于信访活动了解甚少，社会监督力量建设十分滞后；对重大疑难复杂信访事项的关注力度不足，对弱势群体

---

① 于建嵘：《底层立场》，上海三联书店，2011。

的支持不足，并未在全社会营造良好的氛围。由于信访问题的特殊性，非政府组织介入的难度较大，监督效力较弱。因此，在关注信访问题的监督时，怎样监督、谁来监督等并没有明确的监督主体，无法起到监督作用。

（三）环境因素

近年来，自治区所面临的社会客观环境和自然环境均有所变化。

从政治环境看，自治区政治稳定，社会和谐程度进一步提高，公民政治参与呼声逐步增强，这种政治参与又为畅通公众利益诉求表达渠道形成重要铺垫，加剧了公民信访活动。

从经济环境看，经济发展方式转变缓慢和经济下行、通货膨胀所带来的就业压力较大，大学生、下岗职工、农民工、农牧民等各类群体利益格局日益复杂，利益诉求也呈多样化趋势，经济环境构成了信访的主要环境。

从社会环境看，社会管理创新尽管一直在不断强调，但形成事实的社会管理创新能力还需要一段时间，这成为群众信访活动的直接诱因。从文化环境看，文中已经提及，清官情节也是一种文化的综合体现，深沉的文化积淀进一步加剧了群众的不合理信访活动。从生态环境看，自治区生态环境"局部在改善，总体在恶化"的趋势并没有从根本上加以扭转，因生态环境问题导致的信访活动有增无减。从总体看，自治区面临的内在环境构成了公民信访活动原因的主体框架。

在外在环境方面，敌对势力的煽动对公民的信访活动起到了推波助澜的作用。极小部分群体受到敌对势力的鼓动，每逢国家重大节日和自治区重要活动期间极力上访，破坏安定和谐的政治局面。更有极小部分人被敌对势力所利用，串通他人共同上访，意图向地方政府和自治区政府施压。同时，内蒙古作为边疆少数民族自治区，还应特别注意境外民族分裂主义活动的渗透及消极影响。

四　建立健全内蒙古信访工作体制机制的对策

按照党的十八大关于"建立健全党和政府主导的维护群众权益机制，畅通和规范群众诉求表达、利益协调、权益保障渠道"

的要求，内蒙古应将信访问题的化解置于开创社会管理新格局的大背景下着力改善民生、发展民生。因此，无论是我们构建"党委政府负责、部门联动、公众参与、社会监督"大信访格局，还是持续推进用群众工作统揽信访工作，都必须遵循坚持发展和改善民生，维护群众切身利益这一根本出发点和落脚点。

（一）大力推进和改善民生，减少因发展产生的矛盾

1. 转变经济发展方式，推动经济社会协调发展

转变经济发展方式，就是要"由以往采取掠夺资源、牺牲环境为代价实现经济增长，转向主要依靠科技创新、调整优化结构等方法、手段来实现经济增长量质并举，使有限的资源实现无限的循环利用"，进而实现自治区经济的可持续发展，使发展成果惠及广大人民群众。要更加注重经济与社会的协调发展，更加注重缩小社会差距，更加注重经济发展成果由人民共享。加大民生投入，切实改善民生，减少此方面的社会矛盾和问题；加快惠民项目和工程的实施，扩大就业，消减因社会不公产生的社会对抗情绪，弥合社会分歧。

2. 完善生态补偿机制，切实保护广大牧民的利益

自治区及各级政府应完善生态补偿机制，切实保护广大牧民的利益，从根本上减少农牧民信访问题的产生。其一，全区各地要依照《中华人民共和国草原法》并结合当地的实际情况制定配套措施，切实做到草原使用权和草原生态环境维护义务同时落实。其二，应建立和完善国家及地区间生态补偿机制，设立专项资金对草原地区生态保护建设工作给予重点支持和倾斜，减少生态破坏，加大资金投入力度，从根本上解决牧民的后顾之忧，为维护草原生态良性发展，解决草原生态安全问题奠定基础。其三，要像保护耕地和天然林那样，依法对基本草原实施强制性保护。对侵占草原、破坏草原植被的单位和个人追究其法律责任和进行恢复生态的经济索偿。尽快开展草原权属调查，清理各种形式对草原的侵占，还草原于牧民，扩大草原牧民的生存空间。

3. 实行严格的社会稳定风险评估机制，从根源上减少信访问题的产生

全面推行社会稳定风险评估，对重大决策项目、涉及人数众

多的项目，都要进行社会稳定风险评估，杜绝"拍脑袋决策、拍胸脯保证、拍屁股走人"的错误做法，切实减少因决策失误和风险评估不到位导致的群众信访问题。

（二）切实转变政府职能，提升政府公信力

实现好和维护好信访群众的切实利益，关键还在于政府职能的转变。"制度重于技术，关键在于改革，而关键的关键，则在于政府职能的转变。"① 按照党中央提出的"促进国民经济又好又快发展"的要求，自治区要努力改变过去偏重经济增长指标的政府绩效考核体系，建立健全综合考虑经济发展、人与自然和谐、社会和谐、人的全面发展等因素的政府绩效考核体系，努力提高考核的质量，切实提高政府公信力。在具体操作层面，要从群众真正关心的医保、子女教育、廉租房分配等具体问题入手，着力解决，渐次形成责任政府的良好形象；在信访群众反映强烈的征地拆迁、回迁安置、土地征用、草场征占、环境污染等领域，要兑现承诺，妥善安置失地农牧民，解决他们的后顾之忧，使政府诚信建立在普通民众利益维护之上；要建立起透明的、积极回应的机制，使权力在阳光下运行，使普通民众拥有更广泛的监督权，不断推进廉洁政府建设。

（三）继续推进群众工作部建设，从制度层面保障信访部门权力

从自治区当前推进信访工作的实践看，如何从制度层面保障信访部门权力是解决信访问题的重要途径。具体操作层面，应从以下两个方面入手。第一，继续推动群众工作部建设，逐步推动信访部门或机构的高配，使信访部门工作力量进一步强化，增设编制，投入更多的人力、物力、财力，使其真正拥有办理信访案件、直接追究责任部门的权力，简化信访案件办理流程，提高效率。第二，从制度层面加强立法，用法律文本界定群众工作部的权力，明确职责，使群众工作部在办理群众来信来访时有充分的法律依据，实现有法可依。

---

① 吴敬琏：《十一五规划与中国经济增长模式的转变》，《上海交通大学学报》（哲学社会科学版）2006 年第 3 期。

（四）继续推进网上信访的改革和实践力度

大力发挥配置社会资源的优势，加快网站建设，培育一批品牌网站[①]，最大限度地使民众的信访诉求能够通过这种品牌网站汇集，最终提供给政策决策者；政府在网上信访的软硬件建设上，应给予大力支持，在人、财、物方面提供便利，并将此作为创新社会管理的重要手段持续推进；充分利用各级别的宣传、培训载体最大限度地使信访群众掌握这一形式，使其能够参与其中，并通过网上信访表达自身合理的利益诉求；信访群众应提高自身素质，在网上信访过程中能够依法表达诉求；适当加强监管，使信访群众能够依法、理性、有序地表达利益诉求，最终实现信访结构由"信少访多"向"信增访减"转变。

（五）加强信访工作的体制机制建设

积极探索特殊疑难信访问题专项资金的规范使用机制，确保专项资金落到实处；建立科学合理的依法终结机制，推行社会公证制度，提高公开性和透明度；逐步将当前通报机制改为解决问题的奖励机制，鼓励盟市、旗县市区解决问题的积极性，提高信访群众满意度，消解压力型体制的负面效应；将体制机制的作用发挥作为机制建设的最终目的，坚持遵守业已形成并发挥巨大作用的各项工作制度，继续健全完善领导包案制度、领导接访办访机制、用群众工作统揽信访工作体制机制等。

在加强信访工作的体制机制建设过程中，应特别注重建立健全"党委政府主导、部门联动、社会参与、舆论监督""四位一体"的工作格局。其一，要稳定发挥党委政府的主导作用。投入更多的社会公共资源，在策略上更是宜疏不宜堵，在维护社会稳定的前提下，尽可能多地摸清信访问题的根源，着力从源头上化解信访问题，将矛盾和隐患化解在初始阶段，解决在萌芽状态。其二，大力促进部门联动。涉访部门要积极转变职能，切实提高政府执行力，按照"谁主管，谁负责"的原则，扎实有效地处理各类信访隐患，部门之间根据职能划分，加强协同配合力度，最大限度地减少因相互推诿而导致的群众上访。其三，逐步探索提

---

① 孙小平：《对网上信访的理性认识和正确引导》，《秘书之友》2011 年第 1 期。

高社会参与的方式方法，如引入非政府组织、专业律师队伍的监督等，增强问题解决的透明度，提升公众社会责任感。其四，社会舆论监督应从评估政府政策执行得失，信访群体诉求合理性，建议对策等方面入手，积极发挥宣传、引导、服务等作用，公开负责地将信访问题的处理置于公众的监督之下，实现对弱势群体权利维护的积极跟进与呼应，切实发挥其"无冕之王"的作用。

青海省深化文化体制改革研究

李广斌[*]

改革是发展的动力。文化体制改革的重要目的之一是通过体制机制创新，解放文化生产力，加快文化事业、文化产业的发展。青海的历史文化、民族文化、宗教文化和当代文化资源十分丰富，特别是在长期的发展过程中，逐步形成了以昆仑文化为主体的多元一体文化格局。文化的地域特色十分鲜明，为中华民族多元文化的形成、发展和繁荣作出了积极贡献。

近年来，青海省文化体制改革取得了较大成就，为下一步的深化改革打下了良好基础。但与发达省市相比，青海省文化体制改革相对滞后，一些文化单位活力和竞争力不强。只有按照省委提出的"四个发展"[①]总要求，深化文化体制改革，牢牢把握先进文化的前进方向，不断解放和发展文化生产力，才能推动文化名省建设，促进文化繁荣发展。

一 进一步加快政府管理体制改革是深化青海文化体制改革的前提

我国是政府主导型社会，政府在经济社会发展中的引领作用非常突出，但是也存在政府介入过多，管得过细的现象，尤

---

[*] 作者简介：李广斌，中共青海省委党校公共管理教研部主任、教授，青海省行政管理学会秘书长。

[①] 2009年，中共青海省委十一届六次全会提出要闯出一条欠发达地区实践科学发展观的成功之路，必须着力推动跨越发展、绿色发展、和谐发展、统筹发展即"四个发展"的重大战略。

其在西部经济欠发达地区，政府管文化又办文化的现象仍然存在。因此，深化文化体制改革必须加快推进政企分开、政事分开、政资分开、政府与市场中介组织分开和管办分离，明确、合理划分社会、政府主管部门与文化生产单位的权责关系；打破政府管文化、政府办文化的"统包统管"的文化管理体制，进一步理顺文化行政管理部门与所属企事业单位的关系，推动文化行政管理部门切实履行好政策调节、市场监管、社会管理、公共服务等职能。政府主管部门应承担起政策制定、法规建设、依法登记注册、依法监督、公平服务等职责。具体来说，省级文化行政管理部门，需把更多的精力转到结合地方实际制定战略规划、政策法规、标准规范和加强行业监管上来；州市地、县区文化行政管理部门，需着力抓好文化方针政策和法律法规的贯彻落实，强化执行和执法监管，面向基层群众做好公共文化服务。

转企改制后文化企业的主管主办单位，应积极探索建立国有文化资产管理的有效机制，按照权利、义务和责任相统一，管资产和管人、管事相结合的要求，在深入调研论证的基础上，制定青海省国有文化资产监管细则，切实加强对国有文化资产的监督管理及经营，确保国有文化资产的主导地位，防止国有文化资产流失，防止任何形式的侵吞国有资产的行为，确保国有文化资产的安全。

文化生产单位应承担起制定经营战略、寻找投资项目、确定人员使用等职责。一般经营性的文化企业，要根据市场化的要求，实现企业与政府隶属关系的脱钩，真正做到自主经营、自负盈亏、自我发展，在市场竞争中优胜劣汰。

文化行业协会和中介机构作为政府、文化企业和市场的纽带与桥梁，其宗旨是文化行业保护和文化行业自律，应依据市场经济的规则，制定"行规"和会约，协调、处理有关行业事务，实现同行业的自律，维护经营者和消费者的合法权益，提供有关社会服务等。

要通过文化行政管理体制改革，实现党委领导、政府管理、行业自律、企事业单位依法运营的文化管理体制，形成职责明

确、反应灵敏、运转有序、统一高效的文化调控体系，彻底改变
过去政府全能的倾向。

二 深化青海文化体制改革关键是抓住改革的重点和难点

（一）改革重点和难点的选择

文化体制改革是一项庞大艰巨的社会系统工程，具有复杂性
和曲折性，在全面推进和深化拓展中面临不少难点。改革的难点
又是矛盾的焦点，深化改革必须主动积极地攻坚克难，找到突破
口，循序渐进。青海省文化改革发展大会根据省情和建设文化名
省的目标要求，确定青海省"十二五"期间深化文化体制改革的
8 项重点内容，即国有文艺院团改革、非时政类报刊出版单位体
制改革、文化市场综合执法改革、党报管理运行机制改革、重点
新闻网站改革、广电网络整合、广播电视两台合并、影视剧制播
分离等，并确定了改革的基本思路。

1. 文艺院团改革

青海省除保留六州民族歌舞团为事业体制外，省直和西宁市
文艺院团全面转企改制。整合省直院团资源，组建青海省演艺集
团。同时，根据中央关于国有文艺院团转企改制中"演出剧
（曲）种属濒危稀有且具有重要文化遗产价值，允许其转为公益
性的保护传承机构"的具体要求，一是成立"青海省花儿艺术研
究院"，将省民族歌舞剧院花儿艺术团转为具备法人资格、非营
利性文化艺术研究、艺术创作和学术研究机构，专门从事"青海
花儿"的保护、研究、传承、创新实验及示范演出等工作。二是
为更好地保护、传承、发展"青海平弦"艺术，成立"青海省平
弦艺术保护传承中心"。将省戏剧艺术剧院平弦实验剧团整体转
为公益性文化事业单位，专门进行平弦艺术的研究、传承和示范
性演出活动。

2. 非时政类报刊出版单位体制改革

（1）根据中央有关精神，非时政类报刊出版单位体制改革将
分期分批按照规范的程序转制。省级党委机关报刊所属非时政类

报刊出版单位，先行转企改制；省级党报党刊所办的都市报类和财经类报刊，经批准可先行转企改制。

（2）在清产核资的基础上，核销事业编制，注销事业单位法人，进行企业工商登记注册，与在职职工全部签订劳动合同，按照企业办法参加社会保险，使其成为能够独立承担社会法律责任的市场主体。发挥政府在资源配置中的引导作用，组建导向正确、主业突出、实力壮大、具有一定规模和较强竞争力的青海出版传媒集团公司，青海报业传媒集团公司和青海作家出版传媒集团公司；支持条件具备的非时政类报刊出版单位走内涵式发展道路，成为专、精、特、新的现代报刊出版企业。

（3）建立健全严格的报刊出版市场准入和退出机制。关停一批不符合市场准入条件、不具备报刊出版资质和违规出版以及严重亏损、资不抵债的报刊出版单位，切实提高报刊出版业集中度。

3. 文化市场综合执法改革

2011年6月20日，西宁市及所辖县区、海东地区及所辖六县、海西州及所辖县（市、行委）、海南州及所辖五县、海北州及所辖四县、黄南州及所辖四县、果洛州及所辖六县、玉树州及所辖六县设置文化综合执法机构得到批准，各地区按照精干、高效和从严从紧的原则，从全额预算事业编制中调整、核定落实具体人员编制，尽快组建文化市场综合执法大队，以全面承担起各门类文化市场的监管职责。

4. 党报经营运行机制改革

以党报经营运行机制改革为重点，推动党报编辑宣传和发行业务的"两分开"，逐步将广告、印刷、发行等经营性业务从事业体制中剥离出来。在与邮政部门、国有或国有控股大型出版发行企业开展战略合作方面，进行有益的尝试。

5. 重点新闻网站内部管理和运行机制改革

以转换机制、面向市场、壮大实力为重点，积极稳妥地推进重点新闻网站改革，在人事制度、分配制度和经营机制等方面加大改革创新的力度，建立科学、规范、高效的管理体制和运行机制。

6. 有线广电网络整合

以"全省一张网"为目标，进一步整合和优化全省网络资源，组建青海省广播电视信息网络股份有限公司。同时，在实现省级一张网的基础上，积极推进与全国广电有线网络整合，融入全国一张网。

7. 广播电视台改革

（1）在已组建青海广播电视台的工作基础上，继续深化和完善台内改革，打造优势频道频率。

（2）在整合现有产业资源和剥离广播电视局、台属经营性资产的基础上，筹建台管台控的昆仑传媒集团。昆仑传媒集团为青海广播电视台台属、台控、台管的企业集团，实行"台控企"的管理运行模式。

（3）积极探索推进西宁广播、电视两台合并。

8. 青海广播电视台制播分离改革

制播分离改革采取"先台内、后社会"，先易后难，先试验后规范的原则逐步推进。按照现代企业制度组建台属或台控的节目制作公司，待条件成熟后，并入昆仑传媒集团。

（二）改革重点和难点选择突出的特点

1. 突出政策保障

文化体制改革是一场广泛而深刻的变革，政治性、政策性很强，事关文化安全和社会政治稳定。青海省文化体制改革，认真贯彻了党的十七届六中全会审议通过的《中共中央关于深化文化体制改革、推动社会主义文化大发展大繁荣若干重大问题的决定》的精神，严格按照中共中央办公厅、国务院办公厅《关于深化非时政类报刊出版单位体制改革的意见》（中办发〔2011〕19号），中宣部、文化部《关于深化国有文艺演出院团体制改革的若干意见》（文政法发〔2009〕25号）和《关于加快国有文艺院团体制改革的通知》（文政法发〔2011〕22号）的要求，妥善处理文化的意识形态属性和产业属性的关系，始终把社会效益放在首位，努力实现社会效益与经济效益的有机统一。特别是在推动经营性事业单位转企改制等重点难点问题上，严格按照中央的政

策落实人员待遇、清产核资、债权债务、财政支持。同时出台了
关于促进青海省文化改革发展的一系列政策，如财政政策、税收
政策、金融政策、市场准入政策、土地政策、人才政策。坚持用
政策引路、用政策激励、用政策保证。

2. 突出省情特色，坚持因地制宜

（1）紧紧围绕建设文化名省的目标，合理布局特色文化发
展。青海省文化改革发展大会按照公益性、基本性、均等性、便
利性的要求，把深化文化改革发展，加快公共文化服务体系建设
放在重要位置。合理布局特色文化发展。按照"四区两带一线"①
区域发展战略规划，有效挖掘整合全省文化资源，着力构建"一
核三带四区"特色文化发展格局，一核：立足于省会城市西宁独
特的经济、政治、文化中心地位，全力打造地域和城市文化品
牌，提升文化形象和文化品位，强化引领带动辐射作用。三带：
以黄河为依托，体现源远流长的黄河上游文化和神奇独特的生态
文化带；以唐蕃古道为依托，体现青海悠久文明史的人文历史文
化带；以青藏铁路、公路为依托，体现各民族团结进步的和谐文
化和新青海建设的当代文化带。四区：河湟文化区、青海湖文化
区、三江源文化区、柴达木文化区。支持和鼓励各地区发挥比较
优势，实行差异化发展。

（2）坚持区别对待，分类指导。文化体制改革具有复杂性、
特殊性。青海省文化体制改革考虑到各地区、各领域、各单位条
件差异较大，在不同阶段、不同方面各单位改革的侧重点和着力
点不同，在改革实现路径、改革方式方法上允许有不同选择。坚
持区别对待，分类指导，充分考虑到地区差异和城乡差别，充分
考虑不同行业和单位的性质与功能。如文化院团改革就充分考虑
了少数民族文化的原生性、地域性与稀有性及当地市场发育状
况，保留了六州民族歌舞团的事业性质。

---

① 2009 年 10 月 9 日，中共青海省委十一届常委会第 75 次会议研究并原则同意
省政府党组关于《青海省"四区两带一线"发展规划纲要》，把全省划分为
东部地区、柴达木地区、环青海湖地区、三江源地区和沿黄河发展带、沿湟
水发展带及兰青—青藏铁路发展轴线（简称"四区两带一线"）。

3. 坚持循序渐进

（1）调研先行。政府相关部门和社会研究力量就文化体制改革的总体思路、方向原则、目标任务、对策建议等在省内外进行广泛调研，为改革重点难点的选择奠定了科学基础。

（2）改革突出渐进性，由易到难，逐步推进。省委副书记、省长骆惠宁强调，按照确定的"任务书""路线图"和"时间表"，推动文化体制改革向纵深发展。推进改革，力度要大，工作要细。坚持统筹兼顾，努力实现文化建设重点突破与整体推进。

三　运行机制的不断创新是深化青海文化体制改革的动力

"十一五"期间，青海省按照国家文化体制改革总体部署，深入推进全省文化体制改革工作。青海工艺美术厂改为国有控股、职工参股的有限责任公司；省文物商店、青海电影发行放映公司改为国有独资的有限责任公司；省民族歌舞剧院和省戏剧艺术剧院积极推进改革，建立了院长负责制、两级全员聘任制、中层干部竞争上岗、演员末位淘汰制等规章制度，加大演出营销力度，加强艺术生产成本核算，演出场次和收入不断增长；青海人民出版社改为国有控股企业，青海民族出版社改为独立设置的公益类事业单位；省民族语影视译制中心、省电影公司等全建制划转省广播电视局，理顺了电影管理体制；全省有线广播电视网络实现基本整合，青海广播电视台的组建获国家广播电视总局批准；为今后深化文化体制改革奠定了发展的基础。为使改革进一步深入推进，需要完善以下机制。

（一）建立健全政府投资持续稳定增长机制

为保障公共文化服务体系建设和运行，政府应确保对公益性文化事业投入的增长幅度不低于当地同期经常性财政收入增长幅度，不断提高文化支出占财政支出的比例，逐步扩大公共财政覆盖范围。对经营性文化事业单位转制为企业的，为培育市场，在过渡期内，应保持原有财政拨款不变。逐步实现文化发展由政府投入为主向政府购买服务转变，完善投资方式，加强资金监管，提高资金使用效益。

（二）建立健全多渠道、多元化的投融资机制

鼓励文化企业和社会资本对接，对于经营性的文化产业领域，鼓励民间投资，以提升青海省文化产业的总规模，提高文化产业在第三产业中的比重和对经济发展的贡献率。对国家重点扶持的文化生产单位，应允许民间资本参股。对以非营利为目的的公益性文化事业，无论民间力量是以社会援助、社会捐助还是以投资举办的方式，政府都应给予相应的税收减免政策或其他鼓励优惠政策。运用好国家和青海省对经营性文化产业在融资、贷款贴息和税收等方面的优惠政策，引导社会力量，投资兴办公益文化事业。各州（市、地）、县（市、区、行委）也应设立文化产业专项资金，加大对文化产业的引导、扶持力度。

（三）建立和完善文化产业、文化事业产权市场与补偿机制

加强文化产品、服务和要素市场建设，培育现代文化交易市场，促进文化产品和要素跨区域流动。加快建立市场中介机构和行业组织，建成和壮大一批文化经纪机构、代理机构、仲裁机构。发展连锁经营、物流配送、电子商务等现代流通组织和流通形式，构建文化产品流通网络，培育产权、版权、技术、信息等要素市场，健全完善统一开放竞争有序的现代文化市场体系。尽快建立以市场机制配置文化产业和文化事业资源的转让、承包、联合、兼并等产权交易制度，鼓励文化资源的优化配置。对于市场化程度不同的文化事业单位，应采取财政补偿与投入、事业经营补偿、社会投入补偿等不同的经济补偿方式。

（四）建立科学、规范、高效的文化事业和文化生产单位的内部管理体制和运行机制

1. 文化事业单位

按照国家分类推进事业单位改革的总体要求，科学界定现有文化事业单位的性质和功能，进一步深化内部人事、收入分配和社会保障等各项改革，明确服务规范，加强绩效评估考核，强化内部管理，增强发展活力。在坚持公益性的前提下，着力推进内部管理运行机制改革，改善服务方式，强化服务功能。

2. 经营性文化单位

加快公司制改造，完善法人治理结构，建立和完善激励机制，鼓励文化创新、产业创意，培养人才，吸引人才，不断促进国有文化企业积极参与市场竞争、自觉承担经济和社会责任。

总之，青海文化体制改革，应立足本省实际，紧紧围绕建设文化名省的目标，选准重点、难点，攻坚克难，有序推进。

我国地方政府性债务成因分析与风险治理

张　博*

地方政府性债务是指地方政府作为债务人，由过去的交易或事项引起的、未来将会导致经济资源外流的政府现有债务。按照法律责任主体，审计署将地方政府性债务分为三类，即政府负有偿还责任的债务、政府负有担保责任的或有债务和其他相关债务。① 我国地方政府性债务规模、结构、风险比较复杂，从规模和构成看，债务规模逐年增加，并以直接偿债责任为主，审计署披露，截至 2010 年底，全国地方政府性债务的余额为 10.72 万亿元，其中 2008 年及以前年度举借和用于续建 2008 年以前开工项目的债务余额为 5.48 万亿元。在这些债务中，政府负有直接偿债责任的为 6.71 万亿元，占债务总额的 62.62%；② 从来源和投向看，以银行贷款为主，主要用于公益项目，来源涉及银行贷款、上级财政拨款、发行债券等，其中银行贷款约占地方政府性债务的 79.01%，用途主要涉及市政建设、交通运输、土地收储整理、科教文卫及保障性住房、农林水利建设等，债务资金总额中，有 89.38% 投向公益性项目；从风险和偿还看，总体风险可控，但偿债压力较大，2010 年底，省、市、县三级地方政府负有偿还责任的债务率为 52.25%，加上负有担保责任的或有债务，债务率达 70.45%；地方政府负有担保责任的或有债务和其他相

---

*　作者简介：张博，黑龙江大学政府管理学院讲师。

① 《国务院办公厅关于做好地方政府性债务审计工作的通知》，国办发明电〔2011〕6 号，《地方政府性债务审计工作方案》。

② 本文中的数据均引自《全国地方政府性债务审计结果》，2011。

关债务逾期债务率分别为 2.23% 和 1.28%，总体风险可控。但也存在一定风险，一是偿债高峰期集中，2010 年地方政府性债务余额中，有 69.79% 偿还期集中在 2011～2015 年；二是部分政府过于依赖土地出让收入偿还债务，2010 年地方政府负有偿还责任的债务余额中，承诺用土地出让收入作为偿还来源的为 2.55 万亿元，占该类债务总额的 38%，涉及 12 个省级、307 个市级和 1131 个县级政府；三是部分政府负有偿还责任的债务负担较重，截至 2010 年底，全国有 19.9% 的市级政府和 99 个县级政府负有偿还责任的债务率高于 100%，有 22 个市级政府和 20 个县级政府的借新还旧率超过 20%；四是部分地区高速公路、普通高校和医院债务规模较大，偿债压力凸显，截至 2010 年底，地方政府性债务余额中用于高速公路建设的有 1.12 万亿元，1164 所地方所属普通高校和 3120 家公立医院共有政府性债务 0.36 万亿元，2010 年政府负有担保责任的债务和其他相关债务借新还旧率，全国高速公路占 54.64%，387 所高校和 230 家医院超过 50%。

一　公共选择视角下地方政府性债务成因分析

通常对地方政府性债务成因的研究主要涉及三个方面：一是各级政府财权和事权不匹配，这是地方政府举债的根本原因。二是谋求经济和社会发展，这是地方政府举债的直接原因。三是金融机构风险管理不严、脱离政府监管等体制机制问题，这是地方政府举债的诱导原因。实际上，这些成因分析只是表象而非根本，只是政府职能与体制设计不能适应公共财政要求、中央与地方关系法制化等问题的外在表现，这些表象都是人们行为选择的结果，而为什么会产生这种结果才是债务产生的根本原因。

（一）　中央与地方政府权力分配的"经济人"分析

公共选择理论认为市场经济条件下私人选择行为适用的理性原则，同样适用于政治领域的公共选择活动，政府在社会经济活动中同样扮演着"经济人"角色。政府的自身利益是一个复杂的目标函数，涉及公共利益、政府人员利益、地方利益、部门利益等，而公共利益是分层次的。因此，中央政府与地方政府作为不同利益主体，在公共利益方面有着不同的价值取向。[①]

由于目前我国干部任用上的集权和经济管理上的分权，使得各级政府在公共价值判断过程中各有侧重，中央政府看重权力最大化，而地方政府看重预算支出最大化。权力最大化目标使得中央政府不愿降低其对地方经济的控制程度，因此，对中央与地方财权和事权合理分配这一问题，中央采取了漠视的态度。而地方政府为了迎合中央意图，也为了政治前途，会尽其所能扩张支出、制造政绩，因此，对于中央与地方财权和事权合理分配这一问题，同样采取了漠视的态度。再者，由于财政幻觉效应，民众一般也会对地方政府财政扩张行为非常认可。

（二）政府间委托代理关系下的政府行为分析

我国干部选拔任用体制决定了上级政府与下级政府间的委托代理关系，而地方政府也是民众的代理人，这种"双重代理人"身份不便于界定地方政府的责任。

地方政府作为"经济人"，效用最大化的倾向难以避免，政府效用是预算规模的增函数，这是地方政府扩张财政支出的内在动力，信息不对称使得上级政府难以判断下级政府财政支出的真实情况，这为下级政府扩张财政支出提供了机会。这种上下级政府间的委托代理链条本身还具有一种扩张财政支出规模的内在机制，考虑到政绩，上级政府通常会对下级政府扩张财政支出的行为采取漠视甚至默许形式的鼓励态度，这反过来促使下级政府加倍地举借债务、扩大支出，这种行为逐级传递，严重时会导致债务失控。

再看民众和当地政府间的委托代理关系，理论上最有监督权的纳税人实际上的监督效果是有限的，究其原因，一是地方政府倾向于财政支出最大化而委托代理双方信息又不对称，降低了地方民众的监督能力；二是对干部晋升起决定作用的是上级的认可，降低了地方民众的监督效果；三是财政幻觉效应使得民众并不抵触财

---

① 李砚忠：《"原因"背后的原因——地方政府债务形成的"根源"探寻》，《地方财政研究》2007 年第 5 期。

政支出扩张和债务规模增加，降低了地方民众的监督欲望。①

（三）地方政府双重身份下的寻租行为分析

从分析可知，来自上级政府和辖区内民众的委托人对代理人——地方政府的监督一方面不积极、一方面效果被降低。地方政府的行为不仅符合尼斯卡兰模型（一），即预算最大化，也符合尼斯卡兰模型（二），即效用最大化。地方政府在追求预算最大化的同时，不会把预算全部用于公共物品的供给，而是更愿意将预算结余作为"自由支配的预算"纳入自己的效用函数。② 地方政府积极举借债务，尽力增加支出，甚至不惜大搞政绩工程，以创造寻租机会，获取政治租金和经济租金，这是财政支出扩大的直接原因，也是地方政府性债务增加的主要原因之一。同时，地方政府寻租行为的存在也使得真实的公共需求无法得到及时满足，这也为下一轮预算扩张和债务举借创造了合理的借口。

二　当前我国地方政府性债务风险分析

（一）地方政府性债务风险的界定

地方政府性债务风险是指地方政府未来拥有的可支配资源，不足以偿还其承担的债务，并由此对经济发展和社会稳定产生危害的可能性。地方政府性债务的风险来自不确定性，这既与政府管理水平、政策调整情况有关，也与宏观经济环境以及社会结构的变化有关。通常出现以下三种情况之一便意味着地方政府性债务风险的存在：一是地方政府可支配资源确定，而债务不确定；二是地方政府的债务确定，而可支配资源不确定；三是二者均不确定。③

（二）地方政府性债务风险分析

1. 部分政府的债务规模超过了地方经济发展和财政收入的承受能力

政府举债同私人举债的本质是相同的，债务规模必须控制

---

① 唐云锋：《公共选择理论视角下地方债务的成因分析》，《财经论丛》2005年第1期。
② 方福前：《公共选择理论》，中国人民大学出版社，2000，第131、152页。
③ 邵伟钰：《地方政府债务风险预警体系研究》，《苏州大学》2008年第4期。

在其可承受范围内，要与当地经济发展、财政收支水平相匹配，即债务率（当年债务余额/当年综合可用财力，反映该地区债务风险程度）、偿债率（当年偿还债务本息/当年综合可用财力，反映该地区偿还到期债务的压力）、逾期债务率（年末逾期债务额/当年债务余额，反映该地区能否按期偿还到期债务）、借新还旧偿债率（举借新债偿还债务本息额/当年债务还本付息总额，反映偿债风险水平）等四个指标要适度。否则，会加剧财政困境，导致债务风险产生。从审计署披露的数据分析来看，部分政府偿债压力较大，债务规模与经济发展不匹配，存在一定债务风险。

2. 地方政府性债务举借、管理、使用缺乏科学规划

我国地方政府性债务的管理尚处于初级阶段，多数地方政府债务缺乏科学规划，导致债务存在潜在风险。一是债务未实行归口管理。二是债务审批制度尚未建立。三是债务信息披露制度不完善。四是债务风险预警和风险控制机制尚未建立。五是尚未建立有效的债务偿还准备金制度。六是债务统计工作滞后，一方面是由于地方政府债务"借、管、用、还"缺乏规划，债务统计口径不清，难以全面反映总量，另一方面以收付实现制为基础的预算管理制度，掩盖了实际发生的政府或有债务。七是债务资金使用上存在不合规现象。个别地方出现债务资金违规举借、不规范使用、长期闲置、违规集资等情况和融资平台公司注册资本不到位、虚假出资、违规注资、抽逃资本等问题。八是部分负有担保责任债务和其他相关债务转化为负有偿还责任债务的可能性始终存在。这部分债务最终要由财政承担连带责任进行偿还，由此使用单位的债务风险转化为财政风险。

三 国外地方政府性债务的管理及对我国的启示

（一）美国模式

美国模式强调加强监控是有效防范地方财政风险的前提。市政债券是美国地方基础设施融资的主要手段，其发达的管理体制为防范债务风险提供了有力保障。美国模式的特点，一是债券利息免缴所得税；二是由信用评级制度、信息披露制度和私人债券

保险制度共同构成债券市场管理体制；三是有财政制度约束；四是以立法形式建立政府破产制度；五是严格追究不负责任的举债行为。

（二）澳大利亚模式

澳大利亚采取市场化运作方式对地方政府性债务进行监管，该模式具有以下特征：一是融资活动由市场引导；二是市场监管取代政府监管；三是建立以信用评级制度为特征的诚信机制；四是建立较为完整的地方政府债务报告制度；五是地方政府积极采取措施化解债务。

（三）日本模式

日本地方政府债务管理以行政控制为主，主要体现在对地方政府债券发行实行计划管理和审批制度两方面。

（四）欧盟成员国模式

由于债务具有弥补地方政府财政赤字、有助于更好地提供公共物品和应对周期性经济波动等作用，多数欧盟成员国允许发行债券。这一模式也具有独特之处，一是对地方政府借款的限制主要体现在市场约束、行政控制、制度约束和政府间协作等形式上；二是一旦地方政府债务危机发生，中央政府会迅速采取措施以减小影响范围；三是从被动地执行债券发行和还本付息的职能转向以政府债务为主的系统化风险管理；四是建立科学合理的政府性债务管理体制。

（五）各国债务管理模式对我国的启示

一是完善债务管理法律框架体系。制定和修改相关法律法规，使地方政府做到依法举债，依法管理，依法使用，依法偿还。二是建立健全偿债准备金制度。要完善具体细则，加强管理，防止挤占挪用。三是完善债务信息披露制度。不仅要披露负有偿还责任债务的信息，还要披露担保债务和其他相关债务的信息。[①]

---

① 董彦岭、刘青：《国外地方政府债务管理模式：比较与借鉴》，《中共青岛市委党校青岛行政学院学报》2010 年第 4 期。

四 我国地方政府性债务风险的治理

(一) 地方政府性债务安全性治理

1. 理顺债务融资管理体制

提供公共产品的内在职能要求地方政府具有举债权,举债权的划分要严格遵循财权与事权相统一的原则。一要修改完善《预算法》等法律法规,允许有条件的地方政府举债融资,缓解地方政府在基础设施建设和公共服务方面财力不足的现状;二要强化政府举债责任,建立控制债务规模合理增长的长效机制;三要规范举债程序,举借环节推行审批制;四要确立以项目资产为基础、项目收益为保证,通过发行债券融资的举债模式;五要加强债务使用管理,严格规范债务资金用途。

2. 健全债务项目评价机制

构建以财政能力评级指标和项目收益能力评级指标为主体的地方政府性债务评价机制。对债务项目规模、成本和偿债资金来源、建设项目收益情况等进行评价,避免举债随意性,促进政府理性融资、有效投资,引导政府把有限的资源投向能更好地促进当地经济社会发展和给老百姓带来更多实惠的项目上。

3. 建立债务风险预警机制

要切实在债务资金"借、管、用、还"各个环节上增强风险防范意识。举借上,严格信贷管理,履行审批程序,坚决遏止地方政府过度负债,切实减少不良贷款风险;管理上,研究确立符合当地现状的风险预警指标体系,根据实际合理确定举债规模;使用上,健全审批手续,加强重点债务、重点项目跟踪管理,防范债务资金投向"两高一剩"产业、修建楼堂馆所、进入资本市场及产生损失浪费等;偿还上,建立偿债准备金制度,确定偿债准备金的规模、类型、来源等内容,并严格管理,防止挤占挪用发生。

4. 严格监督约束机制

一是上级政府要切实加强对下级政府债务规模和债务资金"借、管、用、还"各环节的监督;二是建立由民众、地方人大和管理部门共同参与的综合监督机制,切实提高债务资金使用效益；三是加强债务跟踪检查，将债务状况纳入地方政府领导人经济责任审计范围；四是加大对地方政府债务中违法违纪问题的查处力度。

5. 完善信息披露制度

通过信息披露制度的完善，强化对政府债务的监督约束。披露内容不仅要包括负有偿还责任债务的总额、来源、担保、使用、还本付息及延期情况，以及政府偿债能力和债务风险等，还要包括担保债务和其他相关债务等信息。披露可以采用报政府主要负责人批准后，向人大报告并向社会公开的方式。

（二）地方政府性债务盈利性治理

1. 提高债务资金使用效益

提高资金使用效益是增加地方政府性债务盈利性的主要措施之一。一是优化调整债务结构，加强债务举借计划与项目实施计划的统筹协调，合理搭配使用长、中、短期债务，避免资金闲置，切实保障资金收益；二是严格审核债务用途，科学预测项目收益，确保资金用于收益稳定的项目；三是加强项目可行性研究，发挥债务资金杠杆作用，有效带动多元化投资，促进地区经济社会发展；四是优化机构减少财政压力，将资金最大化地投向收益高的项目。

2. 降低债务资金使用成本

对于举借债务的各级地方政府而言，投资与否取决于债务资金成本率是否高于收益率。成本率越低，地方政府可选择投资范围就越大，既可选择有利于促进地方经济长远发展的项目，也可选择收益率相对较高的项目。因此，要通过与银行订立优惠条款等方式切实降低债务资金使用成本，增强地方政府主动权，提高债务资金盈利性。

（三）地方政府性债务流动性治理

1. 化解存量债务风险

对于存量债务，要按"分类管理、区别对待"的原则，摸清债务规模、种类和分布，制定化解方案，落实还款责任。化解存量债务主要有财政资金偿还、新增债务偿还和债务重组等三种方式。对符合国家产业政策、土地政策、环境保护政策及宏观调控政策等要求的债务，建议通过转移支付方式解决。对国债和外债转贷等用于公益性项目的债务，建议上级政府因地制宜，予以减免或承担利息。对地方政府拖欠企业的债务，建议通过债务重组方式解决。此外，对融资平台公司债务，要积极促进投资主体多元化，提升资产运营效益，减少财政资金还款压力。对历史形成的、事实上已经成为呆账、坏账的债务，要在认真核实的基础上报经批准后按法定程序予以核销。

2. 控制新增债务规模

对于新增债务，要严格立项、科学规划、审慎安排，控制规模。一是明确各级政府事权。建议通过立法，明晰各级政府事权，切实做到权、责、利相一致。二是扩展地方政府财源。搞好财源建设总体规划，培育新的经济增长点，积极拓展财政增收空间。三是甄别金融机构诱导融资行为。完善银行等金融机构对债务资金的授信和监管，切实加强债务资金风险识别和管理。四是完善转移支付制度。一方面，向基层财政薄弱地区倾斜，提高一般性转移支付比重；另一方面，降低转移支付过程中地方政府资金配套比例，对补助项目尽量不要求或减少配套资金。

强化基层政府服务职能　消除农村贫困老人忧虑

韦绍行[*]

李克强总理2013年3月17日在记者招待会上承诺："我们要尽力使改革的红利惠及全体人民，使老年人安度晚年、年轻人充满希望，使我们的国家生机勃勃。"[①] 根据国家相关研究机构公布的数据推算，2012年我国农村贫困老人约为1260万。相对而言，当前贫困地区农村老年人存有的各种忧虑心理，要比城市和一般农村地区老年人普遍得多、严重得多。因此，研究贫困地区农村老年人存有的忧虑心理及其调节策略，强化基层政府服务职能，让这些老年人快乐地安度晚年，这是贫困地区基层政府实干贯彻党的十八大报告关于"多解民生之忧"要求，在服务"老有所养"上取得新进展的必须之举。

一　当前农村老人忧虑的种种表现

经笔者对广西国家重点扶贫县上林县镇圩瑶族乡2836名农村老年人的抽样调查发现，在党的农村政策指引和农村社会保障制度的逐年覆盖下，虽然老人基本都能"病有所医、老有所养、住有所居"，过上较过去稳定的晚年生活，老年人的身心健康较过去有了较大改善，但至少有70%的老人有较明显的忧虑心态，主要反映为"五忧"。

一忧自身生活无保障。劳动能力是贫困地区农村成年人生存

---

[*]　作者简介：韦绍行，广西壮族自治区人民政府办公厅副研究员、广西行政管理学会副会长。

[①]　引自《总理记者会》，人民网，2013年3月17日。

的主要依托。人老了就失去了劳动能力，劳动能力一旦失去，经济上就会断源，所以一些农村老年人自然为今后的生活忧虑。镇圩瑶族乡许多老人坦言，自己已经丧失了劳动能力，平时用点零花钱，只能开口问儿女们要，时间长了儿女们会拒绝，而农村社会养老保险标准又那么低，怎能让他们不忧虑？

二忧给子女增加负担。镇圩瑶族乡凡是与子女在一起共同生活的老年人，几乎都担忧哪一天身体垮了，力气没了，再也不能帮子女带孩子、放牛羊、喂鸡鸭、打柴草、种菜地等，成天只能白吃白喝还要人照料，成为儿女们的累赘。尤其是相当一部分家庭青壮年全都外出打工，整个家庭的负担完全落到老年人身上，当他们再也不能为儿女分忧，再也不能为家庭的生计"出力"时，他们给子女增加负担的忧虑感就更为沉重。

三忧病倒无人料理。镇圩瑶族乡的老年人，一半以上都身患不同程度的胃病、关节炎、风湿病等慢性病，面对身体的逐年衰弱，这些老年人十分担忧自己万一患了某种绝症、中风瘫痪什么的，除了花大钱治疗外，更主要是无人伺候怎么办，有些经常胡思乱想，惶惶不可终日。有的看到昔日的好友患重病时无子女照顾的凄凉惨况，更是紧张和恐惧。

四忧尚未了结的心愿。贫困地区的老年人，虽然为了子孙幸福操劳了一辈子，但由于家庭贫困面貌没有得到根本改变，自己的许多心愿直到晚年也无法了结。比如有的曾经打算给每个儿子都盖上一栋新房至今尚未实现，有的曾努力想让自己的子孙当上个官出人头地结果未能如愿，有的想攒够钱到某个地方去看看至今也没成，等等。这些老人为没有能力像别人那样过得风光而自责、烦恼或感到羞愧。

五忧逝去无人烧香拜念。由于贫困地区农村老年人文化程度普遍偏低，其中有不少还是文盲，一直以来在宗教信仰自由政策下，日常生活上遇到不如意的事情，总习惯于寻卜问卦，烧香磕头，求得对一些现象的解释和心理寄托。如今当他们步入风烛残年，面对身体一天不如一天的境况，他们对于"神灵"的精神寄托更是与日俱增，有些生了病不去看医生、住医院，而是去找巫婆神汉来安慰；家中遭遇灾难，不去想方设法解除，而是请来道公驱神抓鬼。更为严重的是，有些老年人把百年后是否有人"烧香拜念"当作一种精神追求，特别是那些子女不孝或无子女的鳏寡孤独老人，逝后无人烧香的忧虑更为严重。老年人这种逝后担忧的心理，对他们的晚年生活和身体影响极大。

二 当前农村老人产生忧虑的原因分析

贫困地区农村老年人存有的种种忧虑，总的来说是生活条件、生理因素以及家庭和谐弱化等因素所致，也是心理压力长期得不到及时释放的必然结果。从调查的情况看，当前农村老人产生忧虑的具体原因因人而异，但带有共性的原因主要有五种。

1. 生活基本物质保障不足所致

生活基本物质得不到保障，是农村老年人忧虑产生的根本原因。由于贫困地区农村的经济发展水平较低，社会保障制度尚未完善，农村老年人的经济来源主要靠自己的劳动和儿女供给，对于那些丧失劳动能力，儿女不孝的老年人而言，经济问题更加突出。很多老年人因疾病而丧失劳动能力后，生活只能依赖子女，没有其他出路。而社会养老保障制度的建立才刚刚起步，标准也不高，面对物价全面快速飞涨，老年人日夜为自身所需的伙食费、医药费能否够开支而担心。调查中发现，超过75%的农村老年人十分担心自己没有足够的生活、医疗费，有的孤独感、恐惧感剧增，闷闷不乐消极度日。

2. 子女不孝冷落老人所致

现实中的贫困地区农村，传统的家庭养老仍然是主流。这种养老在很大程度上受制于子女经济状况和传统美德传承的好坏。虽然农村多子女的老年人的比例较高，他们也为儿女的幸福操劳了一生，但是相当一部分老年人的晚年生活却难以尽如人意。有些儿女因经济条件差，在物质上无力赡养老人；有的有女无儿，因女儿远嫁他乡而得不到关心照顾；有相当部分多子女的老人，子女虽在身边却未尽到赡养父母的义务。在农村传统的家庭观念中，老年人一旦和子女分开居住就犹如"被遗弃"。调查发现，70%以上的多儿女家庭不仅父母与子女分家单过，而且子女之间常为老人的赡养费问题相互推诿，父母赡养和生活料理成了他们相互闹矛盾的由头。有些老人告诉笔者，如今的社会，多子女并不一定多福，一旦儿女不孝，自己的生活就会处于极度贫困状态，精神上也非常孤单寂寞。

3. 农村"重小轻老"旧习所致

在农村，老龄问题被忽视是长期沿袭下来的落后现象，老人们的生活状况很少有人去顾及，人们多关心的是少儿辈的成长和培养。黑龙江省人大代表翟玉曾经做过一项调查统计：一名65～85岁的农村老人，20年间最少花费两万元。而同样在农村，一个孩子从上学开始至结婚的20年间，所花费的金钱却是老人的10倍以上。因此翟玉得出结论：农村"重小轻老"现象十分严重[①]。然而面对农村这一严重现象，国家的政策和法律还没有提出有效可行的意见和措施，在政府的社会基本养老机制还未完全发挥作用之前，农村"重小轻老"现象还将继续存在下去。

4. 农村现实养老保障能力有限所致

有专家研究指出，"五保""新农合""低保"等举措虽受人民群众欢迎，但受资金的制约，其覆盖面尚小、门槛过高，不仅操作起来有许多具体问题，而且发挥的作用尚不足以满足老年人养老的基本需求。如即将覆盖全国的新农保，个人按照100元至1000元等不同档次缴费，而社会统筹部分，仅仅依靠财政不低于每人每年30元的低标准补贴，且没有集体给予其他的补充，农村老年人每月拿到的社保补贴屈指可数。农村基本医疗制度也存在不足之处。为此有专家认为，农民是最需要社会保障支持的人群，而当前他们在农村养老保险和基本医疗保险享受到的待遇偏低，如果社会保障体系不进行改革与完善，农村老人指望它来养老肯定靠不住。由于农村老年人养老的基本问题未能从根本上得到解决，加之商业保险和慈善救助在农村几乎是空白，因而老年人产生忧虑是必然的。

5. 部分老人丧偶无伴所致

俗话说："少年夫妻老来伴"，而有调查显示，如今农村的单

---

① 引自《黑龙江省一人大代表自费调查农村老人生存状况》，《中国青年报》2005年11月3日。

身老人比重高达 17.9%，且随着老年社会的深入还会不断增多①。
有不少的农村老年人在失去老伴后，生活中没有了知己、心理上
没有相互慰藉的贴心人而感到十分孤独。有的想再找个老伴，但
基于儿女反对、经济困难、社会歧视与压力等障碍，愿望很难实
现。有些只能是独自发呆或以泪洗面，随着时间的推移，这些老
人非但没能摆脱丧偶的痛苦，反而越来越忧虑消沉。正如有专家
所指出的，晚年丧失老伴是老年人的锥心之痛，也是老人产生忧
虑的一条重要"导火索"。

三　消除农村老人忧虑的对策方略

李克强总理 2013 年 5 月 13 日在国务院机构职能转变动员电
视电话会议上的讲话中强调："加强社会管理和公共服务，是政
府的重要职责。在经济领域简政放权的同时，我们为人民群众提
供优质公共服务的职责必须加强。"排除农村老人的忧虑，妥善
解决农村老人的晚年生活问题，既是基层政府加强农村老年人工
作、推动农村社会建设协调发展不可缺少的重要组成部分，也是
构建和谐社会，加快全面建成小康社会进程亟须突破的一个
瓶颈。

1. 政府要为农村老人提供基本均等的养老保障

为农村老人提供基本均等的养老保障是政府对公民的一种责
任。政府要把解决农民养老，作为关心百姓的"民心工程"抓好
落实；要把建立农村养老机制，提高老年人生活水平作为落实党
的十八大报告"人民生活水平全面提高"的重要指标；要把家庭
养老纳入社会管理范畴并提高到一个新的水平。县以下各级政府
要逐步拓宽农村老年人社会服务途径，进一步办好农村养老院，
有条件的村屯应建设老年人活动中心，组织开展适合老年人特点
的文化娱乐活动；要逐步建立和完善农村养老监督制度，提倡在
农村普遍签订子女赡养老人协议书，广泛开展农村孝敬老人和睦
家庭和模范个人评选活动，激发和凝聚农村赡养老人的正能量；
通过政府指导、舆论引导和典型带动等方式，构筑起多渠道并

---

① 引自《让农村老人再婚不再难》，四川新闻网，2012 年 12 月 11 日。

进、多层次结合、多形式互补的农村养老体系。

2. 基层政府要深入贯彻落实老年法

基层政府和基层党组织是农村各类组织和各项工作的领导核心。第十五届中央政治局委员、分管老龄工作的李岚清同志曾经指出:"老龄工作的重点在农村、在基层。"这说明加强农村基层老龄工作具有极端重要性。事实也证明,发挥基层政府和农村基层组织的领导核心作用,是做好农村老龄工作、排除农村老人各种忧虑的可靠保证。农村基层组织要深入贯彻落实老年法,乡镇应健全老龄工作机构,村委会应强化老龄工作组织,经常了解老年人的疾苦和诉求,积极向党和政府反映老年人的心声,帮助老年人排忧解难。要建立老年人"自我管理,自我服务,自我教育"的社团组织,充分发挥老年人正能量的作用;建立和完善农村老年人"数据库",把老龄工作落实到每个老年人身上,切实维护好老年人的"生命权、生存权、养老权、发展权",彻底改变农村基层老龄工作无机构抓、无领导管、无责任人员做具体工作的被动局面。

3. 充分发挥家庭养老的独特功能

家庭养老的独特功能,在于提供物质赡养的同时,具有对老年人进行生活照料和精神赡养的功能。在我国广大农村,家庭养老既是传统道德要求也是客观优势,即便是发达国家,在社会保障制度比较完善的条件下,绝大多数的老年人仍是在家中养老。在相当长的时间内,家庭仍然是农民养老的主要依托。要改变当前的家庭养老某些消极因素,必须广泛深入地开展老年法的宣传教育,大力弘扬中华民族敬老养老的传统美德,特别要教育年青一代尽心孝敬父母,切实改变当前农村"孝道"弱化的趋向,营造浓厚的敬老、养老社会氛围,使老年人在家庭里感受到亲情的温暖,享受到珍贵的天伦之乐。

4. 尽快完善农村多种养老新模式

笔者从媒体了解到,近年来全国各地一些农村,已经创造出三种实用的养老模式,即居家养老模式、社区养老模式、机构养老模式。具体操作起来就是,居家养老模式即老人在家居住,社会机构上门入户服务;社区、村屯养老模式即老人白天在社区、村屯照料室由专人照顾，晚上回来同家人住在一起；机构养老模式即依靠专门的社会福利机构，如敬老院等，老人就地"全托"或"半托"。这三种模式都是市场化和服务化合二为一的养老模式，和传统的"养儿防老"并驾齐驱，由子女出钱购买服务，它是"尽孝"和"工作"两不误的好形式，比较符合贫困地区农村老人的愿望，应该大力推广。

5. 采取有效措施关照空巢老人

当前在贫困地区农村，大部分青壮年几乎常年在外打工，老年人留守现象十分突出。据国家有关部门统计，2012 年全国农民工约 2.4 亿人，留守在家的空巢老人起码有 5000 万以上，其中有相当部分是高龄、失能和患病的老年人，由于得不到周全赡养和照顾，他们的晚年生活有些比五保户还尴尬，因而他们更易出现忧虑等心理健康问题①。基层政府要增强"空巢老人"现象和"空巢老人"问题观念，着力研究和解决"空巢老人"所面临的各种困难和问题，构建关心"空巢老人"的机制；采取措施敦促子女保障父母的生活、医疗，经常与老人联系，定期回家探望和照顾，使空巢老年人的消极心理得到缓解；基层组织要发动党员、义工和邻里与空巢老人建立帮扶友好关系，使这些老人生活有人照料、生病有人陪同、突发问题有人及时报告和妥善处理，避免非正常现象发生。

---

① 引自《2013 年老年人口数量将突破 2 亿大关》，证券时报网，2013 年 2 月 27 日。

后　记

　　行政体制改革是推动上层建筑适应经济基础的必然要求，是全面深化改革的关键环节。地方行政体制改革是行政体制改革的重要组成部分，地方各级政府在加快职能转变、推进管理创新、建设服务型政府等方面，进行了积极探索、大胆创新，积累了许多宝贵经验。近几年来，各省区市行政管理学会围绕政府中心工作，积极组织开展行政管理理论与实践的研究，从不同方面对地方政府建设和创新进行了研究探讨，为政府提供参谋咨询服务，取得了丰硕的成果。为了推广各地优秀研究成果，我们将各省区市行政管理学会推荐的最新研究成果和专家学者的有关论著，汇编成书，其中有的成果已公开发表，有的成果属于第一次发表，有的受到政府的重视和采纳。

　　本书是在中国行政管理学会领导的指导下编写的，各省区市行政管理学会给予了大力支持，有关专家学者贡献了他们的最新成果，学会科研部副主任商弘做了大量的组织协调和联络工作，学会实习生、北京科技大学研究生张明磊参与了资料编辑整理工作，社会科学文献出版社对本书的编辑出版给予了大力支持，在此一并表示感谢。

中国行政管理学会科研部

2013 年 10 月